NÃO DURMA, HÁ
COBRAS

Dados Internacionais de Catalogação na Publicação (CIP)
(Câmara Brasileira do Livro, SP, Brasil)

Everett, Daniel L.
    Não durma, há cobras : vida e linguagem na
Floresta Amazônica / Daniel L. Everett; tradução de
Danilo Vaz-Curado R.M. Costa. – Petrópolis, RJ:
Vozes, 2024.

    Título original: Dont' sleep, there are snakes.

    ISBN 978-85-326-6772-4

    1. Amazônia – Aspectos sociais 2. Indígenas –
Línguas 3. Linguagem 4. Linguística I. Título.

24-190793   CDD-410-7

Índices para catálogo sistemático:
1. Língua e linguagem : Linguística   410.7

Tábata Alves da Silva – Bibliotecária – CRB-8/9253

DANIEL L. EVERETT

NÃO DURMA, HÁ COBRAS

Vida e linguagem na Floresta Amazônica

Tradução de Danilo Vaz-Curado R.M. Costa

EDITORA VOZES

Petrópolis

Tradução do original em inglês intitulado *Dont't Sleep, there are snakes – Life and Language in the Amazonian Jungle.*

2024, Editora Vozes Ltda.
Rua Frei Luís, 100
25689-900 Petrópolis, RJ
www.vozes.com.br
Brasil

Editoração: Piero Kanaan
Diagramação: Editora Vozes
Revisão gráfica: Lorena Delduca Herédias | Jhary Artiolli
Capa: Rafael Bersi

ISBN 978-85-326-6792-2

Este livro foi composto e impresso pela Editora Vozes Ltda.

Este livro é sobre eventos passados.

Mas a vida é sobre o presente e o futuro.

Dedico este livro à minha esposa, Linda Ann Everett, uma incentivadora constante.

Romance é uma coisa boa.

Assim aprendi minha primeira grande lição na investigação desses obscuros campos do conhecimento: nunca aceitar a descrença dos grandes homens, ou suas acusações de impostura ou de imbecilidade, bem como não dar qualquer peso a estas acusações quando em oposição à observação reiterada dos fatos por outros homens, reconhecidamente sã e honesta. Toda a história da ciência nos mostra que quando cientistas e homens cultos, de qualquer idade, refutam por razões *a priori* os dados de outros investigadores, acusando-os de absurdos ou impossíveis, tais negadores têm sempre estado errado.

– ALFRED WALLACE (1823-1913)

A noção de que a essência do que significa ser humano é mais claramente revelada naquelas características da cultura humana que são universais e não naquelas características deste ou daquele povo é um preconceito que não somos obrigados a compartilhar [...]. Pode acontecer que nas particularidades culturais de um povo – em suas esquisitices – se encontrem algumas das mais instrutivas revelações do que é ser genericamente humano.

– CLIFFORD GEERTZ (1926-2006)

Sumário

Segunda parte – Linguagem, 231

Terceira parte – Conclusão, 337

Algumas notas sobre a linguagem pirahã usada neste livro

Embora pirahã tenha um dos menores conjuntos de sons da fala (fonemas) que se tem notícia, ainda assim pode ser muito difícil pronunciá-lo sem uma pequena ajuda. Forneço aqui um guia rudimentar de pronúncia, usando o sistema de escrita que desenvolvi para essa linguagem junto aos meus predecessores missionários nos Pirahãs, Arlo Heinrichs e Steve Sheldon.

b Pronunciado no início de uma palavra como o *m* em *mamãe*. Entre as vogais *i* e *o*, é pronunciado como um trinado, com os lábios vibrando, como quando as crianças imitam o funcionamento do motor de um carro. Em outros lugares é pronunciado como o *b* de *bebê*.

g Pronunciado no início de uma palavra como o *n* de *não*. Entre as vogais *o* e *i*, como na palavra *xibogi* (leite). Pode ser pronunciado como *g* ou um som parecido com um *l* que não é encontrado em nenhuma outra linguagem do mundo, e que se realiza pela pronúncia de um *l* no qual se deixa a língua continuar entre os lábios para tocar o fundo da língua no lábio inferior. Em outros lugares, é pronunciado como o *g* em *gostar*.

p Pronunciado como o *p* em palavras inglesas como *pot*.

t Pronunciado como o som inglês do *t* em *tar*.

k Pronunciado como o som inglês do *k* em *skirt*.

x Esta é uma oclusiva glotal. É pronunciado como o som medial numa interjeição negativa em inglês tipo *uh-uh*: "Você tem açúcar?" "Uh-uh" (onde o som é o "-"). Esta não é uma consoante completa em inglês e não está representada no alfabeto inglês. No Alfabeto Fonético Internacional (AFI) seu símbolo é ?.

s Pronunciado como o som inglês *s* em *sound*, exceto antes da letra *i*, em que é pronunciado como o som inglês *sh* em *sugar*.

h Pronunciado como o som do inglês americano no início da palavra *here*.

i Geralmente pronunciado como a vogal *i* do inglês em *hit*, embora ocasionalmente como a vogal *e* inglesa em *bed*. Em algumas ocasiões é pronunciado como a sequência *ea* em *bead*.

a Pronunciado como o inglês britânico faz com a vogal *a* em *father*.

o Geralmente pronunciado como o inglês faz com a vogal *o* em *who*, embora ocasionalmente como a vogal *o* em *abode*.

O acento agudo (´) indica um tom alto e é escrito sobre uma vogal quando lhe é necessário. Quando não há nenhum símbolo acima de uma vogal, ela tem um tom baixo. Pense nas palavras em inglês *PERmit* (uma licença ou forma de permissão) *versus perMIT* (permitir). As sílabas maiúsculas normalmente têm o tom elevado em inglês. Em pirahã, toda vogal sempre tem uma altura associada, dependente da sua função ou da localização que a palavra ocorre na frase.

Eu tentei na maioria das passagens traduzir o pirahã de maneira idiomática. Isso tem a consequência de apresentar a linguagem de modo diferente da maneira como as pessoas realmente falam. Por exemplo, muitas das traduções, ao contrário das sentenças pirahãs originais, incluem recursão. Alguém com um interesse mais aguçado acerca da gramática pode examinar as histórias pirahãs que estão incluídas no livro ou em meus muitos escritos linguísticos sobre os pirahãs, como no meu capítulo no *Handbook of Amazonian Languages* (1986). As histórias neste livro serão suficientes para a maioria dos leitores, uma vez que fornecem traduções literais, embora essas traduções provavelmente sejam mais difíceis de seguir para não falantes de pirahã.

Prefácio

A ciência não é apenas sobre grupos de pesquisa com pessoas de jaleco trabalhando sob a direção de um eminente cientista. A ciência também pode ser perseguida por indivíduos solitários, lutando em tempos e lugares difíceis – sentindo-se perdidos e sobrecarregados, mas desafiados a alcançar novos conhecimentos a partir de suas dificuldades.

Este livro é sobre o trabalho científico desse último tipo e sobre os ganhos intelectuais no cadinho da cultura amazônica, vivendo entre os indígenas Pirahãs (pee-da-HAN) do Brasil. É sobre eles e as lições que eles me ensinaram, tanto científica quanto pessoalmente, e como essas novas ideias mudaram minha vida profundamente e me levaram a viver de uma forma diferente.

Estas são as minhas lições. Outras pessoas sem dúvida teriam aprendido outras lições. Os futuros pesquisadores terão suas próprias histórias para contar. No fim, nós apenas buscamos fazer o melhor que pudemos para falar de maneira direta e clara.

Prólogo

"Olhe! Aí está ele, Xigagaí, o espírito."

"Sim, eu posso vê-lo. Ele está nos ameaçando."

"Pessoal, venham ver Xigagaí. Rápido! Ele está na praia!"

Despertei do meu sono profundo sem saber se estava sonhando ou ouvindo essa conversa. Eram 6h30 da manhã de um sábado de agosto de 1980, época da seca. O sol brilhava, mas ainda não estava muito quente. Uma brisa soprava do Rio Maici em frente à minha modesta cabana em uma clareira na margem do rio. Eu abri meus olhos e vi a palha de palmeira acima de mim, seu amarelo original ficando grisalho pelos anos de poeira e de fuligem. Minha morada era flanqueada por duas pequenas cabanas pirahãs de construção semelhante, onde moravam Xahoábisi, Kóhoibííihíai e suas famílias.

As manhãs entre os Pirahãs, tantas manhãs, deparei-me com o cheiro fraco de fumaça saindo de suas fogueiras e o calor do sol brasileiro em meu rosto, seus raios suavizados por meu mosquiteiro. Crianças estavam geralmente rindo, perseguindo umas às outras, ou chorando ruidosamente para mamar, os sons reverberavam pela aldeia. Cães latiam. Frequentemente, quando eu abria meus olhos, *grogue* como que saindo de um sonho, uma criança Pirahã ou, às vezes, até um adulto, ficava me olhando por entre as ripas de madeira da palmeira paxiúba, que serviam de tapume para minha grande cabana. Essa manhã foi diferente.

Eu estava agora completamente consciente, acordado pelo barulho e pelos gritos dos Pirahãs. Sentei-me e olhei em volta. Uma multidão estava se reunindo cerca de 6 metros de minha cama na margem alta do Maici e todos estavam energicamente gesticulando e gritando. Todos estavam concentrados na praia do outro lado do rio da minha casa. Eu saí da cama para dar uma olhada melhor, porque não havia como dormir com aquele barulho.

Peguei meu *short* de ginástica do chão e verifiquei para ter certeza de que nele não havia tarântulas, escorpiões, centopeias ou outros seres indesejáveis. Vestindo-o, calcei meus chinelos e saí pela porta. Os Pirahãs estavam vagamente agrupados na margem do rio, à direita da minha casa. A empolgação deles estava crescendo. Eu podia ver as mães correndo pelo caminho, seus bebês tentando segurar os seios na boca.

As mulheres usavam tanto para dormir como para trabalhar os mesmos vestidos sem mangas, sem gola e de comprimento médio, manchados de um marrom-escuro de sujeira e de fumaça. Os homens usavam *shorts* de ginástica ou tanga. Nenhum deles estava carregando seus arcos e flechas. Isso foi um alívio. Crianças pré-adolescentes estavam nuas, seu tom de pele era decorrente da exposição direta aos elementos amazônicos. As nádegas dos bebês estavam calejadas de se arrastar pelo chão, um modo de locomoção que por alguma razão eles preferiam a engatinhar. Todo mundo estava sujo de cinzas e poeira acumuladas por dormir e se sentar no chão perto do fogo.

Ainda estava em torno de 22 graus Celsius, embora úmido, muito abaixo do calor de mais de 37 graus Celsius do meio-dia. Eu estava esfregando meus olhos de sono. Virei-me para Kóhoi, meu principal professor de pirahã, e perguntei: "E aí?" Ele estava parado à minha direita, seu corpo forte, negro e magro, tenso pelo que ele estava olhando. "Você não o vê ali?" – Perguntou-me impacientemente. "Xigagaí, um dos seres que vivem acima das nuvens, está parado na praia gritando para nós, dizendo que vai nos matar se formos para a floresta".

"Onde?", perguntei. "Eu não o vejo".

"Exatamente ali!", Kóhoi estalou, olhando atentamente para o meio da praia aparentemente vazia.

"Na selva atrás da praia?"

"Não! Lá na praia. Olhe!" Ele respondeu com exasperação.

Na floresta com os Pirahãs, eu regularmente deixava de ver a vida que eles viam. Meus olhos inexperientes simplesmente não conseguiam ver como eles viam.

Mas isso era diferente. Eu mesmo poderia dizer que não havia nada lá na areia branca da praia a menos de 100 metros de distância. E, ainda que estivesse certo sobre isso, os Pirahãs estavam igualmente certos de que havia alguma coisa lá. Talvez houvesse algo lá que eu não estivesse vendo, mas eles insistiram que aquilo que eles estavam vendo, Xigagaí, ainda estava lá.

Todos continuaram a olhar para a praia. Então ouvi minha filha Kristene, de seis anos, dizer ao meu lado.

"O que eles estão olhando, papai?"

"Não sei. Não consigo ver nada."

Kris ficou na ponta dos pés e olhou para o outro lado do rio. Então para mim. Então para os Pirahãs. Ela estava tão intrigada quanto eu.

Kristene e eu deixamos os Pirahãs e voltamos para nossa casa. O que eu tinha testemunhado? Ao longo das mais de duas décadas desde aquela manhã de verão, tentei entender o significado de como duas culturas, a minha cultura de base europeia e a cultura dos Pirahãs, podem ver realidades tão diferentes. Eu jamais poderia provar aos Pirahãs que a praia estava vazia. Nem eles poderiam ter me convencido de que lá havia algo, muito menos um espírito.

Como cientista, a objetividade é um dos meus mais profundos valores. Se nós pudéssemos nos esforçar, pensei certa vez, seguramente cada um de nós poderia ver o mundo como os outros o enxergam e aprender a respeitar os pontos de vista uns dos outros mais rapidamente. Mas, como eu tenho aprendido com os Pirahãs, nossas expectativas, nossa cultura e nossas experiências podem tornar até mesmo as percepções do ambiente quase incomensuráveis transculturalmente.

Os Pirahãs falam coisas diferentes quando saem da minha cabana à noite em seu caminho para a cama. Às vezes, eles apenas dizem: "Estou indo". Mas, frequentemente, usam uma expressão que, embora surpreendente no início, tornou-se uma das minhas formas favoritas de dizer boa noite: "Não durma, há cobras". Os Pirahãs dizem isso por dois motivos. Primeiro, eles acreditam que dormir menos pode "fortalecê-los", um valor que todos compartilham. Segundo, eles sabem que o perigo está ao seu redor na floresta e que dormir profundamente pode deixá-los indefesos ao ataque de qualquer um dos numerosos predadores ao redor da aldeia. Os Pirahãs riem e conversam boa parte da noite. Eles não dormem muito de uma única vez. Raramente ouvi a aldeia completamente quieta à noite ou percebi alguém dormindo por várias horas seguidas. Eu aprendi muito com os Pirahãs ao longo dos anos. Mas essa é talvez a minha lição favorita. Claro, a vida é difícil e há muitos perigos. E isso pode nos fazer perder um pouco de sono de vez em quando. Mas aproveite. A vida continua.

Fui para os Pirahãs com 26 anos. Agora estou velho o suficiente para receber bônus em razão da idade. Eu dei a eles minha juventude. Contraí a malária muitas vezes. Lembro-me de várias ocasiões em que os Pirahãs ou outros ameaçaram a minha vida. Já carreguei mais caixas pesadas, sacolas e barris nas minhas costas pela floresta do que eu gostaria de lembrar. Mas todos os meus netos conhecem os Pirahãs. Meus filhos são o que são, em parte, por causa dos Pirahãs. E eu posso olhar para alguns daqueles velhos (velhos como eu) que uma vez ameaçaram me matar e reconhecer alguns dos mais queridos amigos que já tive – homens que agora arriscariam suas vidas por mim.

Este livro é sobre as lições que aprendi ao longo de três décadas estudando e convivendo com os Pirahãs, tempo em que tenho procurado ao máximo compreender como eles veem, entendem e falam sobre o mundo e para transmitir essas lições aos meus colegas cientistas. Essa jornada levou-me a muitos lugares de beleza estonteante e em muitas situações que eu preferia não ter vivido. Mas estou tão feliz por ter feito a jornada – e ela me deu *insights* preciosos e valiosos sobre a natureza da vida, da linguagem, e penso que não poderia ter sido aprendido de outra maneira.

Os Pirahãs me mostraram que há dignidade e profunda satisfação tanto em enfrentar a vida e a morte sem o conforto do céu ou o medo do inferno quanto em navegar em direção ao grande abismo com um sorriso. Eu aprendi essas coisas com os Pirahãs e serei grato a eles enquanto eu viver.

Primeira parte
Vida

1. Descobrindo o mundo dos Pirahãs

Era uma manhã ensolarada no Brasil, do dia 10 de dezembro de 1977, e estávamos esperando para decolar em um avião de seis passageiros fornecido pela minha agência missionária, a Summer Institute of Linguistics (SIL). O piloto, Dwayne Neal, submeteu a aeronave à inspeção pré-voo. Ele caminhou ao redor do avião e verificou se a carga estava bem balanceada, averiguou sinais externos de danos, tirou uma pequena porção de combustível do tanque para apurar a existência de água no tanque e testou a ação da hélice. Essa é uma rotina que se tornara tão normal para mim quanto escovar os dentes antes de ir para o trabalho, mas essa foi minha primeira vez.

Enquanto nos preparávamos para decolar, pensei muito nos Pirahãs, etnia de indígenas amazônicos com quem eu iria morar. O que eu iria fazer? Como deveria agir? Eu me perguntei como as pessoas reagiriam ao me ver pela primeira vez e como eu reagiria a eles. Eu iria encontrar pessoas diferentes de mim em muitos aspectos – alguns que eu poderia antecipar, outros que eu não poderia. Bem, eu estava viajando para lá para fazer mais do que apenas conhecê-los, na verdade. Eu estava indo como um missionário. Minha renda e as despesas deveriam ser pagas pelas igrejas evangélicas dos Estados Unidos para que eu pudesse "mudar o coração dos Pirahãs" e convencê-los a adorar o Deus em que eu acreditava, a aceitar a moralidade e a cultura que acompanha o acreditar no Deus cristão. Mesmo sem conhecer os Pirahãs, achei que poderia e deveria fazê-los mudar. Esse é o nexo da maioria do trabalho missionário.

Dwayne sentou-se no banco do piloto e todos nós baixamos a cabeça enquanto ele rezava por um voo seguro. Então gritou: "livre!" pela janela aberta do piloto e ligou o motor. Enquanto o motor esquentava, falou com o controle de tráfego aéreo de Porto Velho e começamos a taxiar o avião. Porto Velho, capital do estado brasileiro de Rondônia, deveria tornar-se minha base de operações para todas as futuras viagens aos Pirahãs. No fim da pista de pouso de terra, nos viramos, e Dwayne acelerou o motor. Nós aceleramos e a terra vermelho-ferrugem da pista de barro agitou-se, tornando a visão embaçada, e depois caiu rapidamente abaixo de nós.

Observei a floresta eventualmente consumir a terra desmatada ao redor da cidade. Os espaços abertos ao redor de Porto Velho tornam-se menores à medida que as árvores se tornam mais numerosas. Voamos sobre o poderoso Rio Madeira e a transformação era completa – um mar de árvores verdes, como brócolis, arqueadas para o limite da visão em todas as direções. Pensei em animais que poderiam estar lá embaixo agora, logo abaixo de nós. Eu me perguntei se nós batêssemos e eu sobrevivesse ao acidente, se seria comido por onças – pois, havia muitas histórias sobre vítimas de acidentes mortas não pelo acidente, mas pelos animais.

Eu estava indo visitar um dos povos menos estudados do mundo, falantes de uma das línguas mais incomuns – pelo menos a julgar pelos relatos decepcionados deixados por linguistas, antropólogos e missionários que com eles se encontraram. Não se conhece nenhuma outra linguagem humana que tenha parentesco com a pirahã. Eu não sabia muito sobre isso, exceto como soava nas fitas e que linguistas e missionários anteriores que estudaram a língua e as pessoas decidiram trabalhar em outro lugar. Não parecia com nada que eu já tivesse ouvido antes. A linguagem, ao que parecia, era intratável.

A pequena saída de ar acima da minha cabeça no Cessna começou a soprar um ar mais frio à medida que ganhamos altitude. Tentei ficar mais confortável. Inclinei-me para trás e pensei mais sobre o que eu estava prestes a fazer e como essa viagem seria diferente para mim mais do que para os outros no avião. O piloto estava fazendo seu trabalho diário e voltaria para casa a tempo do jantar. Seu pai veio junto como turista. Don Patton, o mecânico missionário que me acompanhava, estava tirando miniférias do trabalho árduo de manter o complexo missionário. Mas eu estava voando para o trabalho da minha vida. Eu deveria me encontrar pela primeira vez com as pessoas com quem planejei compartilhar o resto da minha existência, as pessoas que eu esperava levar para o céu comigo. Eu teria que aprender a falar sua língua fluentemente.

Quando o avião começou a ser atingido pelas correntes ascendentes do meio da manhã – típicas da Amazônia na estação chuvosa – meu devaneio foi rudemente interrompido por uma visão de preocupação mais urgente. Eu estava enjoado. Durante os próximos 105 minutos, enquanto voávamos acima da floresta sob a brisa, fiquei nauseado. Assim como eu desejei que meu estômago permanecesse quieto, Dwayne estendeu a mão com um sanduíche de atum cheio de cebolas. "Vocês estão com fome?", perguntou prestativamente. "Não, obrigado", respondi, sentindo o gosto da bile na minha boca.

Em seguida, contornamos a pista de pouso próxima à aldeia pirahã de Posto Novo de modo que o piloto pudesse ter uma visão melhor. Essa manobra aumentou a força centrífuga em meu estômago e eu já estava usando toda restrição que podia fazer para não vomitar. Por alguns momentos sombrios antes de nós pousarmos, pensei que seria muito melhor bater e explodir do que continuar com essa náusea. Admito que esse foi um pensamento bastante míope, mas ele esteve presente.

A pista de pouso havia sido feita na selva dois anos antes por Steve Sheldon, Don Patton e uma equipe de adolescentes de igrejas americanas. Para construir uma pista de pouso na selva como essa, primeiro você deve derrubar mais de mil árvores. Então seus tocos precisam ser arrancados, caso contrário a madeira apodrecerá no chão e a terra sob os tocos desabará e algum avião perderá o trem de pouso e talvez todos os seus passageiros. Depois de retirar esses milhares de tocos, alguns com vários metros de diâmetro, você precisará preencher os buracos deixados pela extração. Então você precisa estar seguro de que a pista de pouso está tão nivelada quanto possível, tudo sem o uso de equipamentos pesados. Se tudo for bem-sucedido, esse processo se encerra com uma faixa de 9 metros de largura e entre 600 a 700 metros de comprimento. Essas eram aproximadamente as dimensões da faixa da pista de pouso dos Pirahãs onde iríamos pousar.

No dia em que chegamos, a grama da pista estava na altura da cintura. Não tínhamos como saber se havia troncos, cachorros, potes ou outras coisas na grama que poderiam danificar a aeronave – e a nós – no pouso. Dwayne "tocou" a pista uma vez e esperava que os Pirahãs entendessem, como Steve havia tentado explicar a eles que deveriam sair correndo e verificar a pista de pouso em busca de detritos perigosos (uma vez uma casa pirahã foi construída no meio da pista de pouso e teve que ser demolida antes que pudéssemos pousar). Vários Pirahãs fizeram a verificação, então saímos e os vimos correndo para fora da pista com um pequeno tronco – pequeno, mas o suficiente para virar o avião de ponta cabeça se o tivéssemos atingido ao pousar. Todos chegamos bem, Dwayne nos trouxe para a aldeia em segurança por meio de um pouso tranquilo.

Finalmente, quando o avião parou, o calor sem vento da floresta e a umidade me atingiram com força total. Quando saí, semicerrado e tonto, os Pirahãs me cercaram, conversando alto, sorrindo e apontando com reconhecimento para Dwayne e Don. Don tentou dizer aos Pirahãs em português que eu queria aprender a língua deles. Apesar de quase não saberem português, dois homens tiveram a ideia de que eu estava lá para substituir Steve Sheldon. Sheldon também os ajudou a compreender a minha chegada, explicando-lhes em pirahã, em sua última visita, que um baixinho ruivo estava vindo morar com eles. Ele disse que eu queria aprender a falar como eles.

Enquanto descíamos o caminho da pista de pouso até a vila, eu estava surpreso ao encontrar água do pântano até os joelhos. Carregando suprimentos com ajuda da água morna e turva, sem saber o que poderia morder meus pés e pernas, foi minha primeira experiência com a enchente do Maici no fim da temporada do período chuvoso.

Eu me lembro que o que mais me impressionou ao ter visto os Pirahãs pela primeira vez foi como todos pareciam felizes. Sorrisos decoravam suas faces. Não havia uma pessoa com expressão taciturna ou retraída, como muitos fazem em encontros interculturais. As pessoas apontavam para as coisas e conversavam com entusiasmo, tentando me ajudar a ver o que eles achavam que eu poderia achar interessante: pássaros voando acima, caminhos de caça, cabanas na aldeia, cachorrinhos. Alguns homens tinham bonés com *slogans* e nomes de políticos brasileiros, camisas brilhantes e *shorts* de ginástica recebidos de comerciantes fluviais. Todas as mulheres usavam o mesmo tipo de vestido, com mangas curtas, bainha logo acima do joelho. Esses vestidos começaram com diferentes padrões de cores vivas, mas as cores estavam agora obscurecidas, manchadas de marrom do chão sujo de suas cabanas. Crianças com menos de dez anos corriam nuas. Todos estavam rindo. A maioria me tocou suavemente ao se aproximar de mim, como se eu fosse um novo animal de estimação. Eu não poderia ter imaginado uma recepção mais calorosa. Pessoas estavam me dizendo seus nomes, embora eu não me lembre da maioria deles.

O primeiro homem cujo nome me lembrei foi Kóxoí (KO-oE). Eu o vi agachado em uma clareira iluminada fora do caminho para a direita. Ele estava cuidando de algo ao lado de uma fogueira ao sol. Kóxoí usava *shorts* de ginástica esfarrapados e não estava usando camisa ou sapatos. Era magro e particularmente de fraca compleição muscular. Sua pele era negra, de um tom marrom-escuro, e forrada como couro fino. Seus pés eram largos, densamente calejados e de aparência poderosa. Ele olhou para mim e me chamou para onde ele estava, num pedaço de terra arenosa, escaldante, onde estava chamuscando os pelos de um grande animal parecido com um rato. O rosto de Kóxoí era gentil, com um sorriso largo que tomava conta de seus olhos e boca, acolhendo-me e confortando-me nesse dia de novas experiências em um novo lugar. Ele falou comigo de forma agradável, embora eu não entendesse uma única palavra. No meu estado ainda enjoado, o cheiro pungente do animal quase me deu ânsia de vômito. A língua da criatura estava pendurada entre os dentes, com sua ponta na terra, e o sangue escorrendo.

Toquei meu peito e disse: "Daniel". Ele reconheceu isso como um nome e imediatamente respondeu tocando seu peito e dizendo seu nome. Então, apontei para o roedor no fogo.

"*Káixihí*" (KYE-i-HEE), ele respondeu ao que eu apontava. Repeti para ele imediatamente, enquanto pensava, santo hambúrguer de rato de quase dez quilos! Sheldon me disse que a linguagem era tonal, como o chinês, o vietnamita e centenas de outros idiomas. Isso significava que, além de prestar atenção às consoantes e às vogais, eu precisaria ouvir atentamente o tom de cada vogal. Eu tinha conseguido pronunciar minha primeira palavra pirahã.

Em seguida, me abaixei e peguei um pedaço de pau. Apontei para ele e disse: "Pau".

Kóxoí sorriu e disse: "*Xií*" (il).

Repeti: "*Xií*". Então deixei cair e disse: "eu largo o *xií*".

Kóxoí olhou e pensou, depois disse rapidamente: "*Xií xi bigí káobíí*" (iI ih bigI KAo BIi). Como aprendi mais tarde, isso significa literalmente: "pau caiu chão", com as palavras nessa ordem.

Eu repeti isso. Peguei um bloco de notas e uma caneta que coloquei no bolso traseiro, em Porto Velho, só para essa finalidade e escrevi essas coisas usando o Alfabeto Fonético Internacional

(AFI). Eu traduzi a última frase como "o bastão cai no chão" ou "você deixa cair o bastão". Então peguei outro pau e deixei cair os dois de uma vez.

Ele disse: *"Xií hoíhio xi bigí káobíí"*, "dois gravetos caem no chão" ou algo assim, pensei na época. Aprendi mais tarde que isso significa: "Uma quantidade (*hoíhio*) pouco maior de gravetos cai no chão".

Então peguei uma folha e passei por todo esse processo novamente. Passei para outros verbos, como *pular, sentar, bater* e assim por diante, com Kóxoí satisfazendo minha vontade e servindo como meu entusiasmado professor.

Eu tinha ouvido fitas do idioma que Steve Sheldon me deu e tinha visto algumas listas curtas de palavras que ele compilou. Então eu não estava completamente não familiarizado com o idioma, embora Sheldon tenha aconselhado que eu ignorasse seu trabalho, já que ele não tinha certeza de sua qualidade, e porque ouvir a língua era realmente muito diferente de vê-la escrita.

Para testar minha capacidade de ouvir os tons da língua, perguntei por algumas palavras que eu sabia distinguir principalmente pelo tom. Eu perguntei pela palavra *faca*.

"Kaháíxíoi" (ka-HAI-I-oi), disse ele.

E então a palavra para *haste de flecha*.

"Kahaixíoi" (ka-hai-I-oi), ele respondeu enquanto eu apontava para a haste da flecha ao lado de sua cabana.

As aulas de linguística de campo que fiz na SIL antes de vir para o Brasil eram muito boas e descobri um talento para a linguística que não sabia que tinha. Dentro de uma hora de trabalho com Kóxoí e outros (conforme os Pirahãs interessados nos cercaram), eu havia confirmado descobertas anteriores de Sheldon e de seu antecessor, Arlo Heinrichs, que havia somente 11 ou mais fonemas em pirahã, que a organização básica de suas sentenças era SOV (sujeito, objeto, verbo) – a ordem mais comum entre as línguas do mundo – e que seus verbos eram muito complicados (agora sei que cada forma verbal pirahã tem pelo menos 65 mil formas possíveis). Fiquei menos preocupado com a situação. Eu poderia fazer isso!

Além de aprender o idioma, eu queria aprender sobre a cultura daquele povo. Olhei primeiro para a disposição espacial das casas. A estruturação da aldeia parecia fazer pouco sentido a princípio. Havia cabanas agrupadas em diferentes lugares ao longo do caminho da pista de pouso até a antiga casa de Steve Sheldon, agora minha. Eventualmente, porém, percebi que todas as cabanas estavam no lado do caminho mais próximo do rio. E todas elas tinham vista para o rio de lado a lado. Elas foram construídas perto da margem do rio, nada mais do que 20 passos dele e paralelo a ele longitudinalmente. Floresta e vegetação rasteira cercavam todas as casas. Havia um total de cerca de dez cabanas. Irmãos vivem próximos a irmãos nessa comunidade (em outras aldeias, soube mais tarde, irmãs moravam perto de irmãs, e em algumas aldeias não parecia haver nenhum padrão de parentesco no assentamento).

Depois de descarregar nossos suprimentos, Don e eu começamos a limpar um pequeno espaço no depósito de Sheldon para nossa pequena pilha de suprimentos (óleo de cozinha, sopa seca, carne enlatada, café instantâneo, alguns biscoitos salgados, um pedaço de pão, um pouco de arroz e feijão). Caminhamos com Dwayne e seu pai de volta ao avião depois de tirarem fotos e olharem ao redor. Don e eu acenamos enquanto eles decolavam. Os Pirahãs gritaram de alegria quando o avião levantou voo, todos gritando: "*Gahióo xibipíío xisitoáopí*" (o avião acabou de sair verticalmente)!

Eram cerca de duas da tarde. E senti pela primeira vez a onda de energia e senso de aventura que vem naturalmente do Maici com os Pirahãs. Don foi colocar o barco de pesca importado de Steve, Sears e Roebuck (um barco largo e estável de alumínio com capacidade de carga de quase 1t) no rio e testar o motor de popa. Sentei-me no meio de um grupo de homens Pirahãs na sala da frente da casa de Sheldon, que foi construída como uma casa pirahã, porém maior. Foi erguida sobre palafitas e tinha apenas meias paredes – sem portas, sem privacidade, exceto no quarto das crianças e no depósito. Peguei meu bloco de notas e meu lápis para continuar aprendendo o idioma. Cada homem parecia em forma, magro e rígido – apenas músculos, ossos e cartilagem. Todos sorriam amplamente, e parecia quase como se estivessem tentando superar um ao outro em suas expressões de felicidade ao meu redor. Eu repeti meu nome, Daniel, várias vezes. Um dos homens, Kaaboogí, levantou-se depois de se amontoar com os demais e se dirigiu a mim em um português bem rudimentar: "Pirahã chamar você Xoogiái" (os Pirahãs o chamam de OO-gi-Ai). Eu tinha recebido meu nome pirahã.

Eu sabia que os Pirahãs me nomeariam, porque Don me havia dito isso, eles nomeiam todos os estrangeiros, pois não gostam de dizer nomes estrangeiros. Depois, aprendi que os nomes são baseados em uma semelhança que os Pirahãs percebem entre o estrangeiro e algum Pirahã. Entre os homens presentes naquele dia, estava um jovem chamado Xoogiái, e tenho que admitir que pude ver alguma semelhança. Xoogiái seria meu nome pelos próximos dez anos, até mesmo o Kaaboogí, agora chamado Xahóápati, disse-me que meu nome estava muito velho e que agora meu novo nome era Xaíbigaí. (Cerca de seis anos depois disso, meu nome foi mudado novamente para o que é hoje, Paóxaisi – o nome de um homem muito velho.) Pelo que aprendi, os Pirahãs mudam de nome de tempos em tempos, geralmente os indivíduos Pirahãs trocam de nomes com os espíritos quando os encontram na floresta.

Aprendi os nomes dos outros homens de lá – Kaapási, Xahoábisi, Xoogiái, Baitigií, Xaíkáibaí, Xaaxái. As mulheres ficaram do lado de fora da casa olhando, recusando-se a falar, mas rindo se eu falasse diretamente com elas. Eu estava anotando frases como: *deixo cair o lápis*, *escrevo no papel*, *levanto*, *meu nome é Xoogiái* e assim por diante.

Então, Don ligou o motor do barco e todos os homens saíram correndo imediatamente para passear com ele enquanto dava algumas voltas no rio em frente à casa. Olhando para a aldeia, de repente me vi sozinho e notei que não havia clareira central na aldeia, apenas duas ou três cabanas juntas, quase escondidas pela floresta, ligadas às outras casas da aldeia por caminhos estreitos. Eu podia sentir o cheiro da fumaça das fogueiras acesas em cada cabana. Cães estavam latindo. Os bebês choravam. Estava muito quente nessa hora da tarde. E muito úmido.

Agora que estava trabalhando entre os Pirahãs, decidi gravar dados do idioma o mais rápido e cuidadosamente que pude. Mas, cada vez que eu perguntava a um indivíduo Pirahã se eu podia "marcar papel" (estudo – *kapiiga kaga-kai*) com eles, apesar de eles estudarem alegremente comigo, também me falavam sobre outro Pirahã com quem eu deveria trabalhar, dizendo: "*Kóhoibiíihíai hi obáaxáí. Kapiiga kaagakaáíbaaí*". Comecei a entender. Havia alguém chamado Kóhoibiíihíai que me ensinaria a falar pirahã. Eu perguntei ao meu colega missionário se ele conhecia alguém com esse nome.

"Sim, os brasileiros o chamam de Bernardo."

"Por que Bernardo?", perguntei.

"Os brasileiros dão nomes portugueses a todos os Pirahãs porque acham difícil pronunciarem os nomes pirahãs". Ele continuou: "Essa é a mesma razão, eu suponho, por que os Pirahãs dão nomes pirahãs a todos os forasteiros".

Então, esperei o dia todo que Bernardo/Kóhoibiíihíai retornasse da caça. Como o sol começou a se pôr, os Pirahãs se puseram a falar alto e a apontar para a curva mais distante rio abaixo. No crepúsculo que se desvanecia, eu conseguia distinguir a silhueta de uma canoa e de um remador vindo em direção à aldeia, valendo-se da margem para evitar a forte correnteza do principal arroio do Maici. Pirahãs da aldeia gritavam para o homem na canoa, e ele respondia. As pessoas estavam rindo e animadas, embora eu não tivesse ideia do porquê. Como o homem amarrou sua canoa na margem, pude perceber o motivo da excitação: uma pilha de peixes, dois macacos mortos e um grande mutum no chão da canoa.

Desci a margem lamacenta até a canoa e falei com os que chegavam da caçada, praticando uma frase que aprendi naquela tarde: "*Tii kasaagá Xoogiái*" (meu nome é Xoogiái). Kóhoi (os Pirahãs abreviam muito seus nomes como fazemos em inglês) olhou para mim, com os braços cruzados sobre o peito, e grunhiu sem emoção. As feições de Kóhoi eram mais africanas do que os traços asiáticos de tantos Pirahãs, como Kaaboogí, que parecia cambojano para mim. Kóhoi tinha cabelo crespo, pele negra clara e barba por fazer. Ele estava reclinado na canoa, mas a tensão de seus músculos deixava claro que ele estava pronto para se mover rapidamente enquanto me olhava sutilmente. Ele pareceu mais forte do que os outros Pirahãs, embora não fosse mais alto ou mais pesado que qualquer outro homem na aldeia, até onde eu soubesse. A quadratura de sua mandíbula e a firmeza de seu contato visual lhe dava uma aparência de confiança e controle. Enquanto outros Pirahãs vinham correndo buscar comida, ele distribuía partes de animais com instruções sobre quem deveria receber qual parte. Ele usava calças laranja, mas sem sapatos e sem camisa.

No meu segundo dia, comecei a trabalhar com Kóhoi pela manhã em uma mesa na sala da frente da grande casa na floresta dos Sheldons. Passei as tardes andando pela aldeia, questionando vários Pirahãs sobre sua língua. Continuei a seguir o método linguístico monolíngue padrão para coletar dados quando nenhum idioma é falado em comum: apontar, pedir palavras na língua nativa e, em seguida, anotar qualquer resposta que o falante nativo dá, esperando que seja a certa. Então praticando isso imediatamente com outros falantes nativos.

Uma das coisas sobre os Pirahãs que me fascinou imediatamente foi a falta daquilo que os linguistas chamam de comunicação fática, que funciona principalmente para manter canais sociais e interpessoais para reconhecer ou acessar, como alguns chamam, o seu interlocutor. Expressões como: *olá*; *tchau*; *como vai você?*; *me desculpe*; *de nada* e *obrigado* não expressam ou extraem novas informações sobre o mundo, apenas mantêm a boa vontade e o respeito mútuo. A cultura pirahã não exige esse tipo de comunicação. As sentenças pirahãs são pedidos de informações (perguntas), afirmações de novas informações (declarações) ou comandos em geral. Não há palavras para *agradecer, me desculpe* e assim por diante. Eu me acostumei com isso ao longo dos anos e esqueço na maioria das vezes o quanto isso pode ser surpreendente para quem está de fora. Sempre que alguém visita os Pirahãs comigo, eles perguntam como dizer essas coisas. E olham com desconfiança para mim quando digo que os Pirahãs não têm essas formas de comunicação.

Quando um Pirahã chega na aldeia, ele pode dizer: "cheguei". Mas, em geral, ninguém diz nada. Se você der a alguém alguma coisa, eles podem ocasionalmente dizer: "está certo" ou "está tudo bem", mas eles usam isso para significar algo mais como "transação reconhecida", em vez de "obrigado". A expressão de gratidão pode vir mais tarde, com um presente recíproco ou algum ato inesperado de bondade, como ajudá-lo a carregar alguma coisa. O mesmo acontece quando alguém faz algo ofensivo ou prejudicial. Eles não têm palavras para se desculpar. Eles podem dizer: "eu fui ruim" ou algo assim, mas raramente o fazem. A maneira de expressar penitência não é por palavras, mas por ações. Mesmo nas sociedades ocidentais, há considerável variação no quanto usamos a comunicação fática. Os brasileiros costumavam me dizer, quando eu estava aprendendo português, que: "os americanos dizem 'obrigado' demais".

Na minha segunda tarde na aldeia pirahã, depois de um longo dia de aprendizagem do idioma, peguei uma xícara quente de café preto forte e instantâneo e sentei-me à beira de uma encosta íngreme para contemplar o Maici. Vários homens Pirahãs tinham ido pescar com Don no barco, de modo que a aldeia ficou mais tranquila. Eram 17h45, a hora mais linda do dia, quando o sol brilha laranja e a escuridão reflexiva do rio se destacava contra a cor enferrujada do céu e o luxuriante verde espinafre da floresta. Enquanto eu estava sentado de braços cruzados observando e bebendo meu café, assustei-me ao ver dois pequenos botos cinzentos pulando em sincronia por sobre a água do rio. Eu não tinha ideia de que existiam botos de água doce. Quase imediatamente, da curva vieram duas canoas pirahã, os canoeiros remando com toda a força, em busca dos botos, tentando tocá-los com seus remos. Era um jogo de pega-pega, de *pega-boto*.

Aparentemente, os botos também gostaram disso porque vinham continuamente fora do alcance dos homens nas canoas. Isso durou meia hora, até que a escuridão pôs fim à perseguição. Os Pirahãs nas canoas e nas margens (uma multidão havia se reunido) riam histericamente. Como pararam de perseguir os botos, os botos desapareceram. (Em todos os meus anos assistindo a essa competição entre mamíferos, nenhum boto jamais foi "tocado".)

Pensei sobre onde eu estava, no privilégio de estar nesse maravilhoso mundo dos Pirahãs e da natureza. Só nesses dois primeiros dias eu já tinha experimentado uma miríade de coisas novas, como ouvir o som metálico e estridente dos tucanos e o grito rouco das araras. Senti cheiros de árvores e plantas que eu nunca tinha visto antes.

Nos dias que se seguiram entre os Pirahãs, observei seu cotidiano, entre as sessões de trabalho acerca de seu idioma. Pirahãs começam seus dias cedo, geralmente por volta das 5h, embora para pessoas que dormem muito pouco durante a noite, não está claro se é melhor dizer que eles começam o dia ou simplesmente que o dia nunca termina. Em todo caso, geralmente eu era acordado por diversas mulheres da aldeia conversando em suas cabanas. Eles começam falando alto para alguém em especial sobre os acontecimentos do dia. Uma mulher anunciava que fulano ia caçar ou pescar e depois dizia que tipo de carne queria. Outras mulheres a

ecoavam em outras cabanas ou gritavam suas próprias preferên-
cias culinárias.

Depois que o dia começa, pescar é a atividade mais comum
dos homens. A maioria deles sai antes do amanhecer para locais
de pesca favoritos, horas rio abaixo ou rio acima. Se a viagem de
pesca durar a noite toda, levam suas famílias com eles. Mas normalmente vão pescar sozinhos ou com um ou dois amigos. Se uma
lagoa se formar a partir do recuo da água do rio, vários homens serão encontrados naquele único local, porque estará cheio de peixes
que não podem escapar. A pesca é feita principalmente com arco
e flecha, mas também se usam linha e anzol se eles conseguirem
algum por meio de trocas. Os homens geralmente remam durante
a escuridão da manhã, rindo alto e desafiando uns aos outros em
corridas de canoa. Pelo menos um homem permanece na aldeia
para vigiar as coisas.

Depois que os homens vão embora, as mulheres e as crianças
saem para procurar alimentos ou puxar mandioca – também chamada de cassava, o tubérculo da vida – de suas hortas na floresta.
Isso leva horas e é um trabalho árduo, que exige muita resistência,
mas as mulheres (assim como os seus homens) vão para a floresta
brincando e rindo. Mulheres geralmente voltam no início da tarde.
Se os homens ainda não voltaram, elas juntam lenha para preparar
o peixe que esperam que seus maridos capturem.

Essa visita inicial aos Pirahãs terminou em poucos dias. Em
dezembro de 1977, o governo brasileiro ordenou que todos os missionários saíssem das reservas indígenas. Tivemos que fazer as malas.
Mas, de qualquer forma, não vim para ficar muito tempo, só para
ter uma ideia de como eram os Pirahãs e sua língua. Naqueles primeiros dez dias, aprendi um pouco sobre a linguagem pirahã.

Deixar a aldeia sob essas circunstâncias forçadas fez-me pensar se algum dia conseguiria voltar. A SIL ficou preocupada também e queria encontrar uma maneira de contornar a proibição do
governo contra missionários. Então a SIL me pediu para eu me ins-

crever no curso de pós-graduação em linguística da Universidade Estadual de Campinas (Unicamp), no estado de São Paulo, Brasil. Esperava-se que a Unicamp fosse capaz de obter autorização governamental para que eu visitasse os Pirahãs por um período prolongado, apesar da proibição geral contra missionários. Mas, embora eu tenha ido lá principalmente para obter autorização para voltar para a aldeia dos Pirahãs, a Unicamp acabou por me oferecer o maior conhecimento acadêmico e ambiente intelectual que já experimentei.

Meu trabalho na Unicamp valeu a pena como a SIL esperava. O presidente da Fundação Nacional dos Povos Indígenas (Funai), general Ismarth de Araújo Oliveira, autorizou-me a retornar aos Pirahãs, com minha família, para uma estadia de seis meses para coletar dados para minha dissertação de mestrado na Unicamp. Minha esposa, Keren; nossa filha mais velha, Shannon, então com sete anos; nossa filha Kris, quatro anos; nosso filho Caleb, um ano; e saímos de São Paulo de ônibus em direção a Porto Velho em dezembro, para nossa primeira visita familiar aos Pirahãs. Levamos três dias para chegar a Porto Velho, onde um grupo de missionários da SIL estava estacionado e nos ajudaria a viajar até a aldeia dos Pirahãs. Passamos uma semana lá, nos preparando para a aldeia e nos preparando mentalmente para a próxima aventura.

Não é fácil para uma família ocidental preparar-se para viver numa aldeia amazônica. O planejamento de nossa viagem começou semanas antes de viajarmos. Nós adquirimos suprimentos em PV, como os missionários chamam Porto Velho. Lá, Keren e eu tivemos que antecipar, comprar e nos preparar para até seis meses de isolamento familiar na floresta. Tudo, desde sabão em pó até o aniversário e os presentes de Natal que tinham que ser planejados com meses de antecedência em relação à sua data real. Durante a maior parte do nosso tempo com os Pirahãs, de 1977 a 2006, éramos quase totalmente responsáveis por todas as necessidades médicas de nossa família e dos Pirahãs, gastamos centenas de dólares em remédios, de aspirina ao soro antiofídico, antes de cada viagem. Tratamentos de malária de todos os tipos – daraprim, cloroquina e quinino – estavam no topo da nossa lista.

Precisávamos levar livros escolares e materiais didáticos para que nossos filhos pudessem estudar na aldeia. Cada vez que voltávamos da aldeia para o centro da SIL em Porto Velho, eles eram testados pela escola SIL, a qual foi credenciada pelo estado da Califórnia. Os livros (incluindo uma enciclopédia completa e um dicionário) e outros materiais escolares foram adicionados ao grande estoque de bens para o funcionamento de nossa casa – centenas de litros de gasolina, querosene e propano, uma geladeira movida a propano, dezenas e dezenas de latas de carne, leite em pó, farinha, arroz, feijão, papel higiênico, itens para troca com os Pirahãs, entre outros.

Após nossas compras e outros preparativos, decidi voar uma semana antes de minha família, junto ao missionário da SIL, Dick Need, para preparar a casa para a chegada das crianças. Dick e eu trabalhamos das 6h às 18h, diariamente, subsistindo quase inteiramente de castanha-do-pará (poderíamos ter obtido peixe dos Pirahãs, mas, como ainda não conhecia a cultura o suficiente para saber se os Pirahãs considerariam nossos pedidos uma imposição, decidimos sobreviver com castanha-do-pará, que os Pirahãs nos ofereciam de graça). Nos faltou comida porque nossas ferramentas pesavam demais para trazermos qualquer comida no avião. Consertamos o telhado e o chão da casa de Sheldon e construímos um novo balcão de cozinha. Também passamos vários dias com facões, auxiliados por um casal de Pirahãs, cortando a grama da pista para a chegada do Cessna. Eu sabia que para os meus filhos, pelo menos, a primeira impressão da casa seria crucial para o seu desejo de ficar. Eu estava pedindo tanto para eles deixarem seus amigos e a vida na cidade para passar os próximos meses na floresta, com um povo que eles não conheciam, ouvindo uma língua que nenhum de nós falávamos.

No dia em que minha família chegou, acordei antes do amanhecer. Na primeira luz do dia, eu já andava pela pista de pouso, procurando por buracos. Sempre havia novos buracos se abrindo. Também procurei cuidadosamente por pedaços grandes de madeira, como lenha, os Pirahãs poderiam ter deixado na pista de pouso. Eu estava animado. Isso foi realmente o início da nossa missão nos Pirahãs, pois sem minha família sabia que eu nunca conseguiria aguentar. Eu precisava do apoio deles. Essa era a missão deles também. Eles estavam entrando em um mundo sem entretenimento, sem eletricidade, sem médicos, dentistas ou telefones – eles estavam viajando no tempo de várias maneiras. Isso é pedir muito para as crianças, mas eu estava confiante de que Shannon, Kristene e Caleb lidariam bem com isso. Eu sabia que Keren, a mais experiente de todos nós nesse tipo de vida, daria muito certo e que as crianças extrairiam confiança e força de suas experiências. Afinal, Keren tinha sido criada entre os indígenas Sateré-Mawé e vivia na Amazônia desde os oito anos. Ela adorou. E nada sobre a vida missionária foi muito difícil para ela. De muitas maneiras, eu também tirei força da confiança dela. Ela foi a missionária mais comprometida que já conheci.

Quando o avião estava a cerca de cinco minutos de distância, os Pirahãs começaram a gritar e a correr para a pista de pouso. Eu ouvi alguns minutos depois e corri entusiasmado para receber minha família na floresta. Meus filhos e Keren acenavam com entusiasmo quando pousaram. Após o avião terminar de taxiar e o piloto abrir a escotilha, aproximei-me do avião e apertei sua mão vigorosamente. Keren então saiu, em êxtase, sorrindo, e imediatamente tentando falar com os Pirahãs. Shannon, com seu cachorro, Glasses; Kris e Caleb saíram pelas portas do passageiro. As crianças pareciam inseguras, mas ficaram felizes em me ver. E sorriram largamente para os Pirahãs. Com o piloto preparado para retornar a Porto Velho, Dick disse ao embarcar: "vou pensar em você, Dan, enquanto como um bife suculento esta noite em Porto Velho".

Levamos todos os nossos suprimentos para casa com a ajuda dos Pirahãs e depois descansamos por alguns minutos. Keren e as crianças inspecionaram a casa que eu preparei para eles. Ainda precisava de uma organização criteriosa. Mas, dentro de alguns dias, entraríamos em uma rotina de trabalho e vida familiar. Depois de desempacotar nossos suprimentos, montamos a casa. Keren fez os mosquiteiros e organizadores de pano pendurados para nossos pratos, roupas e outros pertences. As crianças começaram a estudar em casa, Keren cuidava da casa, e me dediquei à linguística em tempo integral. Tentamos dar continuidade a uma cultura familiar cristã americana no meio de uma aldeia amazônica. Houve lições para todos nós.

Nenhum de nós, nem mesmo Keren, previu tudo o que essa nova vida implicaria. Numa de nossas primeiras noites em família na aldeia, estávamos tendo jantar à luz de lampião a gás. Na sala, vi Glasses, o cachorrinho de Shannon, perseguindo algo que estava pulando no escuro, embora eu não conseguisse compreender. Fosse o que fosse, estava saltando em minha direção. Parei de comer e fiquei observando. De repente, a coisa escura pulou no meu colo. Concentrei o feixe de minha lanterna nele. Era uma tarântula cinza e preta, com pelo menos 20 centímetros de diâmetro. Mas eu estava preparado. Eu me preocupava com cobras e insetos, então mantive um taco de madeira comigo o tempo todo. Sem mover minhas mãos em direção a tarântula, levantei-me rapidamente e empurrei minha pélvis para jogar a aranha no chão. Minha família tinha acabado de ver o que estava no meu colo e ficou olhando com os olhos arregalados para mim e para o saltador peludo. Peguei meu taco e a esmaguei. Os Pirahãs na sala da frente observavam. Quando matei a aranha eles perguntaram o que era.

"*Xóooí*" (tarântula), respondi.

"Nós não as matamos", disseram eles. "Elas comem baratas e não fazem mal".

Nós nos adaptamos a essas situações depois de um tempo. E naquela época, sentimos que Deus estava cuidando de nós e que essas experiências nos renderiam boas histórias.

Embora eu fosse um missionário, minhas primeiras designações na SIL eram linguísticas. Eu precisava descobrir como funcionava a gramática da língua e escrever minhas conclusões antes que a SIL me permitisse começar a tradução da Bíblia. Logo descobri que a pesquisa linguística de campo envolve a totalidade da pessoa, não apenas seu intelecto. Exige do pesquisador nada menos do que se inserir, entrar na cultura estrangeira, em ambientes sensíveis e muitas vezes desagradáveis, com grande probabilidade de se tornar alienado da situação de campo por incapacidade geral de lidar com o contexto. O corpo, a mente, as emoções do pesquisador de campo, especialmente seu senso de identidade, ficam profundamente tensos por longos períodos em uma nova cultura, com a tensão diretamente proporcional à diferença entre a nova cultura e sua própria cultura.

Considere o dilema do pesquisador de campo: você está em um lugar onde tudo o que você já conheceu está oculto e camuflado, onde imagens, sons e sentimentos, todos, desafiam sua concepção habitual de vida na Terra. É algo como os episódios de *The Twilight Zone*, em que você não consegue entender o que está acontecendo com você, porque é tão inesperado e fora do seu quadro de referência.

Aproximei-me da pesquisa de campo com confiança. Minha formação em linguística me preparou bem para as tarefas básicas do ofício, como: coleta de dados, armazenamento correto e análise. Eu me levantava da cama às 5h30 todas as manhãs. Em seguida, transportava pelo menos 55 galões de água em recipientes de cinco galões para beber e lavar a louça, e então preparava o café da manhã para a família. Perto das 8h, eu geralmente estava em minha mesa, começando meu trabalho de "coleta de informações". Segui vários guias de campo diferentes e estabeleci tarefas mensuráveis de aprendizagem de línguas para mim. Nos meus primeiros dias de volta à aldeia, fiz desenhos toscos, mas úteis, da localização de todas as cabanas na aldeia, com uma lista dos ocupantes de cada uma delas. Procurava aprender como passavam seus dias, o que era importante para eles, como as atividades das crianças diferia das atividades dos adultos, acerca do que eles falavam, por que passavam seu tempo do modo que passavam e assim por diante. E eu estava determinado a aprender a falar a língua deles.

Tentei memorizar pelo menos dez palavras ou frases novas por dia e estudar diferentes "campos semânticos" (agrupamentos de itens relacionados, como partes do corpo, termos de saúde, nomes de pássaros etc.) e construções sintáticas (procurando por ativo *versus* passivo, passado *versus* presente, afirmações *versus* perguntas e assim por diante). Registrei todas as palavras novas em fichas de 7x18 centímetros. E, além de transcrever foneticamente cada nova palavra em um cartão, também registrei os contextos em que ouvia a palavra e dava um palpite sobre o provável significado. Então fiz um furo no canto superior esquerdo do cartão. Coloquei de dez a vinte cartões em um anel (retirado de um fichário de três argolas, que abria e fechava) e coloquei o anel em um passador de cinto das minhas calças. Frequentemente eu me testava na pronúncia e compreensão das palavras em meus cartões, trabalhando-as em conversas com os Pirahãs. Recusei-me a deixar que o riso constante dos Pirahãs diante da minha má aplicação e pronúncia da língua me desestimulasse. Sabia que meu primeiro objetivo linguístico era descobrir quais sons daqueles que eu estava ouvindo em pirahã eram realmente significativos e perceptíveis para os Pirahãs. Isto é o que os linguistas chamam de fonemas de uma língua e eles seriam a base para a concepção de um sistema de escrita.

Meu primeiro grande avanço para entender como os Pirahãs veem a si mesmos em relação aos outros surgiu durante uma caminhada na floresta com alguns homens Pirahãs. Apontei para o galho de uma árvore e perguntei: "como se chama isso?"

"*Xií xáowí*", eles responderam.

Apontei novamente para o galho, desta vez para a parte reta do galho, e repeti: "*Xií xáowí*".

"Não". Eles riram em uníssono. "Este é o *xií xáowí*", apontando para a junção do galho com o tronco da árvore e também para a junção do galho menor com o ramo maior. "Isso" (o que eu apontei, parte reta do ramo) "é *xii kositii*".

Eu sabia que *xii* significava "madeira". Eu tinha certeza de que *xáowí* significava "torto" e que *kositii* significava "reto". Mas eu ainda precisava testar essas suposições.

No caminho da floresta, voltando para casa no fim do dia, notei que um longo trecho do caminho era reto. Eu sabia que *xagí* significava "trajeto/vereda", então tentei *"Xagí kositii"*, apontando para o trajeto.

"Xaió!", veio a resposta imediata (certo!). *"Xagí kositii xaagá"* (o trajeto é em linha reta).

Quando o trajeto virou bruscamente para a direita, tentei: *"Xagí xáowí"*.

"Xaió!" e todos responderam sorrindo. *"Soxóá xapaitíisí xobáaxáí"* (você já conhece bem a língua pirahã). E então acrescen-

41

taram: "*Xagí xaagaia píaii*", que mais tarde percebi que significava "O trajeto também é tortuoso".

Isso foi maravilhoso. Em pouco tempo, eu aprendi as palavras para *torto* e *reto*. Naquele momento, eu também já tinha aprendido as palavras para a maioria das partes do corpo. Enquanto caminhávamos, lembrei-me das palavras que me foram dadas pelos Pirahãs na língua deles para *povo Pirahã* (*Híaitíihí*), *língua pirahã* (*xapaitíisí*), *estrangeiro* (*xaoói*) e *língua estrangeira* (*xapai gáisi*). A *língua pirahã* era claramente uma combinação de *xapaí* (cabeça) e *tii* (reta), mais o sufixo -*si*, que indica que a palavra a qual está anexada é um substantivo ou um nome próprio: "cabeça reta". *As pessoas Pirahãs* eram *hi* (ele), *ai* (é) e *tii* (hétero/outro), mais -*hi*, outro marcador semelhante para -*si*: "ele é hétero (estranho, estrangeiro)". *Estrangeiro* significava "bifurcação", como em "bifurcação no galho da árvore". E a *língua estrangeira* significa "cabeça torta".

Eu estava fazendo progressos! Mas ainda estava apenas arranhando a superfície.

O que torna a língua pirahã tão difícil de aprender e de analisar são coisas que não aparecem nos primeiros dias de trabalho, por mais alegres que sejam os sucessos imediatos feitos por alguém. O aspecto mais difícil da aprendizagem da língua pirahã não é a língua em si, mas o fato de que a situação em que a aprendizagem ocorre é "monolíngue". Em uma situação de campo monolíngue, muito rara entre as línguas do mundo, o pesquisador não compartilha uma língua em comum com os falantes nativos. Esse foi o meu ponto de partida entre os Pirahãs, já que eles não falam português, inglês ou qualquer idioma diferente do pirahã, exceto por algumas frases limitadas. Então, para aprender a língua deles, devo aprender a sua língua. Catch-22[1]. Eu não posso pedir traduções para qualquer outro idioma ou perguntar a um Pirahã para explicar algo

---

1. Catch-22 em lógica é uma situação paradoxal da qual um indivíduo não pode escapar devido às regras ou limitações contraditórias, no senso comum, "um beco sem saída" [N.T.].

para mim em qualquer língua que não a própria pirahã. Existem métodos para trabalhar dessa forma. Não é de surpreender que auxiliei a desenvolver alguns desses métodos como resultado da minha provação. Mas os métodos para a pesquisa de campo monolíngue já existiam muito antes de eu entrar em cena.

No entanto, é difícil. Aqui está uma troca típica, depois de eu ter estado lá tempo suficiente para aprender a expressão em pirahã:

"*Como você diz isso?*" (aponto para um homem subindo o rio em sua canoa).

"*Xigihí hi piiboóxio xaaboópai*" (o homem vem rio acima).

"Está certo: '*Xigihí hi piiboóxio xaaboópai*'?"

"*Xaió. Xigihí piiboó xaaboópaitahásibiga*" (certo. O homem vem rio acima).

"Qual é a diferença entre '*Xigihí hi piiboóxio xaaboópai*' e '*Xigihí piiboó xaaboópaitáhásibiga*'?"

"Não há diferença. Eles são os mesmos."

Claramente, da perspectiva de um linguista, deve haver uma diferença entre as duas frases. Porém, até eu aprender pirahã por mim mesmo, eu não tinha condições de saber que a diferença era que a primeira frase significa "O homem retorna rio acima" e a segundo significa "Eu sou uma testemunha ocular do fato de que o homem retorna rio acima". Isso torna o aprendizado do idioma uma situação realmente muito difícil.

Outra coisa que dificulta o aprendizado do idioma é algo que já foi mencionado – o pirahã é tonal. Para cada vogal, você deve saber se o tom da vogal é alto ou baixo. Muitas das línguas do mundo são assim, embora nesse número quase não sejam incluídas línguas europeias. O inglês não é tonal nesse sentido. Eu já tinha decidido escrever vogais que tinham um tom agudo com acento agudo (´) sobre a vogal e vogais com tom baixo sem marca sobre a vogal. Isso pode ser ilustrado pelo simples par de palavras que significam *eu* e *excremento*:

Tií (eu) tem tom baixo no primeiro *i* e um tom alto no *i* final. Impressionantemente, isso seria "tiꟷ".

Tíi (excremento) tem tom alto no primeiro *i* e tom baixo no segundo *i* – "tꟷi".

A língua também é difícil de aprender porque existem apenas três vogais (*i, a, o*) e oito consoantes (*p, t, h, s, b, g,* a parada glótica e *k*). Esse pequeno número de sons faz com que as palavras do pirahã sejam muito mais longas do que em uma língua com mais sons de fala. Para ter palavras curtas, cada palavra precisa de diferenças sonoras suficientes para diferenciá-la da maioria das outras palavras curtas. Mas se a sua língua tem apenas algumas diferenças sonoras, como pirahã, então você precisa de maior espaço em cada palavra, ou seja, palavras mais longas para poder distinguir as palavras. O efeito para mim no início foi que a maioria das palavras pirahãs pareciam as mesmas.

Finalmente, a língua pirahã é notoriamente difícil porque lhe faltam coisas que muitas outras línguas têm, especialmente na forma como se apresentam as frases juntas. Por exemplo, a linguagem não tem comparativos, então eu não consigo encontrar expressões como *isto é grande/isso é maior*. Não se encontram palavras para as cores – não há palavras para vermelho, verde, azul e assim por diante, há apenas frases descritivas, tais quais: *isto é como sangue* para o vermelho ou *isto não está maduro ainda* para o verde. Além disso, não há histórias sobre o passado. Quando você não consegue encontrar algo, mas tem a expectativa de que esteja lá, você pode perder meses procurando por algo que não existe. Muitas das coisas que fui ensinado a procurar na linguística de campo, não consegui encontrar. Isso não só dificultou as coisas, como também às vezes era totalmente desencorajador. Ainda assim, eu estava otimista de que com tempo e esforço suficientes, eu compreenderia essa linguagem.

Mas o futuro não é nosso e os nossos planos são apenas os nossos desejos. Foi uma loucura acreditar que eu poderia simplesmente ignorar onde estava e focar estritamente na linguística. Nós estávamos na Amazônia.

2. A Amazônia

Depois de fazer as pazes com a Amazônia, uma aldeia pirahã é um lugar relaxante. O primeiro passo em direção a essa paz é você aprender a ignorar, talvez, até aproveitar o calor. Isso não é tão difícil quanto pode parecer. O corpo humano, quando vestido adequadamente, pode suportar bem as temperaturas de 32 a 38 graus Celsius, especialmente porque a floresta oferece muita sombra e, no caso dos Pirahãs, o Rio Maici está sempre fresco, úmido e relaxante. A umidade, no entanto, é mais difícil de suportar. A transpiração – ferramenta eficaz para reduzir a temperatura corporal por meio da evaporação em climas temperados – na Amazônia produz somente pé de atleta e micose nas virilhas, a menos que sua pele, como a dos Pirahãs, esteja castigada pelo tempo e normalmente esteja seca porque você raramente transpira.

Além desses pequenos desconfortos corporais, a região amazônica não é simplesmente um lugar; ela é uma força inspiradora. A Floresta Amazônica cobre quase 3 milhões de milhas quadradas: 2% da superfície total da Terra e 40% da massa terrestre da América do Sul. Essa floresta é quase do tamanho do território continental dos Estados Unidos. Voe de Porto Velho, próximo à fronteira boliviana, para a cidade de Belém, na foz do Amazonas, um voo de quatro horas a jato, e em um dia claro você verá a floresta se estender até o horizonte e em todas as direções: um tapete verde até onde a vista alcança, com faixas azuis de água de norte a sul, fluindo em direção ao "mar em movimento", como os indígenas Tupi chamavam a Amazônia.

O Rio Amazonas flui por mais de 6.500 quilômetros do Peru até o Atlântico. O rio tem mais de 300 quilômetros de largura em sua foz, com um delta, a Ilha de Marajó, que é maior que a Suíça. Há escuridão suficiente e terras desconhecidas na Amazônia para consumir um milhão de imaginações. Na verdade, é quase isso que ocorre – há uma lista quase interminável de livros sobre isso, sobre sua ecologia, suas histórias, seus povos e sua política. Isso despertou a sede, o desejo de viajar e a imaginação dos europeus e dos seus descendentes desde os espanhóis e os portugueses, os primeiros a contemplarem no início do século XVI. Dois de meus escritores americanos favoritos, Mark Twain e William James, sentiram sua atração.

Mark Twain deixou Ohio em 1857 na esperança de partir de Nova Orleans para o Rio Amazonas, aparentemente para tentar enriquecer com o comércio de coca. Alguns livros ou histórias maravilhosas perdemos porque ele mudou seus planos e decidiu ir treinar como piloto de barco fluvial no Mississippi. Poderíamos ter tido um *A vida na Amazônia* em oposição à *Vida no Mississippi*?

William James realmente chegou à Amazônia e foi capaz de explorar uma porção significativa do rio principal e seus afluentes. Durante uma viagem com o biólogo de Harvard Louis Agassiz, em 1865, para coletar espécimes zoológicas, James viajou por cerca de oito meses pelo Brasil e ao longo do Amazonas e seus afluentes. Após sua experiência na Amazônia, James abandonou seu objetivo de se tornar um naturalista – pode-se dizer que não há lugar melhor para um naturalista ir que a Amazônia. (Mais de um terço de todas as espécies conhecidas na Terra vivem na Amazônia.) Em vez disso, ele decidiu concentrar-se na filosofia e na psicologia, acabando por se tornar a principal força na fundação e no desenvolvimento da escola filosófica conhecida como pragmatismo americano.

A maior parte da Floresta Amazônica, da bacia hidrográfica e do rio está localizada no Brasil. O Brasil é o quinto maior país do mundo em extensão territorial, maior que os 48 estados contíguos dos Estados Unidos. Sua população de quase 190 milhões de pessoas é diversificada, contendo grandes agrupamentos de portugueses, alemães, italianos, outros europeus e asiáticos, incluindo a maior população de japoneses fora do Japão. Para a maioria da população urbana do Brasil, a Amazônia parece tão distante e fantástica quanto para europeus ou norte-americanos. Embora eles se orgulhem da beleza da Amazônia e de sua atração para o resto do mundo, a maioria dos brasileiros nunca viu nada que se pudesse chamar de floresta. A Amazônia fica a 3 mil quilômetros das principais áreas populacionais do Sudeste do Brasil, onde vivem mais de 60% dos brasileiros. Mas, isso não impede que os brasileiros sejam um tanto ofensivos e defensivos quando alguém sugere que a tutela da Amazônia (como a sua preservação) siga regras ou regulamentos de origem estrangeira. Como eles dizem em todo o Brasil, "a Amazônia é nossa!" A preocupação de alguns brasileiros com a intervenção estrangeira na Amazônia quase beira a paranoia, como quando alguns dos meus colegas brasileiros insistem em me dizer que as crianças em idade escolar nos Estados Unidos aprendem em seus livros oficiais que a Amazônia pertence aos Estados Unidos.

Como curadores da maior reserva de história natural do mundo, os brasileiros são em geral a favor da conservação da diversidade de minerais, água, flora e fauna da Amazônia. Mas eles não querem ouvir pregações dos Estados Unidos ou da Europa – que destruíram, eles próprios, muito mais áreas florestais do que as que já foram destruídas na Amazônia. Conflitos locais sobre a preservação da Amazônia entre os brasileiros são bem conhecidos e geralmente atraem uma significativa cobertura da imprensa. Um caso bem conhecido é aquele de Chico Mendes, que foi assassinado por organizar seringueiros para usar os recursos comerciais da Amazônia de maneira ecologicamente correta, que, em última análise, estava em desacordo com a visão dos seus empregadores sobre como deveriam trabalhar. Mas essas histórias podem ser enganosas. Na realidade, esses conflitos são menos significativos do que o acordo generalizado entre os brasileiros de que a Amazônia tem de ser preservada.

Talvez a melhor evidência do interesse brasileiro na conservação seja a agência brasileira do Ibama, o Instituto Brasileiro do Meio Ambiente e dos Recursos Naturais Renováveis. O Ibama é onipresente na Amazônia, bem equipado, com uma equipe profissional e uma preocupação genuína e aguçada com a preservação das belezas e dos recursos naturais da Amazônia.

O sistema do Rio Amazonas apresenta dois tipos de terras e dois tipos de rios, em termos gerais: há os rios brancos (ou lamacentos) e há os rios de águas escuras. Ambos são rios "velhos"; isto é, serpenteiam ao longo de correntes de fluxo lento, porque suas cabeceiras são apenas um pouco mais elevadas do que suas bocas. Ao contrário dos rios de águas escuras, os rios de águas lamacentas, como o Amazonas e o Madeira (o Mississippi e o Mekong são outros), são ricos em flora e fauna e têm maiores concentrações de nutrientes para peixes e outras formas de vida fluvial. Eles também são ricos em vida insetívora, os insetos são encontrados em todos os rios.

Durante meus primeiros dias entre os Pirahãs, descobri a maldição dos pequenos mosquitos com asas em forma de V que pousam na pele exposta durante o dia. Esses mosquitos, mutucas, sugam seu sangue e te deixam com uma coceira intensa no local da picada, e com intensas vermelhidões se sua pele for muito sensível, como é a minha. Mas você não deve odiar as mutucas, nem mesmo os vários tipos de mosquitos que picam e machucam a pele macia do interior de sua coxa, seu ouvido externo, suas bochechas e sua bunda. Você não deve odiá-las mesmo quando você percebe sua desonestidade – sempre voando para partes sombreadas do seu corpo – exatamente aquelas partes que você não está prestando atenção. Por que não as odeie? Porque a frustração vai te matar mais rápido do que as picadas de insetos. Admito que muitas vezes desejei que esses insetos tivessem um desenvolvimento melhor de seus sistemas nervosos para que eu pudesse torturá-los. Mas o sentimento passa – a maior parte do tempo.

Há insetos à noite também. Se você passar uma noite desprotegido por um mosquiteiro nas margens de um desses rios, como a que tive no Madeira, será uma das noites mais longas e miseráveis da sua vida, pois uma nuvem negra de mosquitos fará um enxame ao seu redor, voando pelas suas narinas, até suas orelhas, mordendo você através de suas roupas, sua rede e até mesmo de seu pesado *jeans*, em todos os lugares imagináveis. E, Deus te livre, se você tiver que aliviar-se durante a noite, eles farão um enxame em torno de qualquer parte exposta do corpo.

O sistema fluvial tradicionalmente dominado pelos Pirahãs e pela etnia com eles estreitamente relacionada, conhecida como os Mura (que não falam mais sua língua original), é o Rio Madeira. O Madeira tem o quinto maior fluxo de água no mundo. É o segundo maior afluente do mundo (depois do Missouri). A bacia do Rio Madeira tem três vezes o tamanho da França. Entre as centenas de afluentes do Madeira está um rio de águas escuras, o Rio dos Marmelos, com cerca de 730 metros de largura na sua foz, com uma largura média de talvez 400 metros e uma profundidade de 14 metros. O principal afluente do Marmelos é o Maici, a casa dos Pirahãs. Ninguém mais mora no Maici. Na sua foz, o Maici tem mais de 180 metros de largura. Na maior parte de seu comprimento, a média é talvez 27 metros de largura. Sua profundidade varia de

15 centímetros em alguns lugares pouco antes do início da estação chuvosa para possivelmente 25 metros no fim da estação chuvosa.

O Maici é um rio de águas escuras, uma corrente cor de chá que transporta peixes e folhas a uma velocidade de 12 nós até o Marmelos. Na época das chuvas ele fica escuro. Na estação seca a cor clareia e fica bem límpida e o rio fica raso, e seu leito arenoso é facilmente visível. Einstein propôs que a distância entre dois pontos seguindo o curso de um antigo rio é aproximadamente a distância de uma linha reta entre esses pontos vezes pi (π). O Maici está de acordo com essa previsão. De cima, parece uma cobra enorme deslizando pela floresta. Viajando de barco, depois da estação das chuvas, algumas curvas são tão fechadas que a onda gerada pelo barco viaja entre as árvores inundadas de um lado a outro do circuito tão rapidamente que o barco segue seu próprio rastro ao virar a esquina. O Maici é surpreendentemente lindo. Ao navegar nele, há momentos em que penso que deve ser como o Éden: brisas suaves, águas claras, areia branca, árvores esmeraldas, araras flamejantes, harpias inspiradoras, cantos de macacos, gritos de tucanos e o rugido ocasional das onças.

Os Pirahãs estão assentados ao longo do Maici, desde sua foz até onde a Rodovia Transamazônica o atravessa, aproximadamente a 80 quilômetros. De barco a motor, a distância é de cerca de 150 milhas. A aldeia pirahã onde mais trabalhei, Forquilha Grande, está localizada às margens do Rio Maici, próximo à Transamazônica. O Rio Maici cruza a Transamazônica cerca de 90 quilômetros a leste da cidade de Humaitá (Oo-my-TA), Amazonas. Um sério propósito inicial que coloquei em meu primeiro sistema de posicionamento global (GPS) portátil foi registrar as coordenadas da aldeia onde eu morava. São elas: S 7°21.642' W 62°16.313'.

Existem duas principais formas de descrever como a Amazônia foi originalmente colonizada, representadas pelo trabalho de arqueólogos, como Betty Meggers e Anna Roosevelt. Algumas pessoas, como Meggers, acreditam que o potencial agrícola do solo da Amazônia, pelo menos para a tecnologia pré-histórica, era muito baixo para sustentar grandes civilizações e que, consequentemente, a Amazônia sempre foi o lar de pequenos grupos de caçadores-coletores. Consistente com essa visão é a ideia de alguns linguistas, especialmente o falecido Joseph Greenberg, da Universidade de Stanford, para quem houve três ondas de migração para as Américas por meio da ponte terrestre da Beríngia, que hoje fica abaixo das águas do Estreito de Bering. O primeiro grupo a cruzar, há cerca de 11 mil anos, foi "empurrado" para o sul pelo segundo grupo a migrar, que, por sua vez, foi em grande parte forçado a ir para o sul pelo último grupo a cruzar a ponte de terra – os inuits (ou esquimós). O primeiro grupo em toda a Beríngia colonizou a América do Sul e, com notáveis exceções como os Incas, eram principalmente caçadores-coletores.

De acordo com Greenberg, a evidência dessa migração pode ser encontrada nas relações entre as línguas das Américas, tanto as vivas como as extintas. Ele afirma, por exemplo, que as línguas do sul do México, em geral, estão mais associadas em termos linguísticos do que aquelas do centro e do norte da América do Norte. Na opinião de Greenberg, pirahã teria que estar mais intimamente relacionada com outras línguas sul-americanas do que com qualquer idioma em qualquer outro lugar. Contudo a língua pirahã não é comprovadamente relacionada a qualquer língua viva. As afirmações de Greenberg de que ela está relacionada com línguas pertencentes à família que ele chama de Macro-Chibcha são praticamente impossíveis de se avaliar, e as evidências que consegui descobrir ao longo dos anos sugere que pirahã e o hoje extinto dialeto relacionado, mura, formam uma única língua isolada, sem relação com qualquer outra língua conhecida. Contudo, é impossível provar que a língua pirahã não tenha parentesco com quaisquer outras línguas amazônicas num passado distante. Os métodos da linguística histórica usados para classificar e reconstruir a história das línguas simplesmente não nos permitem olhar para trás o suficiente para dizer com certeza que duas linguagens nunca se desenvolveram de uma fonte linguística comum.

Uma alternativa às opiniões de Meggers e Greenberg foi desenvolvida por Roosevelt e seus colegas, incluindo meu antigo orientando de doutorado Michael Heckenberger, da Universidade da Flórida. De acordo com Roosevelt, a Amazônia foi e é capaz de sustentar grandes assentamentos e civilizações, incluindo, se Roosevelt estiver correto, a marajoara, civilização da Ilha de Marajó. Segundo Roosevelt, o *Homo sapiens* está na América do Sul há muito mais tempo do que o conjunto das ideias de Greenberg Meggers permitiriam.

A existência de línguas isoladas como pirahã e mura (conhecidas pelos primeiros exploradores, quando a língua mura ainda era falada, simplesmente como murapirahã, dois dialetos muito semelhantes de uma mesma língua) poderiam ser entendidos como alicerces às ideias de Roosevelt, porque é necessário muito tempo para "apagar" suficientemente a semelhança entre as línguas para produzir uma linguagem isolada. Por outro lado, se os Pirahãs tivessem sido separados de outras línguas e povos desde muito cedo no povoamento das Américas, isso poderia explicar sua singularidade linguística e cultural tanto pelas teorias de Meggers ou Roosevelt. A probabilidade é que nunca saberemos de onde vieram os Pirahãs ou sua língua – a menos que seja descoberto um conjunto de documentos antigos que registram línguas extintas, mas relacionadas. Nesse caso, poderíamos usar a metodologia padrão da linguística comparativa e histórica para recriar algo do passado dos Pirahãs.

Já existem evidências de que os Pirahãs não são originários da parte da floresta onde residem atualmente, pela falta de vocabulário nativo para algumas espécies de macacos encontrados ao redor do Maici. O macaco brasileiro paguacu (etimologia da família linguística tupi-guarani) é chamado pelos Pirahãs pelo mesmo nome, por exemplo. Isso faz de paguacu uma palavra emprestada do português ou de um dos dois grupos Tupi-Guarani, os Parintintin e os Tenharim, com quem os Pirahãs tiveram um longo contato. Como não há evidências de que os Pirahãs tenham desistido de uma de suas próprias palavras para pegar emprestada uma palavra de outro idioma, isso sugere que o idioma não tinha palavra para essa espécie de macaco porque não foi encontrado em sua terra natal, onde quer que poderia ter sido.

Uma vez que o pirahã não tem parentesco com nenhuma outra língua viva conhecida, cheguei a perceber que não fomos designados para trabalhar apenas com uma linguagem difícil, mas com uma linguagem única.

Nós nos adaptamos como família à vida na Amazônia, completamente sozinhos, sem ninguém além de nós mesmos a quem recorrer em busca de ajuda. Nós nos tornamos mais próximos do que sempre tínhamos estado, tendo grande satisfação e prazer em viver em família. Pensávamos que estávamos no controle de nossas vidas, como nunca tínhamos tido antes. Mas a Amazônia estava prestes a nos lembrar quem mandava.

3. O custo do discipulado

Fomos como discípulos de Cristo para os Pirahãs. E a Bíblia sugere aos discípulos que o serviço está repleto de perigos. Então começamos a descobrir. Num fim de tarde, Keren começou a reclamar que os Pirahãs estavam fazendo com que ela ficasse tensa. Ela estava fritando a carne de um tamanduá que Kóhoi havia matado e estava cercada como sempre por cerca de uma dúzia de Pirahãs, curiosos sobre os nossos hábitos culinários e alimentares (e com fome de bife de tamanduá). Ela convidou-me para caminhar na nossa pista de pouso. A pista de pouso era como nosso parque pessoal. Não servia apenas como local de pouso do avião, também nos dava um lugar para caminhar, correr e escapar da aldeia de vez em quando.

"Não aguento mais isso", relatou Keren com a voz trêmula. "O que está incomodando você?", perguntei. Era comum eu reclamar sobre o quanto era difícil o constante escrutínio dos Pirahãs. Mas Keren raramente percebia isso. E quando percebeu que estava cercada por Pirahãs olhando, curiosos, ela não parecia se importar nem um pouco; ela simplesmente conversava amigavelmente com eles.

Eu disse a Keren que terminaria de preparar o jantar e que ela deveria descansar. Enquanto caminhávamos de volta para nossa cabana, mencionou que suas costas estavam doendo e que estava começando a ter dor de cabeça. Nós não entendemos o significado desses sintomas no momento, e os atribuímos à tensão.

Naquela noite, a cabeça de Keren doía ainda mais. Sua coluna estava doendo tanto que ela frequentemente arqueava suas costas. Então começou a sentir calor e febre. Peguei nosso manual médico e comecei a ler sobre seus sintomas. Quando eu estava lendo, nossa filha mais velha, Shannon, começou a reclamar que sua cabeça também estava doendo. Senti sua testa com as costas da minha mão. Ela irradiava calor.

Tínhamos remédios suficientes para qualquer problema de saúde comum na Amazônia, pensei. Eu estava seguro de que tudo que eu precisava fazer era ler sobre os diferentes conjuntos de sintomas em meu livro médico missionário e o diagnóstico seria simples. Ao examinar os sintomas, concluí que Keren e Shannon estavam com febre tifoide. Eu acreditei nisso porque contraí febre tifoide durante nosso treinamento na selva no México e seus sintomas eram como os que tive.

Comecei o tratamento com antibióticos para febre tifoide. Nenhuma das duas melhorou nem um pouco. Ambas estavam ficando muito doentes e muito rapidamente, e o declínio da saúde de Keren estava perigosamente rápido. Ela parou de comer. Não queria beber qualquer coisa, embora ocasionalmente tomasse um pouco de água. Eu tentei tirar sua temperatura com um termômetro, mas o mercúrio subiu até o fim e nunca caia, não importa quantas vezes eu o pegava. A febre de Shannon pairava entre 39 e 40 graus Celsius.

O quente sol tropical não estava ajudando. Enquanto eu cuidava (ineptamente) de Keren e Shannon, também tive que cozinhar e limpar Caleb (então apenas com dois anos) e Kris, de quatro anos. Não consegui dormir. Keren e Shannon tiveram diarreia e eu tentava ajudá-las a colocar e tirar o penico à noite, esvaziar e limpar o penico e ajudá-las a voltar para a cama.

Na cabeceira da nossa cama, tínhamos um pouco de privacidade, pois erguemos um muro de ripas de paxiúba. Os Pirahãs aglomeraram-se perto e espiaram por entre as ripas. Eles sabiam que algo estava errado. Depois descobri que todos na aldeia, exceto eu e minha família, sabiam que Keren e Shannon tiveram malária.

A falta de privacidade, a minha preocupação com a saúde da minha esposa e da minha filha, minha exaustão decorrente do trabalho e a falta de sono agravaram minha tendência natural a me preocupar, de modo que, ao fim de cinco dias, eu estava desesperado por ajuda. Keren estava quase em coma. Ela e Shannon estavam gemendo de dor, e Keren estava começando a ter acessos de delírio, sentando-se e gritando por pessoas que não estavam lá, falando coisas que não faziam sentido, dando tapas em mim, em Kris e em Caleb se passássemos muito perto dela quando ela estava sentada durante uma de suas alucinações.

Na quarta noite de sua doença, durante uma tempestade tão forte que não pude ouvir quase nada exceto vento, trovão e chuva, Keren sentou-se e me contou que Caleb havia caído da rede no quarto ao lado.

Eu respondi com confiança: "Não, ele está bem. Eu estive acordado e atento o tempo todo. Eu não o ouvi cair".

Keren ficou agitada e disse: "Vá ajudar Caleb! Ele está no chão sujo com as baratas".

Para agradá-la, levantei-me e fui para o quarto das crianças, ao lado do nosso quarto sem parede. O quarto deles tinha paredes de tábuas de 1 metro de altura, com o espaço de mais de 1 metro acima deles fechado por tela plástica. Caleb e Kristene compartilhavam um mosquiteiro. Caleb dormia na rede e Kristene em uma cama de solteiro abaixo dele. Também colocamos um banheiro químico de acampamento nesse quarto, com privacidade proporcionada pelas cortinas penduradas ao redor do vaso sanitário. Mantivemos uma lâmpada de querosene no quarto também. Todas as noites, depois de tomar banho no rio e comermos o jantar, nos retirávamos para o relativo conforto e privacidade do quarto das crianças, onde eu lia em voz alta para a família livros como *Crônicas de Nárnia*, *O Sol é para todos* e *O Senhor dos Anéis*.

Entrei no quarto com minha lanterna. Caleb estava no chão, baratas por perto. Ele estava tentando voltar a dormir, mas olhou confuso e desconfortavelmente. Eu o peguei e o abracei e coloquei ele de volta na rede. A sensibilidade maternal de Keren superou a malária para alertá-la para o fato de que seu filho necessitava de ajuda.

Na manhã seguinte, eu sabia que precisava fazer alguma coisa. Shannon e Keren estavam doentes demais para eu ficar sentado assistindo. Mas eu não sabia como conseguir voltar para Porto Velho sozinho. O avião missionário nos trouxe e eu não havia viajado pelo rio antes. Sem o avião, estávamos perdidos. E naquele momento o governo brasileiro não permitia que estrangeiros tivessem rádios bidirecionais, então não tínhamos contato com o mundo exterior. Eu não tinha um barco capaz de viajar de modo confiável, nem tinha gasolina suficiente para fazer uma viagem no rio.

Contudo havia um missionário leigo católico, Vicenzo, visitando os Pirahãs, e ele tinha uma pequena canoa de alumínio com motor novo de popa Johnson de 6,5 cavalos e quase 50 litros de gasolina. Eu pedi a ele o enorme favor de me emprestar seu barco por um período indeterminado. Se fizesse isso, ele próprio ficaria preso entre os Pirahãs; mas imediatamente concordou, embora tenha me garantido, erroneamente, que o que quer que Keren e Shannon tinham elas deveriam ter trazido com elas porque não havia nenhuma doença entre os Pirahãs – apenas duas semanas depois que saí da aldeia, Vicenzo quase morreu de malária contraída entre os Pirahãs. Perguntei a ele então se poderia me dizer como chegar ao assentamento mais próximo com um médico e um hospital.

Vicenzo me disse que eu precisaria ir até Humaitá ou Manicoré (mani-ko-REH), duas pequenas cidades ao longo do Rio Madeira. Recomendou Humaitá porque dali havia uma estrada para Porto Velho, capital do estado de Rondônia e, sem que ele soubesse, a localização da sede da minha missão. Para chegar a Humaitá, disse ele, eu precisaria viajar descendo os rios Maici e Marmelos por cerca de 12 horas até um local chamado Santa Luzia, que ele pronunciava "SANta loo CHEE-a". De lá, eu poderia conseguir homens para me ajudar a carregar minha família por meio de um caminho na floresta que conectasse os rios Marmelos e Madeira. No Madeira, eu iria a um assentamento chamado Auxiliadora (em homenagem a Nossa Senhora Auxiliadora), uma pequena cidade fundada cerca de 20 anos antes por padres salesianos. De lá poderíamos pegar um grande barco para Humaitá, lugar em que nunca havia ouvido falar até essa conversa e que agora parecia como Meca.

Fui para casa e comecei a fazer as malas para a viagem, embora eu não tivesse ideia do que isso implicaria ou do que precisaríamos. Vicenzo não tinha certeza de quanto tempo levaria a viagem de barco de Auxiliadora até Humaitá, já que ele nunca havia feito aquela viagem. Eu não sabia se precisaríamos levar nossa própria comida. Mas mal havia espaço suficiente em sua canoa para nós cinco, mais a gasolina, então seria capaz de levar muito pouco em qualquer caso.

Por agora já era tarde demais para partir. Teríamos que começar cedo no próximo dia. Era muito perigoso correr o risco de ficar preso no rio depois de escurecer. Embalei um pouco de carne e pêssegos enlatados, colheres e algumas placas de flandres revestidas de esmalte. Juntei um facão, fósforos e velas, duas mudas de roupa para todos e um recipiente para água. Eu pus essas coisas ao lado e orei. Então fui para a cama. Na manhã seguinte, assim que o sol apareceu, levei a canoa de Vicenzo até o banco em frente à minha casa e comecei a carregá-la. O sol já brilhava às sete e o céu estava azul cobalto. Uma brisa matinal me refrescava enquanto eu trabalhava.

Depois de colocar os suprimentos, carreguei Shannon e a coloquei no chão da canoa. A canoa inclinou um pouco com o peso dela. Pirahãs ladeavam e assistiam das margens do rio. Em seguida, levei Caleb e Kristene até lá e disse-lhes para aguardarem na canoa. Então fui até a casa e peguei Keren, pensando em como ela parecia muito mais leve (ela pesava 45 quilos antes de adoecer e perdeu, calculei, talvez entre quatro e cinco quilos nos últimos cinco dias). Ela estava apenas semiconsciente quando saí de casa. Quando nós chegamos à margem do rio e comecei a descida cuidadosa, Keren acordou e começou a gritar e a lutar.

"O que você está fazendo? Você está fugindo? Você não acredita em Deus? Você não tem fé? Temos que ficar aqui e obter essas pessoas para Jesus!" Isso tornou muito mais difícil, para mim, continuar com os planos de partida. Eu já estava cansado, incerto e inseguro. Agora, se algo der errado, se alguém se machucar ou pior, eu também estaria moralmente errado. Mas eu sabia que eu não tinha escolha. Keren, e talvez Shannon, morreriam se eu não pressionasse e as tirasse dali. E, não trivialmente, eu simplesmente estava no fim da minha resistência. Estava cansado demais para atender às demandas de uma família doente na aldeia.

Por muitas razões, foi difícil, para mim, tomar a decisão de partir. Havia a incerteza e o perigo da viagem, e as complicações e o estresse de cuidar de todos sozinho, pois eu já estava exausto. Eu tinha certeza de que os outros missionários na base compartilhariam a opinião de Keren de que eu era um covarde infiel (ao fim de tudo, eles não estavam condenando, mas foram muito compreensivos e prestativos). Eu também sabia que, em pouco mais de uma semana, um voo de abastecimento estava programado para chegar à aldeia. Esse avião poderia levar a minha família para Porto Velho. Mas, se eu esperasse, pensei que as chances da morte de Keren seriam grandes. Os riscos de sair mais cedo eram menores do que o risco de esperar pelo voo. Mas, na verdade, eu simplesmente não queria esperar, com cada noite de sono perdida me desgastando até que eu estivesse inútil para mim e para minha família. Eu tinha que fazer alguma coisa.

Quando subi na margem do rio para buscar Keren, Xabagi, um velho Pirahã, se aproximou para me perguntar se eu poderia trazer fósforos, cobertores e outras mercadorias quando eu voltasse da cidade. Eu respondi com raiva: "Keren está doente. Shannon está doente. Não vou comprar nada" (se eu soubesse como dizer *caramba* em pirahã, eu teria dito). "Vou para a cidade levá-las para conseguir água (remédio) para curá-las novamente."

Fiquei com raiva e tenho certeza de que isso transpareceu. Aqui eu estava com toda a minha família em perigo e os Pirahãs só conseguiam pensar em si mesmos? Eu acionei o pequeno motor Johnson e ele ganhou vida. A canoa inclinou-se de um lado para o outro, um perigo antes mesmo de partirmos, já que tínhamos apenas cerca de 3 polegadas de borda livre, e a água era profunda, mais de 5 metros na maior parte dos lugares nessa época do ano. Se eu nos derrubasse por falta de experiência, haveria um desastre. Eu não tinha coletes salva-vidas, mas tinha duas pequenas crianças e dois passageiros muito doentes que não conseguiriam nadar até à margem. Eu não poderia salvar a todos na poderosa corrente do Maici. Mas eu não tinha escolha.

Ok, Deus. Agora estou em uma daquelas histórias missionárias que costumavam me inspirar muito. "Mantenha-nos seguros, Deus", pensei.

Nós nos afastamos da margem. Os Pirahãs gritavam: "Não esqueça os fósforos! Não se esqueça dos cobertores! Traga farinha de mandioca. E carne enlatada!", e a lista continuou. Acima do zumbido do motor de dois tempos, pude ouvir o grasnar de um par de araras vermelhas voando, indiferentes a mim enquanto voavam para o ninho. O sol estava brilhando intensamente. Àquela hora já se estava na casa dos 22 graus Celsius e ainda não eram oito da manhã.

Mas a velocidade de 15 quilômetros por hora da canoa nos proporcionou uma brisa. As faces de Keren e de Shannon brilhavam à luz do sol. Estávamos indo há uma hora quando então Kristene disse que estava com fome. Diminuí a velocidade e abri uma lata de pêssegos. Eu disse a Kristene para lavar as mãos na margem do rio, depois é só tirar os pêssegos da lata com as mãos. Caleb fez o mesmo. Kristene virou-se para Keren e perguntou: "mamãe, você quer alguns pêssegos?", Keren me surpreendeu sentando e dando um tapa no rosto de Kristene. E mandou-lhe calar a boca. Então Keren entrou em colapso. Kristene não chorou. Ela deu-me uma expressão de dor e perplexidade. Eu disse: "mamãe está doente, querida. Ela não sabe o que ela está fazendo". Kristene já sabia disso. Caleb também. Shannon não queria nada. Então terminamos os pêssegos e deixei Kristene e Caleb beberem a calda da lata.

A floresta passava por nós dos dois lados, um verde impassível. Nenhum outro barco estava no rio. A água estava alta, então tive que ter cuidado para permanecer no canal principal e não seguir canais falsos para os pântanos. Felizmente, a corrente principal geralmente era fácil de detectar. Mas nem sempre. Quando a água de repente se espalhou diante de mim no que parecia ser um pântano em vez de um rio, ou em vários canais aparentes ao mesmo tempo, fiquei desorientado.

Depois de mais ou menos uma hora, Keren sentou-se e pediu água. Tentei servir um pouco para ela, mas ela puxou o cantil da minha mão e pegou a xícara. Então, segurou o copo longe dela e começou a esvaziar a lata em seu colo. Tentei ajudá-la dizendo: "querida, deixe-me fazer isso por você. Você está apenas derramando a água".

Ela olhou para mim com raiva e respondeu: "essa viagem seria muito mais divertida se você não estivesse junto". Então colocou o cantil na boca e tomou um pouco. Dei um pouco para Shannon também e continuamos.

Várias horas depois, vi uma casa numa clareira na margem à minha esquerda. Eu parei o barco. Será que já estaríamos a caminho do Madeira? Meu português ainda era rudimentar, mas subi a margem e bati palmas na frente da casa até que uma mulher apareceu na abertura da janela. Perguntei a ela se ali era Santa "Loo-CHEE-a".

A mulher disse: "nunca ouvi falar desse lugar". "Há mais alguém que possa me ajudar?", quase implorei.

Eram cerca de duas da tarde e tínhamos menos de um quarto de tanque de gasolina, suficiente para apenas mais uma ou duas horas. Se eu não encontrasse Santa Luzia logo, eu teria que remar. Talvez teríamos que passar a noite dormindo na canoa.

A mulher apontou rio acima e disse: "Lá em Pau Queimado eles podem saber onde fica o lugar que você procura".

"Mas acabei de chegar rio acima e não vi nenhum assentamento."

Ela esclareceu: "fica na primeira entrada do rio à sua esquerda".

Agradeci e corri de volta para o barco. Estava quente e eu estava vermelho do sol. Assim como todos da minha família. Quando eu estava voltando para a canoa, dei outra olhada na casa dessa mulher, vendo pela primeira vez como aquela família morava. A casa foi caiada – isso não deve ter sido fácil ou barato para uma família que vive ao nível de subsistência. Por que eles queriam fazer aquilo? Para refletir o calor? Não, eles queriam que a casa deles fosse atraente, mesmo que fosse na floresta, onde raramente chegavam novas pessoas. Havia árvores de jambu, produzindo frutos vermelhos, suculentos, doces, semelhantes a maçãs. Havia pés de mamão. Um campo de mandioca, cana-de-açúcar, batata-doce e cará se via por perto, visíveis no trajeto da casa. A área ao redor da casa estava clara e limpa, algumas partes com grama verde aparada com facão, outras partes de solo arenoso. A casa era feita de tábuas talhadas à mão, sem dúvida, pelo marido dela. Perto da minha canoa, vi uma série de tartarugas vivas do Rio Amazonas, de pintas amarelas, amarradas a uma vara no cais da casa, em águas rasas. Essas tartarugas são um dos itens favoritos de alimentação e comércio dos caboclos amazônicos (como são conhecidos os falantes do português do interior brasileiro). Eu pensei, enquanto desamarrei a canoa e a apontei rio acima, que devia ser difícil ganhar a vida capturando tartarugas.

A vida para essas pessoas não é fácil. No entanto, eles vivem como se assim fosse, cumprimentando a todos com graça, bom humor e ajudando. Eu tinha muito mais do que eles e, ainda assim, ao observar meu comportamento mais de perto, percebi que estava mais tenso, menos acolhedor e menos hospitaleiro que essas pessoas. E eu era um missionário. Eu tinha muito que aprender.

Mas eu teria que aprender mais tarde. Naquele momento eu tinha que buscar ajuda. Liguei o motor. Outra oração pensada: "Deus, vim para a Amazônia por você. Vim com minha família para te servir e ajudar as pessoas. Por que você está me deixando me perder? Estou quase sem gasolina, Deus. Que bem isso fará, se minha esposa morrer porque estou sem gasolina e perdido? Vamos, Deus. Me ajude".

Olhei novamente para a beleza ao meu redor. Do rio pude ver diversos Ipês, elevando-se a mais de 40 metros acima do rio, com pelo menos 1 metro de diâmetro, suas flores amarelas e roxas brilhantes destacavam-se contra o verde envolvente. Os brasileiros da região chamam o Ipê de passar bem. Eu meio que esperava que ao vê-los eles trouxessem boa sorte. O sol estava brilhante, a brisa, fresca. A floresta estava verde e o dia de hoje parecia acolhedor. O terreno aqui logo acima da foz do Rio Marmelos era acidentado, com margens íngremes por todos os lados e numerosas enseadas, que meus olhos novatos às vezes tinham dificuldade em distinguir do rio principal.

Mais ao longe, eu podia até ver poderosas castanheiras elevando-se sobre a floresta. Eu olhei para tudo de uma nova maneira. A natureza é bela se sua família morre nela sem ajuda? Eu determinei que a beleza da natureza é realmente a beleza de nossa percepção dela. Não, não seria linda sem humanos para declará-la assim. Mas, meu Deus, foi lindo. Qualquer que seja a fonte, as ondulações sopradas pela brisa na água, os galhos balançando as árvores, o céu azul claro, a saúde e a força em meus braços, a clareza dos meus olhos, a determinação em meu coração – essas eram coisas lindas e eu me senti com a natureza na luta onipresente pela vida.

Finalmente avistei a enseada de Pau Queimado e dirigi minha canoa reluzente para lá. Depois de mais ou menos um minuto pelas margens íngremes desse fiorde em miniatura ao nosso redor, vi uma clareira, um campo de mandioca e uma cabana com telhado de palha. A margem estava numa inclinação de cerca de 60%, a quase 36 metros de altura. Era uma rica cor marrom, com um pouco de grama perto do topo. Brasileiros ao longo dos rios mantêm casas e áreas de vilarejos limpas e são impressionantemente diligentes, valorizando a limpeza e a ordem em suas casas. Subi correndo os degraus que os proprietários esculpiram no banco, cada degrau emoldurado por madeira com cerca de 3 centímetros de espessura. Cheguei ao topo ofegante e olhei em volta. Havia várias pessoas sentadas no chão da cabana, aparentemente fazendo uma refeição.

"Você sabe como chegar a Santa Loo-CHEE-a?", eu deixei escapar, não me incomodando com as usuais delicadezas da apresentação cabocla, a calma conversa fiada e a suavização para qualquer solicitação.

Uma mãe estava amamentando um menino num canto. Um homem sentou-se mexendo um mingau de peixe e farinha numa cabaça vazada. As redes eram cuidadosamente enroladas em vigas transversais no telhado baixo. Apesar de sua altura acima do rio, a cabana foi erguida sobre palafitas de 18 polegadas, com um piso, paredes e venezianas de tábuas. Caboclos fecham bem suas casas à noite, apesar do calor, por medo de animais, de espíritos e de ladrões.

"Não existe por aqui nenhum lugar com esse nome", respondeu um homem, enquanto todos olhavam para mim, esse estrangeiro de pele vermelha e olhos arregalados.

"Mas Vicenzo, o rapaz que trabalha com o Padre José – você conhece o Padre José? – disse que em Santa Loo-CHEE-a havia um caminho que ia dos Marmelos até o Madeira", tentei esclarecer.

Uma mulher ao fundo sugeriu: "ele deve estar se referindo a Santa Loo-ZIa. Há um caminho até lá".

"Ah, claro, é isso", responderam os outros em uníssono. Alguma esperança! Eles me disseram que era cerca de 30 minutos rio abaixo, logo depois da casinha com as tartarugas. Disseram que um dedo de terra paralelo ao rio obscureceu a localização do assentamento para as pessoas que desciam o rio, mas que eu veria se eu continuasse olhando para a esquerda. Eu gritei de volta: "Muito obrigado!", enquanto descia correndo as escadas. Kristene e Caleb ainda estavam sentados calmamente na canoa, conversando um com o outro. Shannon reclamou que estava queimando de febre. Keren disse que iria pular no rio para aliviar sua febre. Comecei a toda velocidade o motor de 6,5 cavalos deixando um rastro pateticamente fraco atrás de nós.

Em 30 minutos, olhei para bombordo e pensei ter visto uma enseada. Quase passei por ela, mas lá estava ela, uma clareira no topo de outro banco, essa com mais de 54 metros de altura, com os mesmos degraus esculpidos. Parei e atraquei a canoa ao pé da escada. Peguei Kristene em um braço e Caleb no outro. Eu disse a Shannon e Keren que estaria de volta para eles. Corri até o topo, com o coração batendo forte, e procurei um adulto.

O pequeno povoado também era muito limpo e ordenado, com caminhos largos e clareiras bem varridas ao redor das casas pintadas de cores vivas. Uma igreja ficava no meio do pequeno aglomerado de seis casas ao longo da costa do Rio Marmelos. Bancos feitos à mão de tábuas grossas foram construídos sob algumas árvores. O Marmelos tinha mais de 274 metros aqui, de um preto azulado desse ângulo. Havia uma brisa leve e com a sombra dos bancos teria sido um lugar confortável para descansar, mas não havia tempo.

Vi algumas mulheres conversando sob a sombra de uma árvore a cerca de 50 metros de distância e caminhei rapidamente em direção a elas. Elas já estavam olhando em minha direção e sem dúvida estavam discutindo a chegada desses *gringos* rio acima – um local em que só poderíamos ter chegado voando, pois, para chegar aos Pirahãs de barco, é preciso passar em frente a Santa Luzia. Mais uma vez, não perdi tempo com gentilezas, fazendo minha pergunta imediatamente quando cheguei à distância capaz de audição. "É aqui que tem um varador para o Rio Madeira?"

"Sim, tem um caminho logo ali", uma mulher respondeu.

Eu disse a ela que tinha duas pessoas muito doentes na canoa e falei que gostaria de ajuda para levá-las até o Rio Madeira. Ela pediu a uma garotinha para chamar seu pai. Desci correndo e carreguei Shannon em meus braços. Quando cheguei no topo da margem novamente, tive uma linda visão. Homens vindo em fila pelo meio do caminho, homens com as costas e os braços fortes, vindo me ajudar, um gringo irremediavelmente inepto que nunca tinha feito nada por eles em sua vida. Mas claramente um homem com uma família necessitada. Aprendi, então, que caboclos sempre vêm em auxílio de alguém necessitado, mesmo em seu próprio prejuízo.

Antes que eu pudesse dizer qualquer coisa, porém, todos nós ouvimos um barulho alto e uma mulher gritou: "Ó meu Deus! Ela pulou na água!"

Keren estava no rio, tentando voltar para a canoa. Eu corri até ela.

Ela disse: "A água está tão fresca. Eu estava com muito calor".

Peguei-a nos braços e corri até a margem pela terceira vez. Keren parecia coerente naquele momento. Talvez ela estivesse pensando claramente agora, eu pensei quando a sentei sob a sombra da árvore com Shannon, Kris e Caleb.

Enquanto ela se sentava no tronco debaixo de uma linda mangueira, Keren disse em português para as pessoas que estavam por perto: "Lembro-me deste lugar. Há elefantes ali e leões acolá. Meu pai costumava me trazer aqui quando eu era uma garotinha".

Todos os brasileiros olharam para ela, depois para mim. Eles perceberam que ela estava delirante. Ninguém disse nada, exceto: "Pobrezinha".

Os homens foram para a floresta e voltaram em poucos minutos com dois troncos de 15 centímetros de espessura, cada um com cerca de 2 metros e meio de comprimento. De cada um deles, suspendeu-se uma rede tipo maca. Colocamos Keren em uma e Shannon na outra. Quatro homens partiram com elas, dois para cada rede, descendo o caminho. Eu amarrei toda nossa bagagem e pedi ao outro homem para cuidar do barco de Vicenzo (alguém em Santa Luzia usou o barco dele sem misturar óleo na gasolina e arruinou seu motor antes de eu voltar). Pedi-lhes que dissessem ao Padre José que Vicenzo queria que um barco fosse enviado para tirá-lo da aldeia. Minhas bolsas pesavam cerca de 50 quilos. Então peguei Caleb e disse a Kristene para seguir. Partimos pelo caminho atrás dos homens.

Kristene nos atrasou um pouco enquanto colhia flores da floresta ao longo do caminho, pulando e cantando para si mesma "Jesus me ama". Seu cabelo ainda estava parcialmente com chiquinhas que Keren colocou dias antes. Ela vestia *shorts*, uma camiseta pequena e tênis. Ela cheirou as flores e sorriu com deleite de sua fragrância. Mesmo que meus braços estivessem queimando pela exaustão devido ao peso de carregar Caleb e as malas, não pude deixar de estar sorridente. Eu sempre chamei Kris de o raio de sol da minha vida, e naquele dia ela era a luz do sol que me salvou do desespero. Caleb estava perguntando para onde os homens estavam levando sua mãe e irmã. Caleb era e é uma pessoa sensível, e sua mãe sempre foi a pessoa mais importante de sua vida.

Depois de 45 minutos caminhando pela floresta fresca e coberta de folhas rumo ao Rio Madeira, chegamos a uma clareira. Eu pude ver dezenas de casas de madeira pintadas sobre palafitas, uma grande igreja, que os moradores chamavam de "a catedral", pequenas lojas e largas avenidas de terra paralelas umas às outras. Essa era Auxiliadora, uma cidade pequena, não uma aldeia, e era apenas o começo. Os homens me perguntaram onde colocar Keren e Shannon. Esse reduzido assentamento era obviamente pequeno demais para ter quartos para alugar. Eu disse aos homens para colocá-las na sombra e fui perguntar. Localizei a modesta casa do comerciante do Rio Maici, Godofredo Monteiro, e sua esposa, Cesária. Eu sabia que eles moravam aqui porque, em uma viagem até o Maici logo depois de quando chegamos, eles pediram que os visitássemos em sua casa na Auxiliadora. A casa deles refletia sua prosperidade. Tinha as paredes de tábuas comuns e piso típico das casas caboclas, mas também tinha degraus de madeira muito limpos e um telhado parcialmente de palha e parcialmente de alumínio. Foi pintado de branco com detalhes verdes; a frase *Casa Monteiro* foi pintada com letras maiúsculas verdes na frente. Havia uma casinha no quintal, visível de frente, o que indicava uma preocupação acima da média com aquele aspecto de higiene, já que a maioria da região usava a selva como banheiro.

Godo e Cesária nos receberam na sua pequena casa, então pedi aos homens para carregarem Keren e Shannon para lá. Como já era noite e estávamos claramente muito cansados, Cesária perguntou se poderia me ajudar a pendurar as redes da minha família.

"Redes?", eu perguntei confuso. Em minha opinião achei que iríamos dormir em camas ou no chão.

"Aqui a gente só dorme em rede, senhor Daniel, até o padre. As pessoas aqui não usam camas", respondeu Cesária. Ela passou a me explicar como todos, até mesmo quem viajava de barco pelos rios, dormiam em redes. "Não temos redes." Eu estava ficando mais deprimido com a situação e a minha falta de planejamento. As redes que trouxeram Shannon e Keren pertenciam a pessoas que eu nem sabia quem eram de Santa Luzia.

Cesária saiu imediatamente e voltou cerca de meia hora depois com cinco redes emprestadas dos vizinhos. Ela começou o jantar e me disse que observou Keren enquanto eu levava as crianças para tomar banho no Madeira. Agora o Madeira não é como o pequeno e claro Maici. É um gigante lamacento, rivalizando com o Mississippi, talvez com mais de 1 quilômetro de largura na Auxiliadora na estação das águas. A margem do rio ficava a uns 300 metros da casa de Godofredo e o banco tinha cerca de 60 metros de altura, a mais alta de todos os povoados que eu já tinha visto. Entrei até a altura dos joelhos e me lavei. Eu não me importei se havia jacarés (jacarés--açus) no rio e que não podia vê-los na água barrenta. Eu não me importei que houvesse candirus, minúsculos, peixes que nadariam por qualquer orifício corporal. Eu nem me importei se haveria piranhas, sucuris, arraias, enguias elétricas e outros habitantes das águas turvas do Madeira, porque eu estava sujo. Mas em reconhecimento do potencial perigo, lavei Caleb e Kristene jogando água sobre eles e ensaboando-os, e depois mergulhando-os rapidamente dentro e fora do rio. Nós estávamos um pouco limpos no final, mas ficamos enlameados e suados quando caminhamos de volta pela encosta íngreme e depois para casa. Estava escurecendo. Ao contrário do Maici, as margens do Madeira estão repletas de mosquitos. Eles zumbiam por toda a casa de Godo. Não tínhamos repelente de insetos, não tínhamos calças, nem nada para nos proteger. Cesária pegou emprestado um mosquiteiro do tamanho de um quarto para nós, porém, coloquei-o em sua sala de estar, para que pudéssemos nos sentar dentro dessa rede, que deixava a sala muito mais quente porque cortava todas as brisas e evitava os mosquitos. Mas eu não poderia aproveitar essa proteção, porque Godo queria conversar. Sentamo-nos nos degraus dele e conversamos, eu tentando parecer despreocupado e à vontade. Eu ficava batendo sem parar nos maruins e mutucas, minha pele se arrepiava a cada mordida.

"Os mosquitos são realmente horríveis aqui", reclamei.

"Você acha? Não há nada que fazer à noite", foi a resposta de Godo, tingida de maneira um pouco defensiva sobre sua cidade. Mas percebi que ele segurava a camiseta nas mãos e batia regularmente nas costas, na frente e nas laterais. Instalamo-nos para jantar um feijão fortemente aromatizado com cebola, sal, azeite e coentro, acompanhado de arroz e alguns peixes. Eu tinha muito pouco dinheiro para pagar por aquela comida. Estávamos vivendo da caridade dos pobres. Ao perguntar aos homens fui informado que o próximo barco para Humaitá passaria em dois ou três dias. Isso foi uma decepção. Estaríamos presos naquele lugar. Mas pelo menos Keren e Shannon puderam descansar e nós tivemos ajuda lavando as roupas e pegando comida. E tínhamos esperança de que conseguiríamos ir para um médico.

"Como saberei quando o barco chegará?", perguntei. "A gente vai escutar de longe, seu Daniel" foi a enigmática resposta. Como eles poderiam ouvir isso de uma distância suficiente para eu levar minha família e as coisas juntas a tempo de chegar à margem do rio e sinalizar para o barco? Novamente me perguntei se eu tinha tomado a decisão certa ao sair em vez de esperar pelo avião. Keren me chamou para sua rede e disse que queria voltar para a aldeia e esperar o avião. Ela parecia muito mais forte e lúcida que considerei voltar depois de mais uma noite de sono. De todo modo, fui acordado por Godofredo, antes da manhã seguinte, quando eu poderia ter retornado ao Maici. Eram cerca de duas da manhã.

"*O recreio* já vem, seu Daniel" (o barco – *recreio* é o nome de algo que ainda me faz coçar a cabeça até hoje – está chegando).

Comecei a levantar a família e fazer as malas, mas Godofredo disse: "Relaxa. Ele não chegará nem tão cedo. Podemos tomar um café primeiro".

Tomamos café e fui ficando mais ansioso ao pensar que o barco estava passando e ficaríamos presos aqui por pelo menos mais uma semana. Quando terminamos nosso café, ouvi vozes do lado de fora da casa. Os homens estavam vindo, espontaneamente, para me ajudar a carregar minha família até o barco. Depois de conversarmos por cerca de 15 minutos, os homens penduraram nossas redes nos postes e eu juntei nossas coisas. Keren e Shannon foram colocados novamente nas redes. Cesária pegou Caleb e eu peguei Kris nos braços, alguém pegou nossas malas e começamos a caminhar em procissão iluminados por uma lâmpada de querosene e lanternas através de nuvens de mosquitos numa escuridão úmida em direção ao porto. Não havia luzes em nenhum lugar. Mas quando nos aproximamos da margem, ao longe como uma nave espacial, o holofote do barco vagava intermitentemente pela margem e pelo rio, procurando por troncos flutuantes que poderiam danificar seu casco de madeira, verificando a distância do barco das margens e em busca de bancos de areia que pudessem afundá-lo. Começamos nossa precária descida na escuridão, descendo a margem íngreme, forçando os olhos para ver por meio da luz de uma lanterna. De repente, ouvi alguém tombar e cair a alguns passos de nós. Era o homem que estava segurando a ponta traseira do poste da rede de Keren. Mas, mesmo antes de atingir o chão, outro homem a pegou e Keren parece não ter notado.

Piscamos nossas lanternas para o barco sinalizando que queríamos pegá-lo. Ao se aproximar de nós na escuridão da noite sem estrelas e sem lua, com mais de 6 metros de altura e 20 metros de comprimento, seu enorme holofote repousou sobre nós na beira do rio. Ele nos olhou como insignificantes terráqueos nessa costa marciana.

Os homens descarregaram Shannon e Keren no convés mais baixo de um barco de três conveses. Coloquei todo o resto a bordo, inclusive Kristene e Caleb, e o barco partiu. De repente nossos amigos de Auxiliadora sumiram, engolidos pela noite amazônica. Eu os veria novamente? O que aconteceria agora? De modo quase frenético, armei todas as cinco redes emprestadas pelo pessoal de Auxiliadora, preocupado que Kristene e Caleb poderiam cair no rio, ou que Keren ou Shannon poderia ser pisoteada enquanto ficasse desprotegida no convés, ou alguém poderia tentar roubar nossos poucos pertences. Depois de pendurar nossas redes, mudei todos de lugar, assim como coloquei nossas bagagens no segundo convés. Então juntei todas as nossas malas debaixo da minha própria rede, acomodei minha família e tentei dormir um pouco. Coloquei todos por perto para que eu pudesse ouvir e sentir se alguém acordou ou se precisava de mim.

O convés superior do nosso barco era uma área de bar. Abaixo do convés inferior ficava o local de armazenamento. O barco estava sujo, com uma tinta marrom espessa cobrindo os pisos, trilhos caiados com cerca de 1 metro de altura nas laterais e o casco pintado de azul. Estava pintado de branco em todos os outros lugares. Eu apenas conhecia esses barcos pela leitura, mas essa foi a primeira vez que vi um de perto. Havia talvez uns 100 passageiros na embarcação.

Por todo o sistema do Rio Amazonas, seja no Brasil, no Peru, na Colômbia, seja em qualquer outro país amazônico, um barco de passageiros é construído praticamente do mesmo modo. Inicia-se com uma estrutura maciça para o casco, construída a partir de pranchas de 3 ou 4 polegadas de espessura, feitas de madeira robusta e resistente à água, como itaúba. A estrutura de um barco pequeno terá cerca de 9 metros de comprimento por 2 metros e meio de largura. O resto da pesada estrutura de madeira do casco é formada por placas de 2 a 3 polegadas de espessura, com espaços entre elas preenchidos firmemente com corda ou outra fibra e calafetados, sendo depois cobertos com massa e tinta. A corda e as fibras são cravadas com um martelo de calafetagem e um instrumento de ferro próprio de calafetagem (como um cinzel). O casco (batelão em português) tem que ser capaz de resistir a golpes de troncos flutuantes, alguns mais longos que o próprio barco, na estação das chuvas, e ser capaz de sobreviver a encalhes na areia ou nas rochas, na estação seca.

O convés inferior do barco é usado para armazenamento na proa e para o motor e o eixo de transmissão na popa. Acima deste está outro convés, e acima dele, na maioria das vezes, um convés final. O teto de cada convés tem cerca de um metro e meio, com espessura de 10 polegadas. Esses conveses de passageiros muitas vezes não têm paredes, pelo menos nos grandes barcos comerciais de passageiros, por causa do calor – apenas grades curtas como cercas de estacas e postes de apoio. Os tetos costumam ter tábuas de um por 7 metros colocadas apenas para pendurar redes. Em caso de chuva, uma lona plástica pode ser baixada nas laterais. Os barcos vazam, mas são geralmente confiáveis e são embarcações práticas. Assim como seu modelo, motores e operação são padrão em todo o sistema amazônico, peças e mão de obra são abundantemente disponíveis – contanto que você siga esse padrão. Desviar-se das normas de construção e operação ou o uso de motores incomuns é procurar por problemas, porque quando de uma avaria ou da necessidade de assistência técnica, certamente você ficará sem solução. Você ficará decepcionado e em dificuldades se as peças e a mão de obra de que necessita estiverem fora do padrão usado.

Uma vez que esses barcos são construídos, vão para aqueles que os encomendaram, geralmente ricos comerciantes, eles são usados como barcos de passageiros ou embarcações comerciais. Aqueles pertencentes a comerciantes são usados para comprar produtos de indígenas e brasileiros habitantes das bordas da floresta, que recebem em troca bens manufaturados, como fósforos, leite em pó, carnes enlatadas, ferramentas, facões, enxadas, pás, agulhas, linhas, tabaco, bebidas alcoólicas, anzóis, munições, armas e canoas. Muitos comerciantes têm frotas dessas embarcações. Os portos de origem mais comuns para essas frotas de barcos comerciais são Porto Velho, Manaus, Santarém, Parintins e Belém – principais cidades do sistema amazônico. Os barcos transportam intermináveis quantidades de copaíba, castanha-do-pará, madeiras nobres, látex e outros produtos da floresta. As tripulações desses barcos compram as matérias-primas da floresta por intermédio dos indígenas, como os Pirahãs, os Tenharim, os Apurinãs, Nadëb e dezenas de outros, bem como dos caboclos.

As tripulações geralmente são formadas por caboclos. Uma tripulação típica consiste em dois a quatro homens que operam o motor, dirigem o barco, consertam o casco e assim por diante. Durante o horário de operação, a tripulação pode relaxar. Enquanto o motor estiver funcionando normalmente, eles podem descansar em suas redes ou se sentar e conversar. Quando o barco para durante o horário de trabalho, carregam cargas pesadas para o barco, consertam o motor, mergulham debaixo do barco para tapar vazamentos ou consertar o eixo de transmissão ou a hélice e executam outras tarefas. É uma espécie de vida *à la* Huckleberry Finn, temperada com intenso trabalho.

Há uma contradição inerente à vida dessas tripulações caboclas. A despeito de sua generosidade e simpatia, muitos deles têm uma história de vida com pano de fundo violento. Alguns membros da tripulação estão fugindo de uma vida urbana a que nunca se adaptaram, bem como casamentos fracassados, dívidas, inimigos e questões com a polícia. No isolamento dos afluentes amazônicos, uma terra violenta, povoada por homens violentos, é necessária uma certa espessura de pele para resistir.

Assim que comecei a dormir, Keren disse que precisava usar o banheiro. Ela e Shannon ainda estavam com uma forte diarreia. Inúmeras vezes durante essa viagem precisei ajudá-las a usar o penico (que eu felizmente pensei em trazer conosco), cobrindo-as com um cobertor para sua privacidade e depois carregando-o com seu conteúdo à popa para o esvaziar e lavá-lo no banheiro do barco, enquanto uma multidão se reunia para olhar para essa família americana doente.

Quando voltei da limpeza do penico, Shannon disse: "Sinto muito, papai. Desculpe".

"Pelo quê?", perguntei.

Cheguei perto dela percebi pelo cheiro que ela havia se sujado. Olhei e vi que ela e sua rede estavam cobertas de diarreia. Ela estava tão envergonhada e tão arrependida. Eu deveria estar mais atento a elas. Eu tinha um balde de água e pendurei um cobertor nas redes para lhe dar um pouco de privacidade. Então eu a lavei e a ajudei a trocar de roupa. Lavei a rede dela o melhor que pude e lhe dei o cobertor para deitar-se na rede de modo que ela não sentisse a umidade. Ela ainda estava se desculpando. Então, em seguida, lavei as roupas e as pendurei na grade do convés para secá-las.

No dia seguinte, Caleb e Kristene disseram que dormiram bem. Na hora do almoço, tentei alimentar a todos. Sentei Caleb e Kristene no banco contra a grade ao redor do convés. Comprei para cada um deles um pequeno prato de feijão e arroz que estava sendo servido aos passageiros. Quando me virei para pegar algo para mim, ouvi o som de um prato caindo e de vidro quebrando. Caleb, de apenas dois anos, deixou cair o prato. Ele se desculpou demais. Peguei mais um para ele e lancei tudo, vidros e comida, que estava no chão para dentro do rio. Em seguida, perguntei a Keren se ela precisava de alguma coisa. Ela queria uma Coca-Cola® gelada, então comprei uma para ela na lanchonete do barco, um convés acima. Depois que todos comeram, voltei a me preocupar.

Na manhã seguinte ao embarque no *recreio*, abordei Fernando, que só tinha uma das mãos e era o proprietário do barco. Ele usava os onipresentes chinelos e estava com o peito nu. Cerca de um 1,60m de altura, com uma constituição pequena e uma barriga de brasileiro próspero, ele dificilmente parecia intimidador. Mas aqui ele era a lei.

Cesária e Godofredo me falaram sobre Fernando. Segundo eles, Fernando era um caso difícil, com pouca simpatia pelos pobres. Ele não fazia nada para ajudar alguém. Eles disseram que algumas pessoas tinham medo dele e que sua tripulação, cerca de 20 homens de aparência rude, faria tudo o que ele ordenasse que fizessem. Pensei no que iria dizer-lhe. Procurei ser eloquente em português e convencê-lo a me fazer um grande favor.

"Olá", eu disse. "Minha esposa está muito doente e preciso levá-la ao médico o mais rápido possível. Pagarei o que custar se você puder levar minha família para Humaitá na lancha que você está rebocando".

"Eu não alugo a lancha", respondeu rispidamente, mal olhando para mim.

"Bem, então pagarei o que custar para você pegar o barco principal e ir direto para Humaitá e não parar para buscar mais ninguém". Eu realmente não me preocupei pelo fato de que muitas pessoas dependiam desse barco para sua própria saúde e necessidades alimentares e que poderia estar condenando outros a um destino semelhante ao de Keren, se Fernando aceitasse minha oferta.

Fernando respondeu: "Olha, camarada, se sua esposa vai morrer, ela irá morrer. É isso. Não vou acelerar por você".

Se ele não tivesse uma equipe para apoiá-lo, eu poderia ter reagido violentamente. Então voltei para minha família. Eu estava impaciente e tenso – mais do que jamais poderia lembrar de ter estado uma vez. Enquanto eu estava pensando e orando sobre essa situação, o barco diminuiu a velocidade.

Assim, enquanto eu olhava, ele parou completamente perto de algumas casas para pegar mais passageiros, eu suponho. Mas então o motor parou. Silêncio. Achei que poderia haver um problema no motor. Incrédulo, observei toda a tripulação e Fernando saírem do barco vestindo uniformes de futebol idênticos. No topo de uma colina pude ver uma clareira. Mais homens com uniformes diferentes de futebol esperavam. A maioria dos passageiros também desceram. Por duas malditas horas pensei em maneiras de matar essas pessoas por jogar futebol enquanto minha esposa e filha morriam em seu barco. Eu teria roubado a embarcação e deixado todos lá, mas não poderia operá-la sozinho. Encontrei-me com meus pensamentos mais cruéis que alguma vez já tive pululando em meu cérebro. Esses não eram os pensamentos de um missionário cheio do Espírito Santo, admito. Eles eram pensamentos dignos do meu pai, um vaqueiro brigão de bar.

Todos finalmente voltaram para o barco, rindo, brincando e felizes, prontos para continuar nossa viagem até Humaitá. O que havia de errado com essas pessoas? Eu me perguntei. Eles eram totalmente desprovidos de qualquer sentimento humano? Anos mais tarde, quando o trauma dessa viagem era menos evidente, comecei a compreender a perspectiva brasileira.

As dificuldades que eu estava enfrentando, tão fora do comum para mim, eram apenas a vida, apenas o infortúnio diário para todos os passageiros dessa embarcação. Não entrar em pânico diante da vida, por mais difícil que seja. Enfrentar o que houver e enfrentar sozinho. Apesar da disposição dos brasileiros em ajudar, há também um forte sentimento subjacente, pelo menos entre os caboclos, de que é preciso lidar com os seus próprios problemas. Algo como: "Embora eu sempre esteja disposto a ajudá-lo, não quero pedir que você me ajude".

Os dias no *recreio* foram os mais longos da minha vida. Era como estar em uma prisão flutuante. Tentei relaxar sentando em um banco perto da rede de Keren e observar a flora e a fauna das margens passarem bem devagar, enquanto subíamos o rio a velocidade de cerca de seis nós. A falta de privacidade para Keren e Shannon e o olhar constante dos outros passageiros foram difíceis para mim. Embora as pessoas fossem em sua maioria gentis, era difícil falar sobre isso na terceira pessoa constantemente, como se eu nem estivesse lá.

"Ela vai morrer, não é?", uma mulher perguntou a outra.

"Claro que vai. Aquele gringo foi estúpido em trazer a família para cá. Elas contraíram malária."

Ao ouvir o diagnóstico comum de que Keren e Shannon tinham malária, senti-me presunçoso e superior a essas pessoas que não tinham ideia de que realmente tinham febre tifoide.

"O rosto dela está terrivelmente queimado de sol."

"Olha como todos eles são brancos!"

"Aposto que ele tem muito dinheiro."

E assim foram, entorpecentes horas após horas.

Então, na terceira noite fora de Auxiliadora, fizemos uma curva no Rio Madeira e vimos um *show* de luzes a estibordo. Eu não via eletricidade há semanas. As luzes de Humaitá cortaram a escuridão da floresta e me lembraram que há um mundo inteiro fora dos Pirahãs, longe do Maici. Mais urgentemente, eram evidências de civilização, de médicos. Começamos a desacelerar e atravessamos o Madeira, mais de 1 quilômetro através dele, para a cidade. Eram cerca de 3h da manhã. O barco bateu num banco. Havia alguns degraus de concreto em ruínas, deteriorados pela erosão da margem no fluxo constante do rio marrom. Uma prancha estreita e elástica foi lançada pela distância de mais de 1 metro de largura entre o barco e o banco. Ninguém se ofereceu para me ajudar a carregar minha bagagem ou meus filhos. Mas eu estava feral em razão de minha urgência. Peguei algumas sacolas junto com Kristene e Caleb e os carreguei pela prancha até uma estrutura abandonada no topo do banco, perto da estrada. Eu podia ver táxis esperando por passageiros.

Eu disse a Kris, de apenas quatro anos: "Espere aqui. Não se mexa. Sente-se nas malas. Não deixe ninguém levar nossas malas. Vou chamar a mamãe e a Shannon. Atenção a Caleb. Entendeu?"

Kristene estava dormindo profundamente. Eram 3h30 da madrugada.

"Sim, papai", disse, esfregando os olhos e olhando em volta para tentar descobrir onde estava.

Corri de volta pela prancha e tirei todas as redes. Deitei Keren em um banco do barco e atravessei Shannon pela prancha até Kris. Ela estava tremendo e gemendo de dor. Voltei e peguei Keren em meus braços; ela estava ainda mais leve do que quando saímos. Eu a carreguei até a margem, direto para um táxi. O motorista me ajudou a colocar as malas no porta-malas do carro e apertei as crianças e Keren no banco de trás. Em poucos minutos estávamos em nosso caminho para o hospital.

O hospital, ainda existente, ficava na periferia da cidade. Era branco, com pisos de cerâmica e paredes simples de tijolo e gesso. Peguei tudo do táxi e fui para a sala de recepção. Luzes pendiam de fios no teto. Ninguém estava atrás da mesa. O lugar parecia deserto. Era pequeno, talvez 50 camas. Mas era um hospital! Corri pelos corredores em busca de ajuda. Achei um homem de terno branco dormindo em uma mesa de exame. Eu disse: "Minha esposa está doente. Acho que ela está com febre tifoide". Ele levantou-se lentamente e respondeu: "Tifoide? Não há muito disso por aqui". Caminhou comigo até onde minha família estava esperando. Deu uma olhada em Keren e notou a febre dela e a de Shannon. "Bem", ele disse, "acho que elas têm malária. Mas veremos. Vou fazer alguns exames".

Ele tirou sangue dos dedos de Shannon e Keren e fez as lâminas para o exame.

Olhando para as lâminas no microscópio, começou a rir.

"Do que você está rindo?", perguntei indignado.

"Elas têm malária, sim. E não é pouco, não."

Ele estava rindo da minha ignorância. E estava rindo porque o nível de malária nas correntes sanguíneas de Shannon e Keren, me disse, era o maior que já tinha visto em toda a vida, e ele lida com a malária todo santo dia. Sem dúvida, isso aconteceu porque eu fui tão estúpido a ponto de não começar o tratamento da malária imediatamente na aldeia, pensei. O médico colocou Keren e Shannon num quarto só para elas e começou a administrar via soro intravenoso o tratamento com cloroquina. Krissy, Caleb e eu acampamos no quarto delas. Keren acordou na manhã seguinte e pediu fracamente por um pouco de água, aparentemente tendo melhorado um pouco. Shannon também parecia um pouco melhor e perguntou se eu poderia encontrar uma Coca-Cola® para ela. Keren então disse que gostaria de algo para segurar seu cabelo longe do seu rosto. O seu cabelo naquela época estava na altura da cintura e eu havia esquecido de trazer alguma coisa da nossa casa na aldeia para amarrá-lo. Fui à recepção onde trabalhavam duas freiras, já que o hospital era um esforço conjunto da diocese católica local e do governo. Perguntei a uma das freiras se elas tinham algo para prender o cabelo de Keren.

"Olha, gente", ela gritou para que todos na recepção ouvissem, "Esse gringo acha que somos uma loja aqui. Ele quer algo para o cabelo da mulher dele".

Como eu não tinha formação religiosa, não estava familiarizado com o ódio que alguns católicos têm pelos protestantes e vice-versa. Fiquei magoado com essa resposta de tão cansado e desorientado que estava. Sei que a pobreza pode fazer com que as pessoas suspeitem daqueles que não são pobres. Eu parecia rico para aquela freira. E todos presumiram que, como americano, eu também deveria ser racista. Eu conhecia esses chavões sociais dos livros. Mas nunca os havia experimentado na carne. Eu nunca havia sido vítima de preconceito, como agora fui e continuaria a sê-lo ocasionalmente durante as próximas décadas. Não tive alguém para conversar em Humaitá. Ironicamente, embora todos pensassem que eu era rico, estávamos quase sem dinheiro. Kris, Caleb e eu não tínhamos onde dormir, já que não havia leitos para nós no hospital. Cochilamos um pouco, sentados nas camas de Keren e Shannon, mas eu sabia quando acordei que tínhamos que ir para Porto Velho.

Descobri que às 11h havia um ônibus para Porto Velho e resolvi levar Kris e Caleb para a capital do estado e depois retornar para Keren e Shannon logo na manhã seguinte. Estava fora de questão colocar Keren e Shannon no ônibus. Keren mal conseguia se mover devido à dor da malária e Shannon também estava terrivelmente doente. Elas estavam sendo alimentadas, recebendo fluidos intravenosos e medicamentos para a malária. Disse às duas que estávamos saindo e voltaria na manhã seguinte.

"Por favor, não vá, papai", Shannon soluçou. "Tenho medo sem você aqui."

Keren concordou comigo que o melhor seria levar todos para Porto Velho, uma cidade muito maior, o mais rápido possível. De lá, poderíamos até levá-las para os Estados Unidos se necessário, já que existia um aeroporto comercial. Ambos sabíamos que eu não poderia telefonar pedindo ajuda, já que a sede da missão não tinha telefone. E, em 1979, era quase impossível conseguir telefones no Brasil. Um telefone fixo para uma casa na cidade poderia custar mais de 10 mil dólares. Assim, não havia como fazer contato com o centro missionário da SIL, a 25 quilômetros fora da cidade.

Saí do hospital e desci a rua para tentar encontrar a estação de ônibus. Sem a sombra da floresta, Humaitá fazia calor de modo direto em razão da luz solar tropical. Era empoeirado e deprimente, pouco mais do que uma clareira na margem do Rio Madeira. A "estação" de ônibus, descobri, era uma casa na rua principal, com balcão na sala da frente, bem na frente de uma família assistindo televisão. Comprei três passagens para Porto Velho com a maior parte do meu dinheiro restante. Voltei para buscar Kris e Caleb e nos despedimos de Shannon e Keren.

A essa altura, eu tinha dormido apenas cerca de 15 horas em mais de uma semana. Estava completamente desgastado emocional e fisicamente e no final de minha capacidade de resistência. Já nem estava pensando com tanta clareza. Kristen, Caleb e eu entramos no velho e enferrujado ônibus que ia de Humaitá a Porto Velho e nos acomodamos da melhor maneira possível para a viagem de quase cinco horas. Encontrei troco suficiente para comprar água e lanches para nós na primeira parada e tentei descansar. Quando chegamos em Porto Velho eram quase 16h. Chamei um táxi e entramos cansados para essa última etapa da nossa viagem. O taxista, como todo mundo, olhava para nós – três pessoas brancas de aparência suja, com mochilas militares dos Estados Unidos de bagagem. Pedi a ele que nos levasse para a colônia americana, como era conhecido o complexo missionário da SIL.

Dirigimos por uma estrada na selva que era cercada por flora e fauna tão selvagens como qualquer outra ao longo do Maici – eu mesmo tinha visto uma onça esperando perto da estrada enquanto corria durante uma visita anterior. Quando chegamos ao centro da SIL, fui até a casa mais próxima da entrada do complexo.

Os missionários de lá pagaram meu táxi e enviei uma "corrente telefônica" (o complexo tinha um conjunto de telefones Bell doados, válidos apenas para ligações entre as casas no centro). Logo, todos os missionários estavam orando por Keren e Shannon e me oferecendo ajuda. Um homem se ofereceu para ir buscá-las dirigindo imediatamente. Disse-lhe que elas estavam muito doentes (e eu precisava dormir; estava prestes a não resistir). Consegui uma enfermeira, Betty Kroeker, e um piloto, John Harmon, ambos da SIL, para voltar de avião comigo para Humaitá na manhã seguinte.

Nós três decolamos do aeroporto de Porto Velho às 7h para um voo de uma hora. John agiu como se essa fosse uma viagem de rotina, indicando que pensou que eu poderia estar exagerando na emergência. Betty tentou tranquilizar-me. Ela trabalhou nos principais hospitais dos Estados Unidos em salas de emergência e eu sabia que ela estava qualificada para essa tarefa. Quando estávamos quase concluindo nossa descida para a pista asfaltada de Humaitá, John avisou ao ponto de táxi no centro da cidade, dando um sinal de que era necessário um táxi na pista para fora da cidade. Pela hora em que pousamos, o táxi já estava lá com as portas abertas e o motorista estava esperando para nos ajudar com nossas malas, sorrindo amplamente. John ficou para cuidar do avião enquanto Betty e eu fomos para o hospital. Eu estava extremamente ansioso e nervoso, sem saber o que esperar. Não sabia como poderia continuar vivendo se alguma coisa acontecesse a Shannon ou Keren. Tive que parar de pensar nisso ou poderia desmoronar. Estava tenso, todo o meu corpo sentia e às vezes eu lutava contra as lágrimas o tempo todo.

Chegando ao hospital, paguei o motorista e corri direto para o quarto de Keren, Betty veio logo atrás de mim. Keren e Shannon pareciam bem, embora ainda muito fracas e, surpreendentemente, ainda febris, apesar de toda a cloroquina que tomaram durante a noite. Pela primeira vez notei como seus rostos estavam queimados pelo sol durante nossa viagem no rio. A pele delas estava vermelha e descamada. Perguntei se a ambulância poderia levá-las para a pista. O administrador de plantão disse que iriam enviá-las imediatamente, contanto que eu pudesse comprar a gasolina. Enquanto carregamos minha filha e minha esposa na parte de trás da ambulância, pude ver que o rosto de Betty estava tenso e muito preocupado. Ela não me disse quase nada. Começou a injetar Plasil em Shannon e Keren, um medicamento contra a náusea, e dando-lhes gotas de Novalgina para as dores e febres. Quando chegamos à pista, pude ver John lendo algo com indiferença. A ambulância deu ré até a porta de carga na lateral do Cessna 206. Abrimos a parte de trás e Betty saiu. John estava observando. Então começamos a tirar Keren. Quando John viu Keren, imediatamente tornou-se extremamente profissional e se virou prontamente, trabalhando em um ritmo que eu nunca tinha visto antes, ocupando os bancos traseiros da aeronave. Colocamos Keren e depois Shannon. John e Betty equiparam seus IVs para ligar dentro do avião. John disse que não poderíamos usar cintos de segurança nelas, e elas apenas teriam que deitar de costas. Betty sentava-se com as duas, sem cinto de segurança. Isso desafiou todos os regulamentos e procedimentos de segurança, algo que John nunca fez. Em poucos minutos estávamos no ar.

Chegando em Porto Velho, levamos Keren até a casa de Betty e a colocamos na cama de Betty. Betty queria poder observar Keren 24 horas por dia. Levamos Shannon para outra casa no centro, onde outra enfermeira missionária estava esperando para cuidar dela. Mesmo agora, enquanto escrevo estas palavras, lágrimas de gratidão vêm aos meus olhos pensando na gentileza e no profissionalismo desses pilotos missionários, enfermeiras, administradores e outros. Nunca conheci pessoas tão gentis em toda a minha vida. E suspeito que nunca conhecerei.

Betty enviou seu marido, Dean, à cidade comigo para encontrar um médico.

"Procure o Dr. Macedo", insistiu Betty. "Ele é bom, me disseram".

Dean e eu saímos e encontramos o Dr. Macedo onde Betty disse que ele estaria, em seu escritório em uma pequena rua lateral. Expliquei ao doutor: "Minha esposa tem malária. O senhor foi recomendado como um médico muito bom".

Dr. Macedo era negro, muito magro, e em sua conversa transmitiu uma inteligência e confiança óbvias. Ele me disse que era o secretário de saúde de todo o território (isso foi antes de sua criação como estado) de Rondônia até recentemente. Disse que viria comigo e Dean imediatamente. Fizemos a viagem que normalmente levava 30 minutos em menos de 20 minutos, apesar do mau estado das estradas de terra na época das chuvas. Ao entrarmos na casa de Betty, o Dr. Macedo foi direto para Keren. Ele nos avisou que a pressão arterial dela estava perigosamente baixa e que o seu quadro de malária claramente era muito grave para receber cuidados ambulatoriais.

"Precisamos levá-la ao hospital imediatamente", disse ele.

Betty já parecia muito preocupada quando entramos no quarto. O médico disse que Keren precisava de sangue e com urgência. Desde que fosse O+ (O positivo), os doadores não seriam um problema. Muitos homens no centro se ofereceram como voluntários quando souberam dessa necessidade por meio de outra mensagem telefônica. Eles deveriam voltar para a cidade com o doutor e eu esperaria com Betty e Keren pela ambulância que ele enviaria quando chegasse lá.

"Olha, isso é muito ruim", Macedo me disse depois de me chamar ao lado. "Sua esposa chegou aqui muito tarde. Ela pesa cerca de 35 quilos. A malária ainda está forte no seu sangue. Acho que ela não vai sobreviver. Se ela tiver parentes, você deveria ligar para eles".

Eu apenas o olhei. Ele saiu. Virei-me para a enfermeira. "Como ela está, Betty, realmente?"

"Estamos perdendo ela, Dan", Betty me disse com lágrimas nos olhos.

Disse-lhe que, quando chegássemos à cidade, eu iria até a companhia telefônica e ligaria para os pais de Keren, Al Graham e Sue Graham, que moravam em Belém, onde eles eram missionários há décadas.

A ambulância chegou em uma hora, e Betty foi junto a Keren. Acompanhei separadamente em outro automóvel da missão, depois de verificar Shannon, que estava com dor e ainda com febre, mas melhorando. Eu estava entorpecido. Não acreditava que Keren pudesse morrer. Tinha perdido minha mãe aos 11 anos de idade, quando ela tinha 29 anos; meu irmão se afogou quando ele tinha seis anos e eu 15 – isso certamente não é pouco para alguém! Como minha esposa poderia morrer agora? Assim que chegamos à cidade, eles colocaram Keren numa sala mal iluminada numa clínica privada deteriorada no centro do Porto Velho. As enfermeiras estavam tentando lhe dar o sangue doado. Eles o haviam colocado em um *freezer* velho no corredor da clínica, e, quando o sangue gelado atingiu as veias de Keren, ela gritou de dor. Começaram a dar-lhe quinino intravenoso também, e isso fez com que ela precisasse de oxigênio. Fiquei por algumas horas e depois deixei Betty com Keren para voltar para ficar com Shannon, Kris e Caleb.

Os pais de Keren foram para Porto Velho no dia seguinte, vindos de sua casa em Belém. A mãe dela ficou conosco por seis semanas para ajudar enquanto Keren começava o caminho difícil para a recuperação. Depois de algumas semanas de cuidados intensivos, o médico me garantiu que Keren iria sobreviver, que poderia até recuperar sua saúde plena. A presença de Sue Graham foi crucial; ela trabalhou incansavelmente para ajudar Keren e proporcionar um ambiente doméstico o mais normal possível para minhas crianças no complexo missionário da SIL. A recuperação de Shannon foi um pouco mais rápida que a de Keren, embora não sem contratempos.

Certa tarde, quando Shannon se sentiu melhor, deixei-a andar de bicicleta com alguns amigos ao redor do complexo. Logo depois que eles começaram, ouvi uma bicicleta cair e a voz de Shannon disse: "*Owey*", então ela começou a chorar. Entrou em casa com um corte na testa que exigia pontos, e percebi enquanto eu olhava para seus braços e pernas finos, que ela ainda estava fraca demais para qualquer coisa além de caminhadas curtas.

Depois que a mãe de Keren foi embora, percebi que Keren ainda precisava dela. Então quando Keren e Shannon estavam bem o suficiente, eu as enviei, junto a Kristene e Caleb, para Belém para se recuperar melhor com Sue e Al. Voltei para os Pirahãs sozinho.

Depois de quase seis meses de descanso e recuperação, Keren e Shannon estavam bem o suficiente para que Kris e Caleb também pudessem retornar aos Pirahãs. Elas haviam ganhado peso e estavam mais uma vez em ótima condição física. Keren estava ansiosa para enfrentar novamente o desafio da língua pirahã.

Assim começou o compromisso de 30 anos da nossa família com os Pirahãs.

4. Às vezes você comete erros

Percebi quando Keren e Shannon estavam perto da morte pela malária que havia coisas importantes sobre os Pirahãs que eu não estava entendendo ou apreciando com sucesso. Fiquei magoado porque os Pirahãs não mostravam mais empatia por mim e pela minha situação.

Não me ocorreu então, apanhado como estava na minha própria crise, que os Pirahãs passavam regularmente pelo que eu estava sofrendo agora. E a situação deles era pior que a minha. Todo Pirahã viu um membro próximo de sua família morrer. Eles veem e tocam os corpos de seus entes queridos falecidos e os enterram na floresta perto de suas casas. Eles não tinham médico ou hospital a quem recorrer para obter ajuda na maioria dos casos. Quando alguém fica doente demais para trabalhar entre os Pirahãs, por mais fácil que a doença possa ser tratável pela medicina ocidental, há uma chance significativa de que essa pessoa morra. E os vizinhos e familiares não trazem caçarolas para um funeral pirahã. Se sua mãe morrer, se seu filho morrer, se seu marido morrer – você ainda precisa caçar, pescar e coletar alimentos. Ninguém fará isso por você. A vida não dá trégua à morte. Nenhum Pirahã pode pegar uma lancha emprestada para levar sua família para obter ajuda. E provavelmente ninguém oferecerá ajuda a uma família pirahã se eles aparecerem na cidade mais próxima em busca de assistência. Porém, a maioria dos Pirahãs nem aceita ajuda de estranhos.

Os Pirahãs não têm como saber que os ocidentais esperam viver quase o dobro do tempo que os Pirahãs vivem. E não só esperamos viver mais, como consideramos que é nosso direito fazê-lo.

Os americanos, em particular, carecem do estoicismo dos Pirahãs. Não é que os Pirahãs sejam indiferentes à morte. Um pai Pirahã remaria durante dias em busca de ajuda se achasse que poderia salvar uma criança. Eu tenho sido acordado no meio da noite por homens Pirahãs em desespero pedindo-me para vir imediatamente ajudar uma criança doente ou um cônjuge doente. A dor e a preocupação em seus rostos são as mais profundas que já vi. Mas nunca vi um Pirahã agir como se o resto do mundo tivesse o dever de ajudá-lo em sua necessidade ou que foi necessário suspender a rotina diária normal das atividades só porque alguém está doente ou morrendo. Isso não é insensibilidade. Isso é praticidade. Eu ainda não tinha aprendido isso.

Na época das chuvas, os comerciantes fluviais subiam diariamente o Rio Maici desde o Rio Marmelos em busca da castanha-do-pará, da sorva (fruta doce da árvore couma), jacarandá e outros produtos da floresta. A rotina era sempre a mesma. À distância, ouvia o barulho *putt-putt-putt* do motor a *diesel* deles. Às vezes eles passavam sem parar, mas não com frequência. Eu temia sua aproximação porque eles interrompiam minha pesquisa. E frequentemente levavam meus melhores professores de idiomas em viagens para trabalhar para eles por dias ou até semanas, retardando consideravelmente meu progresso. Eu sabia quando iriam parar porque, assim que passavam pela nossa casa, eu ouvia o *ding* do sinal da campainha, era o piloto informando ao operador do motor quando desacelerar o barco. Então se seguiam mais alguns toques até parar o barco, quando eles avaliavam lentamente o momento contra a corrente do Maici bom para trazê-los para trás num ângulo e velocidade perfeitos para atracar em frente à nossa casa, numa pequena balsa de toras que construí como uma combinação de cais e plataforma de banho.

Pela chegada da maioria desses barcos, eu esperava enquanto eles atracavam e os Pirahãs desciam correndo para ver que tipo de mercadorias o comerciante poderia estar carregando. Eu sabia que eventualmente um Pirahã viria até minha casa dizer que um brasileiro queria falar comigo. Aprendi desde cedo que era considerado rude recusar esses convites – não importa que três a seis barcos possam parar num dia movimentado e cada um leve pelo menos meia hora para me contar seus negócios e me visitar. Não é que eu não me importasse com as conversas com esses homens. Pelo contrário, gostava bastante de falar com eles e suas famílias, que muitas vezes os acompanhavam em suas viagens comerciais. Eles foram pioneiros duros, homens fortes sob quaisquer padrões, com nomes como Silvério, Godofredo, Bernar, Machico, Chico Alecrim, Romano, Martinho, Darciel, e Armando Colário.

Eles gostavam de falar comigo por vários motivos. Primeiro, eu era o homem mais branco que a maioria deles já tinha visto e eu tinha uma longa barba ruiva. Em segundo lugar, eu falava engraçado. Meu português estava mais próximo do dialeto paulista do que do dialeto amazonense deles, tornado ainda menos inteligível pelas vogais americanas espalhadas livremente pelas palavras portuguesas. Terceiro, eu tinha muitos remédios, e eles sabiam que eu não cobrava para dar-lhes se estivessem doentes. Finalmente, pensavam que eu era o patrão dos Pirahãs. Afinal, eu era branco e falava a linguagem pirahã. Isso era prova suficiente de que eu estava no comando para aqueles comerciantes, que, apesar de ser divertido conversar, eram uniformemente racistas – eles pensavam nos Pirahãs como sub-humanos.

Eu tentava convencê-los de que os Pirahãs eram tão humanos quanto eles.

"Essas pessoas vieram para cá, do Peru, antes de vocês, talvez 500 anos atrás."

"O que você quer dizer com eles vieram para cá? Eu pensei que eles eram apenas criaturas desta floresta, como os macacos", poderiam me responder.

Era comum compararem os Pirahãs aos macacos. Eu suponho que reduzir uma variedade de *Homo sapiens* à escala dos primatas até o *status* dos macacos é um padrão entre os racistas em todo o mundo. Para aqueles homens que vinham pelo rio, os Pirahãs falavam como galinhas e agiam como macacos. Eu tentei muito convencê-los do contrário, mas sem nenhum sucesso.

Como achavam que eu era o chefe dos Pirahãs, era comum para os comerciantes me pedirem que os Pirahãs trabalhassem para eles. Mas é claro que eu não era nenhum patrão, e então dizia-lhes que teriam que fazer com que os Pirahãs concordassem com sua proposta.

Os Pirahãs se comunicavam com eles por meio de gestos, algumas pequenas frases em português que aprenderam e uma série de palavras que ambos, eles e os comerciantes, conheciam da língua geral, também conhecida como língua boa (nheengatu), uma língua baseada no português e no tupinambá (hoje extinto, mas anteriormente uma língua indígena muito difundida e falada em quase todo o litoral do Brasil).

Uma noite, por volta das 21h, quando as crianças estavam dormindo e Keren e eu tínhamos ido para a cama, um barco que eu não tinha visto antes chegou à aldeia. Os Pirahãs gritaram no meu quarto que o nome do proprietário da embarcação era Ronaldinho. Claro que queria me ver, então me levantei e subi para falar com ele.

Desde o início, sua operação parecia suspeita para mim. Não havia um único item comercial à vista. No entanto, o barco era relativamente grande – mais de 15 metros de comprimento e 12 pés de largura, com um *deck* cobrindo o porão. Sentei-me na extremidade vazia da embarcação. Ronaldinho sentou-se na outra ponta, com os Pirahãs sentados nas laterais do convés. "Quero saber se posso levar cerca de oito homens rio acima para coletar castanha-do-pará", disse ele.

"Você não precisa me perguntar. Isso realmente não é da minha conta. Peça ao Pirahãs."

Ele piscou para mim como se ambos soubéssemos que eu estava dizendo isso apenas por simulação. Aí acrescentei algo que o diretor do escritório de Porto Velho da Funai, Apoena Meirelles, pediu que eu dissesse a esses comerciantes: "A única coisa que a lei exige é que os indígenas concordem em trabalhar para você e que você pague a eles o preço de mercado por seus produtos, ou pelo menos o salário mínimo pelo seu trabalho".

"Mas não tenho dinheiro", respondeu Ronaldinho.

"Dinheiro nem seria apropriado para os Pirahãs. Você pode pagá-los com itens comerciais", sugeri.

"Ok", ele murmurou, não convencido.

Olhei em volta novamente. Talvez alguns bens comerciais estivessem sob o convés, numa área de armazenamento chamada "porão" em português. "Mas você não deve pagar em cachaça" (rum de cana, pronunciado kaSHA-sa), avisei. "O diretor da Funai disse que, se você vender álcool a eles, você pode ser punido com até dois anos de prisão".

"Ah, eu nunca daria álcool para eles, senhor Daniel", prometeu Ronaldinho. "Outros comerciantes fazem isso, mas graças a Deus não sou um desses caras desonestos".

"Mentira", pensei, porém lhe disse apenas que ia para a cama.

"Boa noite", eu disse ao sair.

"Boa noite", ele respondeu.

Subi para minha casa e adormeci rapidamente, embora meu sono fosse perturbado periodicamente pelas risadas vindas de seu barco. Eu tinha certeza de que ele estava dando cachaça para os Pirahãs, mas não queria bancar o policial. Eu estava cansado e estava me sentindo um pouco perdido.

Então, por volta da meia-noite, fui acordado de um sono profundo por um grito. As palavras que primeiro impressionaram meus sentidos foram: "Não tenho medo de matar os americanos. O brasileiro manda matá-los e vai nos dar uma nova espingarda".

"Você vai matá-los, então?"

"Sim, vou atirar neles enquanto estão dormindo."

Essa discussão vinha da escuridão da floresta a menos de 30 metros da minha casa. A maioria dos homens da aldeia estavam bêbados pela cachaça de cana de Ronaldinho. Mas Ronaldinho fez mais do que lhes dar cachaça. Ele os instou a matar a mim e a minha família, oferecendo uma espingarda nova para o homem que realizasse a ação. Sentei-me na cama, Keren estava acordada ao meu lado.

Essa foi apenas a nossa segunda visita aos Pirahãs. Estávamos na aldeia continuamente por sete meses. Eu falava a língua deles bem o suficiente para entender que estavam falando em nos matarem. Entendi que estavam incentivando uns aos outros. E sabia que algo provavelmente aconteceria muito em breve se eu não agisse. Meus filhos estavam dormindo em suas redes. Shannon, Kristene e Caleb não tinham ideia do tipo de perigo que seus pais os tinham colocado.

Tirei o mosquiteiro da nossa cama e, de modo muito incomum, saí de casa no escuro, sem usar a lanterna para não chamar a atenção, vestindo apenas *shorts* e chinelos que estavam ao lado da minha cama. Passei com cuidado pela floresta até a cabana onde os homens estavam confabulando nos matar. Para aumentar a minha tensão, tive medo de pisar em uma cobra no escuro, mesmo que eu estivesse andando apenas algumas dezenas de metros.

Eu não sabia o que esperar dos Pirahãs. Fiquei tão chocado com o que estavam dizendo que eu sentia que não mais os conhecia. Talvez me matassem assim que me vissem. Mas eu não poderia deixar minha família esperando os Pirahãs nos matar.

Vi onde eles estavam: na pequena casa construída originalmente por Vicenzo. Espiando da escuridão da floresta por entre as ripas da palmeira para dentro da casa, vi que estavam sentados à luz cintilante de uma lamparina – uma pequena lâmpada de querosene, comum na Amazônia, que contém alguns mililitros de querosene e um pavio de tecido imerso numa abertura estreita, parecendo algo como as ilustrações da lâmpada de Aladim em *As mil e uma noites*. Essas lamparinas emitem uma luz laranja fosca na qual as pessoas parecem estranhas à noite, seus rostos fracamente iluminados pouco se destacam do ambiente de escuridão.

Prendi minha respiração silenciosamente, ao redor da cabana, tentando decidir como entrar de maneira menos conflituosa. Finalmente, entrei com um grande sorriso e disse no meu melhor pirahã: "Ei, pessoal! Como vocês estão?"

Conversei um pouco enquanto andava pela cabana pegando flechas, arcos, duas espingardas e um par de facões. Os homens Pirahãs me encararam, em silêncio, com olhos taciturnos e carregados de álcool. Antes que eles pudessem reagir, eu terminei. Saí rapidamente e sem palavras para o escuro, tendo conseguido os desarmar. Eu não tinha ilusão de que isso deixaria a mim ou a minha família em segurança. Mas reduziu ligeiramente a ameaça imediata. Levei as armas para a nossa casa e as tranquei no depósito. O comerciante fluvial que havia dado a eles a cachaça estava dormindo em seu barco, ainda atracado na balsa em frente à minha casa. Eu decidi afastá-lo. Primeiro, porém, tive que cuidar da minha família.

Tranquei Keren e as crianças em nosso depósito, o único quarto que tinha paredes e uma porta. Esse era um quarto escuro onde havíamos matado mais de uma cobra, vários ratos e muitas centopeias, baratas e tarântulas. As crianças não faziam ideia do ocorrido até agora e, quando as acordamos das redes para transportá-las ao depósito, estavam tensas e semiconscientes. Apenas se deitaram no chão, sem protestar. Fiz Keren trancar a porta por dentro.

Então desci a margem do rio em direção ao barco, a raiva estava crescendo a cada passo. No caminho, porém, fiquei sóbrio ao perceber que eu não tinha visto meu professor Kóhoi ou a sua espingarda. Quase nesse exato segundo em que tive esse pensamento, ouvi a voz de Kóhoi vinda dos arbustos na margem atrás de mim: "Vou atirar em você agora mesmo e matá-lo".

Virei-me em direção à voz, na plena expectativa de receber toda a explosão de sua espingarda calibre 20 em meu rosto ou em meu torso. Ele veio nervoso em minha direção através dos arbustos. Mas pude ver com alívio que ele não estava armado. Eu perguntei: "Por que você quer me matar?" "Porque o brasileiro disse que vocês não nos pagam o suficiente e nos disse que você falou a ele que ele não poderia nos pagar se trabalhássemos para ele". Estávamos conversando em pirahã, embora tivesse me ameaçado originalmente em português rudimentar – "Eu maTA boSAY" (eu mato você).

Se eu não soubesse falar pirahã, talvez não tivesse sobrevivido naquela noite. Kóhoi e eu trocamos palavras no som *stacatto* da língua dos Pirahãs (soa assim por causa de uma consoante, a oclusiva glótica, que a língua pirahã tem e o inglês não). Eu lutei e me concentrei como nunca antes para transmitir claramente cada pensamento a Kóhoi. Eu falei: "*Xaói xihiabaíhiaba. Piitísi xihixóíhiaagá*" (o estrangeiro não paga. Uísque [ele te dá] é barato).

Kóhoi respondeu: "*Xumh! Xaói bagiáikoí. Hiatíihí xogihiaba xaói*" (nossa. O estrangeiro está roubando a gente. Os Pirahãs não o querem). "É o brasileiro que não quis te pagar", continuei. "Tudo o que ele queria te pagar era água amarga" (como os Pirahãs chamavam a cachaça). "E apenas porque lhe custa pouco. Custaria mais a ele se pagasse a você com farinha, cartuchos de espingarda, açúcar, leite ou outros suprimentos, como eu disse a ele".

A compreensão dos Pirahãs sobre o comerciante brasileiro também foi distorcida pelo seu conhecimento extremamente limitado do português. Apenas alguns deles sabiam mais do que um punhado de palavras e expressões. Não se poderia dizer que falassem português, claro, à exceção de um pequeno número de contextos limitados.

Continuamos a descer a margem enquanto conversávamos. Nesse momento, Ronaldinho olhava por debaixo do teto da cabine do seu barco. Olhou para mim com surpresa. De repente, Kóhoi gritou-lhe: "Pirahã maTA boSAY". A expressão de Ronaldinho mudou e ele desapareceu momentaneamente. Então o motor do barco começou a dar partida e ele ligou o motor. Tentou sair com o barco. Mas, em pânico, deixou o barco atracado na balsa. Não conseguiria ir a lugar algum. Um Pirahã dormia no convés do seu barco. Ronaldinho empurrou o homem na água e cortou a corda com um facão. Sem dizer uma palavra, foi embora e seu barco deslizou pela escuridão, descendo o Maici.

Tucano, o homem que Ronaldinho empurrou para fora do barco, saiu todo molhado do rio, ainda despertando. Então ouvi a voz de Keren. Ela tinha saído para margem do rio para ver o que eu estava fazendo. Alguns homens, incluindo Xahoábisi, o que mais falou em nos matar, a empurravam de um lado para o outro, aproximando-a cada vez mais da margem do rio. Eu corri até a margem em direção a Keren. Naquele momento eu não era mais um missionário, um linguista ou mesmo uma pessoa de bem. Eu estava pronto para agredir alguém. Os homens recuaram, murmuraram palavras incoerentes inspiradas pela cachaça e caminharam de volta na escuridão até a cabana mais próxima. Notei que a aldeia estava completamente escura. As mulheres jogaram terra nas fogueiras que normalmente ardiam constantemente em cada cabana e foram para a floresta para se esconderem dos próprios maridos.

Disse a Keren para voltar ao depósito e ela prontamente anuiu. Eu a acompanhei até a casa, e, quando ela entrou na dispensa, peguei uma das espingardas que havia acabado de tomar dos Pirahãs. Verifiquei para ter certeza de que não estava carregada e, apesar do cansaço, sentei-me num banco que tínhamos em nossa sala de estar para proteger minha família.

Vários homens dirigiram-se para casa durante a noite, mas, à medida que cada homem ou grupo de homens se aproximava, podia ouvir outros avisá-los: "Dan tem muitas armas agora". A essa altura, a maioria dos homens não vinha para nos prejudicar, mas para pedir-me itens comerciais e carne enlatada. Eles sabiam que estavam nos intimidando e quiseram aproveitar para exigir comida. Todos estavam ainda muito beligerantes, não apenas comigo, mas também uns com os outros.

De repente, eles começaram a perder o interesse em nós, discutindo entre si. Xahóápati, um dos meus principais professores de línguas, veio até mim para dizer que lamentava que as pessoas nos tivessem ameaçado. Ele falou de modo arrastado, num pirahã embriagado: "*Ko Xoo. Hiaitíihí oi xaaapapaaaí baááááábikoí. Baia… baía… baía… baía, baíaisahaxá. Ti xaaóó píhíabiiiigá*" (ei, Dan. Os Pirahãs estão ruins da cabeça agora. Não, uh, não, uh, não tenha medo. Eu não sou louco).

A diarreia descia pelos seus *shorts*, grande parte da qual escorria pelas pernas. O lado direito de seu rosto estava coberto de secreção. Xabagi estava agora tentando começar uma briga com um adolescente, do lado de fora da nossa casa, brandindo um facão.

Eu vi uma flecha passar na frente da minha casa enquanto um Pirahã desconhecido atirava em outro Pirahã cujo rosto não reconheci no escuro, não o acertando. Ele estava parado na esquina da casa de Kóhoi, a cerca de 6 metros de distância rio acima da minha casa. Ninguém atirou flechas em mim.

Ao fim de tudo estava muito cansado. Apesar do perigo, por volta das 4h da manhã, me retirei para a dispensa, onde esperava dormir uma ou duas horas. Eu podia ouvir os Pirahãs entrando na nossa casa e brigando no fundo da casa, na frente da casa e em frente à porta da despensa. Mas eu estava cansado demais para reagir de forma útil. Eu só queria dormir.

Ao amanhecer saímos cautelosamente da despensa. Estávamos todos doloridos e rígidos por dormir sobre tábuas. Na luz da manhã vimos sangue respingado nas paredes e pequenas poças de sangue no chão de todos os cômodos da casa. Os lençóis brancos da nossa cama tinham manchas de sangue em vários lugares. Vi homens passando com *shorts* sujos, rostos ensanguentados, hematomas em suas bochechas, olhos roxos e outros prêmios da relação testosterona *versus* álcool. Shannon e Kristene ficaram com medo quando viram o sangue; Caleb era muito jovem para entender o que estava acontecendo. Mas ninguém veio em nossa direção. Homens passavam cambaleando, afastando-se propositalmente de nossa casa.

Mais tarde naquele dia, depois de terem descansado da maior parte da embriaguez, os homens Pirahãs entraram em nossa casa para pedir desculpas, a maioria das mulheres estavam lá fora em pé, gritando sugestões sobre o que os homens deveriam nos dizer. Kóhoi falou pelos homens: "Lamentamos. Nossas cabeças ficam muito ruins quando bebemos e fazemos coisas ruins".

"Sem pestanejar", pensei.

Depois de tudo o que passamos, eu não tinha certeza se deveria acreditar neles. Mas pareciam sinceros. E as mulheres estavam gritando para Keren e para mim, dizendo: "Não nos deixe. Nossos filhos precisam de remédios. Fiquem aqui conosco. Há muito peixe e caça para comer aqui e o Maici tem águas lindas".

No fim, todos concordamos com a perspectiva sensata de que eles não queriam nos matar, porque éramos amigos deles.

"Olha, vocês podem beber ou fazer o que quiserem", eu disse. "Aqui é a terra pirahã. Essa não é a minha floresta. Eu não sou o chefe aqui. Os Pirahãs são os chefes aqui. Essa é a terra de vocês. Mas vocês assustaram meus filhos. Se vocês me quiserem aqui, vocês não podem ameaçar me matar e assustar meus filhos. Ok?"

"Ok!", eles responderam em coro. "Não vamos assustar você ou matá-lo".

Apesar do pedido de desculpas dos Pirahãs e das garantias de que isso nunca iria acontecer de novo, eu sabia que precisava descobrir o que havia acontecido na noite anterior. Eu precisava entender por que eles tinham conversado acerca de matar minha família. Fui hóspede dos Pirahãs. Se eu tivesse feito algo para ofendê-los a ponto de pensarem em me matar, então eu teria que descobrir qual foi a ofensa e evitar cometê-la no futuro.

Decidi conversar com alguns dos homens sobre esse incidente com mais detalhes. Xahoábisi parecia zangado comigo e ficava taciturno cada vez que eu me aproximava da cabana dele. Eu precisava falar com ele para descobrir o que eu tinha feito de errado.

Um dia levei uma garrafa térmica com café doce, algumas xícaras e alguns biscoitos para a cabana de Xahoábisi.

"Ei, diga aos cachorros para não ficarem bravos comigo!", saudei-o no tradicional modo pirahã de se aproximar da casa alheia. "Você gostaria de café? Coloquei muito açúcar nele! E eu tenho alguns biscoitos."

Xahoábisi sorriu e me disse que eu poderia vir à sua cabana. Ele grunhiu para seus cães, cerca de seis pequenos ratos que eram, no entanto, ferozes e destemidos (já vi esses cães de sete quilos atacarem gatos e porcos selvagens para protegerem seus senhores), e sentaram-se a seus pés. Rosnando e rosnando, eles não fizeram nenhum movimento para me comer até agora. Dei-lhe café e um biscoito. "Você está com raiva de mim?", perguntei.

"Não", ele respondeu, depois de tomar um gole de café. "Os Pirahãs não estão bravos com você" (é comum que Pirahãs expressem suas opiniões como vindo do grupo, mesmo que seja apenas a sua própria opinião). "Bem, outra noite você parecia muito zangado". "Eu estava com raiva. Não estou com raiva agora." "Por que você estava com raiva?" "Você disse aos brasileiros para não nos venderem uísque."

"Sim", admito. "A Funai disse que ninguém deveria vender uísque aqui. Suas mulheres me disseram para não deixar ninguém vender uísque para vocês" (os Pirahãs conheciam um pouco a Funai, pois diversos representantes passavam por aqui ocasionalmente. Eles observaram que a Funai exercia algum tipo de autoridade vaga sobre os brasileiros na região). "Você não é Pirahã", declarou. "Você não me diz que eu não posso beber. Eu sou Pirahã. Esta é a selva dos Pirahãs. Esta não é a sua selva." As emoções de Xahoábisi estavam aumentando um pouco agora.

"Ok", respondi, desejando que os Pirahãs visualizassem uma expressão que literalmente significava "sinto muito". Continuei: "Não vou lhe dizer o que fazer. Essa não é minha selva. Mas meus filhos ficaram com medo quando os Pirahãs se embebedaram. Eu também estava com medo. Não ficarei aqui se você quiser que eu vá embora".

"Quero que você fique", respondeu Xahoábisi. "Os Pirahãs querem que você fique. Mas não nos diga o que fazer!" "Não vou te dizer o que fazer", prometi, envergonhado por ter dado essa impressão a ele.

Conversamos um pouco mais sobre assuntos mais leves, como pesca, caça, crianças e comerciantes fluviais. Então me levantei e voltei com minhas xícaras de café e a garrafa térmica vazia para minha casa, a cerca de 15 metros de distância. Eu me senti castigado e envergonhado. Percebi que havia interpretado mal, de maneira quase desastrosa, a percepção dos Pirahãs sobre meu papel entre eles. Eu pensei que eles me viam como missionário, como protetor e como figura de autoridade. As esposas dos homens que mais beberam, Xíbaihóíxoi (esposa de Kóhoibiíihíai), Xiabikabikabi (esposa de

Kaaboogí), Báígipóhoái (esposa de Xahoábisi) e Xiako (esposa de Xaikáibaí), me contaram que os missionários anteriores, Arlo Heinrichs e Steve Sheldon, não permitiam a venda de uísque.

Mais tarde, quando conversei com Arlo e Steve, eles riram e me contaram que nunca disseram aos Pirahãs ou aos comerciantes fluviais brasileiros da região o que eles poderiam ou não fazer. Aparentemente as mulheres me contaram isso porque elas não queriam que seus maridos bebessem e acreditavam que eu era a única esperança de evitar isso. Mas é claro que, em última análise, isso não era da minha conta. Eu não era o policial da aldeia. Ao acompanhar levianamente o pedido das mulheres, coloquei a minha vida e a vida da minha família em perigo. E eu tinha comprometido meu bom relacionamento com os homens Pirahãs. Eu não entendia bem essas pessoas.

Algumas semanas depois, outro comerciante fluvial deu-lhes uma grande quantidade de cachaça. Descobri isso depois que o comerciante saiu da aldeia, porque todos os homens desapareceram. Algumas horas depois comecei a ouvir os homens rindo, depois gritando e falando sobre como eles eram corajosos e durões, um Pirahã dizendo para outro o equivalente a "posso chutar a sua bunda". Eles falavam como homens que bebem em qualquer lugar do mundo. O comportamento de meu pai vaqueiro quando ele estava bêbado era em grande parte indistinguível daquele dos Pirahãs.

Isso não foi muito reconfortante, no entanto. Eu simplesmente não tinha condições de suportar mais uma rodada sendo alvo de bravatas de bêbados. Era o início da noite, Keren e eu decidimos encaixotar suprimentos para passar a noite em nosso barco no rio acima, na casa de Aprígio, a cerca de 15 minutos de viagem de barco a motor. Aprígio e sua família eram indígenas Apurinã. Seus pais foram levados para o Maici há mais de 60 anos antes pelo governo brasileiro para ajudar no contato com os Pirahãs. Enquanto estávamos fazendo as malas, Kóhoi de repente entrou em nossa casa com as espingardas nos braços, arcos e flechas.

"Aqui", disse ele com um sorriso e o álcool atrapalhando sua fala. "Agora você não precisa ter medo. Você tem as armas." Apreciei o gesto em certo sentido. Mas os Pirahãs estavam claramente em conflito por estarmos lá quando eles estavam bebendo. Decidimos ir visitar Aprígio e de qualquer maneira diminuir a tensão com os Pirahãs e o perigo para nossa família. A bebida e a violência dos Pirahãs eram problemas para nós que não tínhamos previsto isso e pareciam recentes na história dos Pirahãs – os missionários anteriores nos contaram um pouco mais tarde que nunca haviam notado um consumo excessivo de álcool ou problemas de violência entre os Pirahãs. Mas a aldeia tinha estado "livre de missionários" por quase três anos antes de nossa chegada, quase quatro se não contarmos a primeira estadia malsucedida da minha família em 1979 ou a minha estadia de dez dias alguns anos antes. Assim, as coisas mudaram sem a presença inibidora dos missionários.

Eu tinha evitado pensar muito sobre a cultura deles, suponho, por causa de minha decepção inicial com isso. Os Pirahãs não usavam penas, ou ordenavam a prática de rituais, não pintavam seus corpos ou demonstravam outras manifestações culturais externas exóticas como tantos outros grupos amazônicos. Eu ainda não tinha percebido quão incomuns eram os Pirahãs culturalmente, bem como linguisticamente. A cultura deles era sutil, mas poderosa na conservação de seus valores e na forma como isso moldou sua linguagem. Mas, como eu ainda não tinha reconhecido isso, entreguei-me à autopiedade, pensando que poderia estar trabalhando com "pessoas interessantes". Por muitos dias, os homens não faziam nada que eu não pudesse ver, a não ser sentarem-se ao redor das brasas cinzentas de uma fogueira, conversando, rindo, peidando e tirando batatas-doces assadas nas brasas.

Ocasionalmente, eles suplementavam essa rotina puxando os órgãos genitais uns dos outros e rindo como se fossem os primeiros habitantes da terra a se envolverem em algo tão inteligente. Eu tive a esperança de ver aldeias como aquelas que estudei nas aulas de antropologia, tais quais as aldeias Yanomami, com suas cabanas abertas construídas ao redor da clareira da aldeia, ou as aldeias Gê dispostas em forma de roda de carroça, com casas nas extremidades dos raios. Pareceu-me que as aldeias pirahãs não tinham organização. Elas estavam cobertas de grama, o que atraía insetos e cobras. Por que eles não conseguiam pelo menos tirar o mato e o lixo de suas aldeias? Já vi Pirahãs dormirem cobertos de centenas de baratas migratórias e eu os ouvi roncar satisfeitos com tarântulas rastejando sobre eles.

Tinha que haver mais nesse modo de vida do que minhas reveladoras observações superficiais. Decidi prosseguir com minha análise de sua cultura tão profissionalmente quanto pude. Fiz isso por observação e questionamento. Primeiro, observei seu cotidiano, relações familiares, construção de casas, plano da aldeia, inculturação das crianças, socialização e assim por diante, seguindo os guias de campo antropológico que eu poderia ter em mãos. Em seguida, decidi examinar mais profundamente suas crenças num mundo espiritual, seus mitos e sua religião. Então, quis olhar suas estruturas de poder social. Finalmente, eu queria apresentar uma teoria da identidade pirahã baseada em minhas observações. Nesse momento, eu tinha somente um conhecimento mínimo em antropologia, então estava tateando no escuro.

5. Cultura material e ausência de ritual

Desde que tive meu primeiro encontro com os Pirahãs, quis entender melhor sua cultura. Pensei em começar de modo simples, com a sua cultura material, em vez do que, digamos, com suas crenças e valores morais. Uma vez que a maior parte de seu tempo na aldeia era vivido em suas cabanas, eu queria ver uma ser construída. Eu tive minha chance um dia quando Xaikáibí decidiu construir uma nova cabana. A cabana que ele estava construindo é a mais substancial dos dois tipos de cabana que os Pirahãs constroem, chamada *kaíi-ií* (coisa-filha).

As casas pirahãs são admiravelmente simples. Além da "coisa-filha", eles também fazem a *xaitaíi-ií* (coisa-palmeira), uma construção menos substancial. A "coisa-palmeira", usada principalmente para abrigar do sol na praia do rio, consiste simplesmente em gravetos para sustentar um telhado coberto com praticamente qualquer tipo de folhas largas, embora as folhas de palmeira sejam as mais comumente usadas. Essas são feitas apenas para fornecer sombra para crianças. Os adultos vão apenas dormir na areia e sentar-se à luz do sol o dia todo, colocando ocasionalmente alguns galhos verticalmente na areia em frente a si mesmos em busca de sombra. A "coisa-filha" é mais resistente, embora ambos os tipos de casas não suportem as tempestades. Ainda que seja necessária uma forte tempestade para derrubar uma "coisa-filha", uma rajada de vento é suficiente para derrubar algumas "coisa-palmeira".

As casas pirahãs revelam distinções importantes entre sua cultura e a nossa ocidentalizada. Quando penso nas casas pirahãs, muitas vezes me lembro da sugestão de Henry David

Thoreau (1854), em *Walden ou a vida nos bosques*, de que tudo que uma pessoa realmente precisa é de uma caixa grande que ele possa carregar para se proteger dos elementos. Os Pirahãs não necessitam de muros para defesa, porque a aldeia é a defesa – cada membro da aldeia virá em auxílio de todos os outros membros. Eles não precisam de casas para ostentar riquezas, porque todos os Pirahãs são iguais em riqueza. Eles não precisam de casas para ter privacidade, porque a privacidade não é um valor forte, embora se for necessária para fazer sexo, aliviar-se ou qualquer outra coisa, toda a floresta está ao redor, ou pode-se sair da aldeia em uma canoa. As casas não precisam de aquecimento ou resfriamento, porque a floresta oferece um ambiente climático quase perfeito para os corpos humanos levemente vestidos. As casas são apenas um lugar para dormir com relativa proteção da chuva e do sol. São lugares para guardar os cães e os poucos pertences que uma família possui. Cada casa é um retângulo formado por três fileiras de três postes cada, sendo a fileira central mais alta para permitir que o telhado seja elevado no meio.

Xaikáibaí começou a construir a *kaíi-ií* com os suportes que sustentam o telhado e a plataforma de dormir. Ele primeiro cortou seis estacas de madeira resistente ao apodrecimento com aproximadamente 3 metros de comprimento. Os Pirahãs conhecem muitas espécies de árvores; essa é chamada de *quari quara* em português e *xibobiihi kohoaihiabisi* (as formigas não comem) em pirahã. Ele colocou os postes perto do lugar em que queria construir, cavou um buraco com o facão e as mãos e trabalhou cada vara com a mão, enterrando-as cerca de meio metro no chão. Ele então juntou os postes no topo com outros postes colocados ao longo da largura da casa para amarrar os postes verticais juntos. Os postes horizontais foram amarrados aos postes verticais com cipós que foram divididos para conferir maior flexibilidade.

Os postes verticais fixados no chão tinham dois comprimentos. Quatro dos postes tinham aproximadamente o mesmo comprimento. Os postes no centro de cada extremidade da estrutura eram um a 2 metros mais altos que os outros. Todos foram espaçados a 2 ou 3 pés de distância entre si. Os postes finais foram entalhados em seus topos para apoiar postes horizontais mais longos que se estendiam por toda a dimensão da casa.

Em seguida, Xaikáibaí começou a colocar o telhado de palha. Ele coletou e juntou a palha em bosques a vários quilômetros de distância, do outro lado do rio. A palha vem dos brotos jovens e amarelos de uma espécie de palmeira que os Pirahãs chamam de *xabíisi*. Foram necessárias diversas viagens cansativas para cortar, empacotar e transportar a palha de canoas até a aldeia. Quando a palha foi colocada perto de sua cabana, ele a "abriu". Nesse processo, as folhas jovens da palmeira, com cerca de 3 metros de comprimento, são puxadas para um lado do rebento. Estas então são colocadas nos postes perpendiculares superiores em feixes de 3 ou 4 e presas aos postes por cipó ou casca. Em seguida, Xaikáibaí colocou esses feixes de folhas de palmeira a cada 15 centímetros, subindo da parte inferior da estrutura do telhado até o eixo central no topo. O resultado de seu trabalho era um ambiente fresco e um teto à prova de chuva. O telhado também abafa o som da chuva; no entanto, também tem desvantagens. Quando seco, é muito inflamável. E proporciona uma excelente casa para vermes. Ele também precisa ser substituído em poucos anos.

Xaikáibaí estava quase terminando sua cabana. Para completá-la, construiu uma pequena plataforma elevada em uma extremidade dentro da cabana. A estrutura da plataforma foi construída com postes de madeira resistentes. A própria plataforma foi feita de troncos de pequenas palmeiras paxiúbas, cada uma dividida ao meio, dispostas com a parte interna voltada para baixo na estrutura e amarrada no lugar com cipós.

Essa seria sua plataforma de dormir e tinha mais ou menos 1 metro e meio de largura. As cabanas pirahãs são frescas, relativamente robustas e – com as brasas de uma fogueira brilhando ao seu fundo – confortáveis. Muitas vezes sentei-me sob essa plataforma de dormir ao lado de um Pirahã, falando sobre a pesca do dia ou outro trabalho, enquanto ouvia novas palavras e estruturas gramaticais nesse ambiente relaxante. É difícil não cochilar enquanto os Pirahãs estão conversando, eles são tão descontraídos, mesmo quando a conversa é sobre coisas como a onça que alguém viu na última vez em que foi caçar.

Eu já sabia que a cultura material deles está entre as mais simples que se conhece. Eles produzem poucas ferramentas, quase nenhuma arte e poucos artefatos. Talvez suas ferramentas mais destacadas sejam seus arcos grandes e poderosos (mais de 2 metros de comprimento) e flechas (dois a três metros de comprimento). Um arco leva cerca de três dias para ser feito – um dia para encontrar uma entre meia dúzia de tipos de madeiras aceitáveis para arco e dois dias para modelar e raspar o arco. Enquanto o homem está trabalhando no próprio arco, sua esposa, mãe ou irmã faz a corda do arco da casca macia de uma árvore, enrolada firmemente ao longo da parte externa da coxa. Então cada flecha leva aproximadamente três horas para ser feita – encontrar o material da haste da flecha, aquecendo-o no fogo e endireitando-o, fazendo a ponta adequada de bambu (para caça grossa), de madeira afiada (para macacos) ou de um pedaço de madeira longo e estreito com um prego afiado ou com um osso na ponta (para peixe). As penas e a ponta são amarradas com algodão caseiro. Eu tenho visto porcos selvagens espetados por essas flechas – entrando perto do reto e saindo pela garganta.

Dos poucos artefatos que eles fabricam, nenhum é permanente. Por exemplo, se precisam carregar algo em uma cesta, eles tecerão uma cesta na hora de folhas de palmeira molhadas. Depois de um ou dois usos, essas cestas ficam secas e frágeis e são abandonadas. Usando as mesmas habilidades que já demonstraram ao fazer esses cestos descartáveis, poderiam fazer cestos mais duradouros, simplesmente selecionando um material mais durável (como o vime). Mas não o fazem, de modo que concluí que não o fazem porque não querem. Isso é interessante. Indica interesse em fazer as coisas conforme aquilo que surge no caminho.

Outros artefatos materiais incluem colares. Os Pirahãs os fazem para com eles afastar os espíritos e parecerem mais atraentes. Mulheres, meninas e bebês de ambos os sexos usam colares. As mulheres fazem esses colares com sementes e barbante de algodão feito em casa, decorando-os ainda mais com dentes, penas, miçangas, abas de puxar para abrir latas de cerveja e outros objetos. Os colares raramente mostram simetria e são muito grosseiros e pouco atraentes em comparação com os artefatos de outros grupos da região, como os Tenharim e Parintintin, conhecidos por lindos cocares de penas, colares com dentes de onça, cestos de tecido fino e peneiras e ferramentas para processamento da mandioca. E para os Pirahãs, colares são decorativos apenas de modo secundário, sendo seu objetivo principal afastar os maus espíritos que veem quase diariamente.

Eles também gostam de penas e cores vivas nos colares para torná-los visíveis aos espíritos para que os espíritos não se assustem – como os animais selvagens, os espíritos são mais propensos a atacar quando assustados. O adorno pirahã tem função imediata e envolve pouco planejamento ou preocupação com valores estéticos clássicos, como a simetria. Claramente, eles poderiam fazer ornamentações duradouras, mas optaram por não as fazerem.

Os Pirahãs podem fazer canoas de casca de árvore – chamadas *kagahóí* –, mas eles raramente as fazem, preferindo furtar ou trocar por abrigos e tábuas mais resistentes às canoas feitas por brasileiros, chamadas *xagaoas*. Na medida em que os Pirahãs dependem dessas canoas mais robustas para pesca, transporte e recreação no rio, sempre me fascinou que não as façam. E eles nunca têm o suficiente para todas as famílias da aldeia. Embora se diga que as canoas são propriedade de indivíduos da aldeia e, portanto, não são, propriamente falando, uma propriedade comunitária; na prática, cada proprietário de uma canoa empresta a sua canoa a um filho ou genro ou a outra pessoa da aldeia. Usar a canoa de alguém traz a expectativa de que qualquer peixe capturado durante o uso dessa canoa será compartilhado com o proprietário da canoa. A aquisição de canoas novas para a aldeia é sempre difícil para os Pirahãs, então não me surpreendeu quando um dia eles se voltaram para mim em busca de ajuda.

"Dan, você pode comprar para nós uma canoa? Nossas canoas estão podres", disseram os homens um dia, do nada, enquanto eles estavam sentados em minha casa tomando café.

"Por que vocês não fazem uma canoa?", perguntei.

"Pirahãs não fazem canoas. Não sabemos como."

"Mas eu sei que vocês podem fazer uma canoa de casca de árvore; eu os vi fazendo isso", eu repliquei.

"As canoas de casca de árvore não carregam peso. Um homem, alguns peixes, nada mais. Apenas as canoas brasileiras são boas. Canoas pirahãs não servem."

"Quem faz canoas por aqui?", eu perguntei a eles.

"Em Pau Queimado eles fazem canoas", responderam os homens, quase em uníssono.

Parecia que eles não faziam canoas porque não sabiam como, então decidi ajudá-los a aprender. Já que os melhores mestres de canoagem da área viviam na aldeia de Pau Queimado, a várias horas de distância de lancha no Rio Marmelos, resolvi tentar contratar um desses homens para passar cerca de uma semana com os Pirahãs para ensiná-los a fazer canoas à maneira brasileira. O principal construtor de canoas de Pau Queimado, Simprício, aceitou ensiná-los.

Quando ele chegou, os Pirahãs se reuniram (com entusiasmo) para aprender com ele. Pelo nosso acordo, Simprício deixaria os Pirahãs fazerem o trabalho, supervisionando em vez de construir a canoa diretamente, e os instruiria cuidadosamente enquanto trabalhavam. Após cerca de cinco dias de intenso esforço, eles fizeram uma linda canoa e a exibiram orgulhosamente para mim. Eu comprei as ferramentas para eles fazerem mais canoas. Então, alguns dias depois da saída de Simprício, os Pirahãs me pediram outra canoa. Disse-lhes que poderiam fazer as suas próprias agora. Eles disseram: "Pirahãs não fazem canoas" e foram embora. Não, os Pirahãs já fizeram uma *xagaoa* que eu saiba. Isso me ensinou que Pirahãs não incorporam o conhecimento estrangeiro, nem adotam hábitos de trabalho estrangeiros com facilidade, não importa quão útil se possa pensar que esse conhecimento seja para eles.

Os Pirahãs têm conhecimento para conservar carne – quando estão prestes a embarcar para um lugar onde esperam encontrar brasileiros, eles salgam carne (se tiver sal) ou defumam para conservá-la. Mas entre si eles nunca preservam carne. Eu não vi outro grupo amazônico que não salga nem defuma carne rotineiramente. Os Pirahãs consomem tudo assim que for caçado ou coletado. Eles não preservam nada para si (as sobras são comidas até acabarem, mesmo que a carne comece a ficar rançosa). Cestas e alimentos são projetos de curto prazo.

Uma razão pela qual considero interessante a visão pirahã sobre a comida é que o assunto parece menos importante em certo sentido para eles do que é para minha própria cultura. Obviamente eles têm que comer para viver. E eles gostam de comer. Sempre que há comida disponível na aldeia, eles comem tudo. Mas a vida está cheia de prioridades para todos nós, e a comida é classificada de modo diferente por diferentes povos e sociedades. Os Pirahãs conversaram comigo sobre por que não caçam nem pescam quando estão com fome. Em vez disso, podem brincar de pega-pega ou brincar com meu carrinho de mão ou se deitar e conversar.

"Por que você não está pescando?", perguntei.

"Hoje vamos apenas ficar em casa", respondeu um deles.

"Você não está com fome?"

"Os Pirahãs não comem todos os dias". "*Hiatíihí hi tigisáaikoí*" (Pirahãs são duros). "*Americano kóhoibaai. Hiaitiihi hi kohoaihiaba*" (os americanos comem muito. Pirahãs comem pouco).

Os Pirahãs consideram a fome uma forma útil de se fortalecer. Deixar de comer uma refeição ou duas, ou mesmo ficar sem comer por um dia, é levado sem muitos problemas. Eu vi pessoas dançarem por três dias com apenas breves pausas, sem caçar, pescar ou coletar – e sem nenhum alimento armazenado.

Quanto os não Pirahãs comem em relação aos Pirahãs é evidenciado pelas reações pirahãs ao consumo alimentar quando visitam a cidade. Pirahãs na cidade pela primeira vez são sempre surpreendidos pelos hábitos alimentares ocidentais, especialmente o costume de fazer três refeições por dia.

Na primeira refeição fora da aldeia, a maioria dos Pirahãs come com avidez grandes quantidades de proteínas e farinha. Na segunda refeição eles comem do mesmo modo. Na terceira refeição começam a demonstrar frustração. Eles parecem confusos. Muitas vezes perguntam: "Vamos comer de novo?" Sua própria prática de comer alimentos quando está disponível até que desapareça agora entra em conflito com as circunstâncias nas quais a comida está sempre disponível e nunca acaba. Muitas vezes, depois de uma visita à cidade de três a seis semanas, um Pirahã retornará com excesso de peso de até 13 quilos para a aldeia, representado pelo excesso de gordura na barriga e nas coxas. Mas dentro de um mês ou menos, eles voltam ao peso normal. O homem ou mulher Pirahã médio pesa entre 45 e 56 quilos e mede entre 1,50 m a 1,70 m de altura. Eles são magros e resistentes. Alguns dos homens me lembram ciclistas do Tour de France em plena forma física. As mulheres tendem a expressar um pouco mais de peso do que os homens, mas também estão em forma e fortes.

Os Pirahãs comem peixe, banana, caça, larvas, castanha-do--pará, enguia elétrica, lontras, jacarés, insetos, ratos – qualquer tipo de proteína –, óleo, amido, açúcar ou outros alimentos que possam caçar, pescar ou coletar em seu ambiente – embora eles evitem répteis e anfíbios em sua maior parte. Sua dieta talvez seja 70% de peixe, fresco do Maici, muitas vezes misturado com farinha (que os

Pirahãs aprenderam a fazer ao longo dos anos com o contato com pessoas de fora) e regado com as águas cristalinas do Rio Maici.

Em razão de diferentes peixes poderem ser capturados em diferentes horas do dia e da noite, os Pirahãs podem ser encontrados pescando a qualquer hora. Isso significa que para eles há menos diferenciação entre dia e noite, além da visibilidade. É tão provável encontrar um homem Pirahã pescando às 3h da manhã quanto às 15h da tarde ou às 6h da manhã. Muitas vezes viajei pelo rio à noite e direcionei meu holofote para pontos de pesca preferidos para ver os Pirahãs sentados em suas canoas pescando. Um método de pesca noturna é apontar uma lanterna para a água de modo a atrair os peixes e depois flechá-los. Por quatro a seis horas por dia é possível fornecer proteína suficiente a uma família para um período de 24 horas. Mas, se houver filhos na família com idade suficiente, então os homens farão um rodízio de responsabilidades de pesca em dias diferentes. Se alguém pescar às 3h da manhã, então é quando o peixe será comido. Todos se levantarão para comer assim que for trazido.

A atividade de coleta, que é principalmente um trabalho das mulheres, leva entre 12 horas por semana para uma família de quatro pessoas, um tamanho de família bastante típico entre os Pirahãs. Coletar e pescar juntos leva cerca de 52 horas por semana, divididas entre pai, mãe e filhos (e avós de vez em quando) para que ninguém precise gastar mais do que 15 a 20 horas por semana trabalhando – embora essas atividades sejam prazerosas para os Pirahãs e dificilmente caibam em qualquer conceito ocidental de trabalho.

As pessoas também dependem de facões importados para abater, construir, fazer arcos e flechas, tirar mandioca do chão e assim por diante. Eles negociam por esses instrumentos quando possível. Reúnem facões, limas, enxadas e eixos no início de cada estação seca para que possam limpar e plantar seus campos com mandioca. Mandioca, um dos alimentos mais consumidos no mundo, é originário da Amazônia e é uma fonte ideal de amido. Ela cresce enquanto estiver no solo, o que significa que um campo abandonado por alguns anos pode abrigar tubérculos de mandioca com mais de 1 metro. A mandioca contém cianeto; portanto, consumir o tubérculo cru é fatal, e insetos e animais o evitam. Somente os humanos podem comê-la, porque esse alimento requer um elaborado processo de imersão, drenagem e esforço para se livrar da maior parte do cianeto.

Preparar e plantar campos é um desenvolvimento relativamente novo, que Steve Sheldon trabalhou duro para introduzir. Mas cultivar os campos depende da posse de ferramentas estrangeiras, que os Pirahãs não têm como adquirir na maioria das aldeias. Percebi que, apesar da importância dessas ferramentas para eles, os Pirahãs não cuidam bem delas. Crianças jogam ferramentas novas no rio; as pessoas deixam as ferramentas nos campos e muitas vezes trocam suas ferramentas por farinha de mandioca quando os comerciantes aparecem.

Um padrão estava emergindo: eles não têm um método para preservar os alimentos, negligenciam ferramentas e apenas fazem cestos descartáveis. Isso parecia indicar que a falta de preocupação com o futuro era um valor cultural. Certamente não era por preguiça, porque os Pirahãs trabalham muito.

Fiquei fascinado com o fato de coisas tão importantes e difíceis de encontrar, como ferramentas, fossem tratadas com tanta arrogância pelos Pirahãs. Afinal, a única maneira de eles adquirirem bens do mundo exterior era coletar produtos da floresta e negociar com os comerciantes de barcos fluviais. Apenas algumas aldeias são capazes de fazer isso, porque nenhum comerciante viaja muito longe no Maici – há muito poucos produtos e recursos naturais para fazer valer a pena. Assim, outros grupos Pirahãs negociam com os Pirahãs por meio das ferramentas e esses implementos eventualmente abrem caminho para todas as aldeias ao longo do Maici.

Havia muitos outros aspectos da cultura material pirahã que apoiaram minha crença ascendente de que planejar o futuro é menos importante para o Pirahãs do que aproveitar cada dia que chega. Como resultado, eles não investem muito esforço em algo que é necessário para uma função mínima.

Pirahãs tiram cochilos (15 minutos a duas horas no máximo) durante o dia e a noite. Há conversas altas na aldeia a noite toda. Consequentemente, muitas vezes é muito difícil para quem não está participando dormir bem entre os Pirahãs. Acredito que o conselho dos Pirahãs de não dormir porque há cobras é um conselho que elas literalmente seguem – dormir profundamente na floresta pode ser perigoso. Os Pirahãs me alertaram sobre o ronco, por exemplo. "As onças vão pensar que tem um porco por perto e virão te comer", disseram-me alegremente.

Quando falo para as pessoas sobre a simplicidade da cultura material dos Pirahãs, elas muitas vezes ficam curiosamente preocupadas. Afinal, nós definimos sucesso nas culturas industrializadas, pelo menos parcialmente, como a melhoria contínua de nossa tecnologia. Mas os Pirahãs não demonstram essa melhoria, nem a desejam.

Como é que a cultura pirahã é tão simples materialmente? Algumas pessoas me sugeriram que sua cultura pode ser o resultado do trauma do contato com as culturas europeias no século XVIII. É verdade que o contato europeu com os povos nativos das Américas, seja indireto (como acontece com a transmissão de doenças ou a aquisição de itens comerciais), seja direto (presencial), foi traumático para a maioria dos povos indígenas. Em muitos casos, esse trauma levou à desintegração cultural e à perda do conhecimento e das especializações culturais e à marginalização de populações inteiras. Seria um erro grave supor que um traço cultural produzido por esse tipo de "trauma de contato" refletisse razoavelmente um estado natural da cultura.

Por outro lado, mesmo que tal trauma fosse responsável por mudanças culturais, depois de um certo tempo, teríamos que descrever a cultura em seu estado atual. O estado atual da Inglaterra é, sem dúvida, o resultado dos estágios anteriores, mas não pode mais ser descrito em termos do código de cavalheirismo. As evidências dos registros dos Mura e dos Pirahãs há quase três séculos, desde que o primeiro contato foi feito em 1714, apoiam fortemente a conclusão de que a cultura pirahã pouco mudou desde o contato com europeus. Curt Nimuendaju (1963), por exemplo, em seu artigo "The Mura and Pirahã", conclui:

> [O povo Pirahã] evidentemente sempre ocupou seu habitat atual entre as latitudes 6°25' e 7°10' S., ao longo do baixo rio Maicy. [...] Os Pirahãs continuam sendo a tribo Mura menos aculturada, eles são conhecidos apenas através de uma pequena lista de palavras e notas não publicadas obtidas pelo autor durante vários breves contatos em 1922, quando esforços foram sendo feito para pacificar os Parintintin (Nimuendaju, 1963, p. 266-67, acréscimo nosso).

Nimuendaju prossegue discutindo diversos aspectos da cultura material pirahã, citando também fontes mais antigas, todas as quais corroboram suas conclusões contemporâneas, que são em grande parte idênticas às minhas. Porém nem tudo precisa estar ligado a valores culturais específicos. As roupas dos Pirahãs – ou a falta delas – também são simples, mas claro que no calor amazônico não são necessários muitos comentários para explicar por que as pessoas usam cobertura mínima sob seus corpos.

Além dos bens e artefatos citados, uma família pirahã geralmente terá uma ou duas panelas de alumínio para cozinhar, talvez uma colher, algumas facas, um ou dois outros pequenos artefatos do mundo exterior e uma fiandeira de algodão portátil indígena.

Este livro poderia ter sido chamado de *The Water People*, já que o rio é tão vital para suas vidas físicas e sociais. As aldeias pirahãs são as mais próximas do que eles podem construir junto ao rio. Na estação seca (*piiáiso*, "águas rasas"), quando grandes praias de areia branca e fofa emergem do recuo do Rio Maici, eles mudam seus assentamentos para a maior das praias, onde dormem diretamente na areia com pouco ou nenhum abrigo, exceto por um *xaitaíi-ií* ou dois para os bebês durante o dia. Nessa época do ano, quando a comida é abundante e as noites são na maior parte mais frias do que na estação chuvosa, toda a comunidade (aumentando de 50 para 100 pessoas em uma única praia) dorme e come junto, embora os membros da família durmam perto uns dos outros à noite.

As aldeias pirahãs podem sustentar números maiores na estação seca porque há menos água e, portanto, uma maior concentração de peixes no que resta do rio. Para os indígenas que vivem nas profundezas da floresta, a estação seca é uma época de fome porque as caças saem da mata central em busca de água. Para povos indígenas como os Pirahãs, que vivem às margens dos grandes rios, a temporada de seca é uma época de abundância.

Lembro-me de uma vez ter encontrado um grupo de Pirahãs numa praia. Um pouco rio abaixo da praia havia uma árvore inclinada sobre a água, ancorada no banco por algumas raízes que ainda não haviam sido arrancadas. O seu tronco talvez estivesse a 1 pé acima da água. Um Pirahã, Xahoaogií, estava por perto. Achei que as folhas da árvore pareciam ter sido pressionadas por algo pesado. Eu tive uma ideia.

"Quem dorme aqui?", perguntei.

"Eu", ele respondeu timidamente.

Aparentemente ele não tinha medo de cair no rio de uma cama de apenas 20 centímetros de largura. Não havia medo de sucuris, jacarés ou outros animais que poderiam facilmente alcançá-lo, mordê-lo ou puxá-lo para dentro do rio.

Na estação chuvosa (*piioábaíso*, "águas profundas"), os aldeões se distribuem em famílias nucleares, cada família ocupando a própria casa. Como eu notei durante meu primeiro dia na aldeia, as casas na época das chuvas são construídas ao longo do rio, bem escondidas na mata, com casas geralmente de 10 a 50 passos de distância. Essas aldeias da estação chuvosa são menores que as aldeias do verão, geralmente compostas por um casal de idosos e seus filhos e filhas adultos, juntamente aos respectivos cônjuges e filhos. Casas de uma aldeia não precisam estar do mesmo lado do rio e ocasionalmente pessoas de relações próximas constroem suas casas em margens opostas.

Ritual é um conjunto de ações prescritas com significado simbólico para uma dada cultura. A cultura pirahã é notável para alguns ocidentais, como de fato foi para mim no início da minha vida entre eles, por sua relativa falta de ritual. Há áreas em que poderíamos esperar um comportamento ritualístico, mas não encontramos casos claros disso.

Quando alguém morre, ele ou ela é enterrado. Os Pirahãs nunca abandonam corpos de Pirahãs falecidos aos elementos, mas sempre os enterram. Essa é uma área em que podemos esperar algum ritual, embora haja pouco que possamos descrever com esse termo aqui. Eu testemunhei várias mortes entre eles. Há algumas tradições pouco seguidas em torno do enterro, mas nenhum ritual. Ocasionalmente, os mortos são enterrados sentados com muitos de seus pertences colocados ao lado deles (nunca mais do que uma dúzia ou mais de pequenos objetos, já que os Pirahãs acumulam tão pouco materialmente no decorrer da vida). Frequentemente, enterram seus mortos de bruços. Muito raramente, se há tábuas e pregos (deixados por um comerciante do rio ou por mim), podem tentar fazer um caixão de estilo ocidental. Eu só os vi tentando fazer um caixão uma vez, para um bebê, quando um comerciante fluvial brasileiro estava presente quando o bebê morreu.

Se o falecido for grande, é mais provável que seja enterrado sentado porque isso exige menos escavação (segundo os próprios Pirahãs). Os mortos são enterrados quase imediatamente. Um ou dois parentes próximos do sexo masculino geralmente cavarão a sepultura, preferindo locais próximos à margem do rio, com o efeito de que em alguns anos o túmulo será levado pela erosão da água. O cadáver é colocado no buraco. Então, depois que as posses forem adicionadas, bastões verdes são cruzados acima do corpo, firmemente presos no buraco. Sobre estes são colocadas folhas de bananeira ou folhas largas semelhantes. Logo o túmulo está cheio de sujeira. Raramente, imitando as sepulturas brasileiras que viram, eles colocam uma cruz com entalhes que imitam a escrita que observaram nas cruzes brasileiras.

A maioria dos aspectos dos enterros está sujeita a variações; entretanto, eu não vi dois enterros exatamente iguais. A natureza *ad hoc* dos enterros, mais o fato de ser uma solução lógica para a indelicadeza de deixar um cadáver apodrecendo acima do solo, leva-me a evitar interpretá-los como ritualísticos, embora outros possam discordar.

Sexo e casamento também não envolvem nenhum ritual que eu possa identificar. Embora Pirahãs relutem em discutir seus detalhes sexuais íntimos, eles ocasionalmente os fizeram em termos gerais. Eles se referem à cunilíngua e à felação como "lamber como cães", embora essa comparação com o comportamento animal não seja pretendida a rebaixar o ato. Eles consideram os animais bons exemplos de como viver. A relação sexual é descrita como comer o outro. "Eu comi ele" ou "eu comi ela" significa "tive relações sexuais com ele ou ela". Os Pirahãs gostam bastante de sexo e fazem alusões a ele ou falam livremente sobre a atividade sexual de outras pessoas.

O sexo não se limita aos cônjuges, embora seja a norma para homens e mulheres casadas. Pirahãs solteiros fazem sexo como querem. Fazer sexo com o cônjuge de outra pessoa é desaprovado e pode ser arriscado, mas acontece. Se são casados, simplesmente vão passear pela floresta para fazer sexo. O mesmo acontece se nenhum dos membros for casado. Se um ou ambos os membros do casal forem casados com outra pessoa, no entanto, eles geralmente deixam a aldeia por alguns dias. Se retornarem e permanecerem juntos, os antigos parceiros são divorciados e os novos estão agora casados. Os primeiros casamentos são reconhecidos simplesmente pela coabitação. Se eles não escolherem permanecer juntos, então os cônjuges traídos podem optar por permitir ou não que eles voltem. Aconteça o que acontecer, não há mais menção ou reclamação sobre isso, pelo menos não abertamente, uma vez que o casal tenha retornado. No entanto enquanto os amantes estão ausentes da aldeia, os seus cônjuges os procuram, choram e reclamam em voz alta com todos. Às vezes, os cônjuges que ficaram me pediam para levá-los em minha lancha para procurar os parceiros desaparecidos, mas nunca o fiz.

Talvez a atividade mais próxima do ritual entre os Pirahãs seja a dança. As danças unem a aldeia. Muitas vezes são marcadas pela promiscuidade, diversão, risadas e alegria por toda a aldeia. Não há instrumentos musicais envolvidos, apenas cantos, palmas e batidas de pés. A primeira vez que vi uma dança fiquei impressionado com o tanto que todos se divertiram cantando, conversando e andando em círculo. Kóhoi me convidou para dançar com eles.

"Dan, você quer dançar conosco esta noite?"

"Não sei dançar como Pirahãs", eu disse, na esperança de sair disso. Eu sou um péssimo dançarino.

"Steve e Arlo dançaram conosco. Você não quer dançar como um Pirahã?", Kóhoi insistiu.

"Vou tentar. Mas não ria."

Durante a dança, uma Pirahã me perguntou: "Você só se deita em cima de uma mulher? Ou você quer se deitar sobre outras?" "Eu apenas me deito sobre uma. Eu não quero outras."

"Ele não quer outras mulheres", ela anunciou.

"Keren gosta de outros homens?"

"Não, ela só me quer", respondi como um bom marido cristão.

As relações sexuais são relativamente livres entre indivíduos solteiros e mesmo entre indivíduos casados com outros parceiros durante o dançar e o cantar da aldeia, geralmente durante a lua cheia. A agressão é observada de vez em quando, de leve a grave (Keren testemunhou um estupro coletivo de uma jovem solteira por grande parte dos homens da aldeia). Mas a agressão nunca é tolerada e se dá muito raramente.

Pirahãs me contaram sobre uma dança em que cobras venenosas vivas são usadas, embora eu nunca tenha visto uma dessa (tais danças eram corroboradas, no entanto, pelo relato de uma testemunha ocular dos habitantes Apurinã, de Ponto Sete, antes de serem dispersados pelos Pirahãs). Nessa dança, a dança regular é precedida pelo aparecimento de um homem vestido apenas com uma tiara de buriti e cós, com serpentinas, feito inteiramente de folhas estreitas e amarelas da palmeira paxiúba. O Pirahã assim vestido afirma ser Xaítoii, geralmente um espírito maligno cujo nome significa "dente comprido". O homem sai da floresta para a clareira onde os outros estão reunidos para a dança e diz ao público que ele é forte, não tem medo de cobras, e então lhes conta sobre onde ele mora na floresta e o que tem feito naquele dia. Tudo isso é cantado. Enquanto canta, ele joga cobras aos pés do público, que se afasta rapidamente.

Esses espíritos aparecem em danças nas quais o homem desempenhando o papel de espírito afirma tê-lo encontrado e estar possuído por ele. Todos os espíritos pirahãs têm nomes e personalidades, e seu comportamento é um tanto previsível. Tais danças podem ser classificadas como uma forma fraca de ritual, no sentido de que são testemunhados e imitados, e claramente têm valor e significado para a comunidade. Como rituais, eles pretendem ensinar que as pessoas sejam fortes, conheçam o seu ambiente e assim por diante.

A relativa falta de ritual entre os Pirahãs é prevista pelo princípio do imediatismo da experiência. Esse princípio afirma que a fórmula linguagem e ações (rituais) que envolvem referência a eventos não testemunhados seja evitada. Portanto, um ritual em que o personagem principal não pudesse alegar ter visto o que estava representando deve ser proibido. Além dessa característica proibitiva, porém, a ideia por trás do princípio é que os Pirahãs evitem codificações estereotipadas de valores e, em vez disso, transmitam valores e informações por meio de ações e palavras que são originais em composição com a pessoa que age ou fala, que foram testemunhadas por essa pessoa, ou que tenham sido contadas a essa pessoa por uma testemunha. Portanto, a literatura oral e os rituais tradicionais não têm lugar.

6. Família e comunidade

Os Pirahãs riem de tudo. Eles riem da sua própria desgraça: quando a cabana de alguém é derrubada durante uma tempestade, os ocupantes riem mais alto do que qualquer um. Eles riem quando pegam muitos peixes. Eles riem quando eles não pescam nenhum peixe. Eles riem quando estão cheios e riem quando estão com fome. Quando estão sóbrios, nunca são exigentes ou rudes. Desde a minha primeira noite entre eles, fiquei impressionado com a paciência deles, sua felicidade e sua bondade. Essa felicidade generalizada é difícil de explicar, embora eu acredite que os Pirahãs estejam tão confiantes e seguros em sua capacidade de lidar com qualquer coisa que seu ambiente lhes ofereça e que podem desfrutar de tudo o que surgir em seu caminho. Isso não é de todo porque a sua a vida é fácil, mas porque são bons no que fazem.

Eles gostam de tocar para demonstrar afeto. Embora eu nunca tenha visto beijos entre os Pirahãs, há uma palavra para isso, então eles devem fazê-lo. Mas todos eles tocam um no outro com frequência. À noite, quando escurecia, eles adoravam me tocar também, especialmente as crianças, que acariciavam meus braços e cabelo. Eu não olhava para elas enquanto faziam isso, porque meu olhar as teria envergonhado.

Pirahãs são pacientes comigo. Eles são estoicos consigo mesmos. Eles são cuidadosos com idosos e pessoas com deficiência. Notei um idoso na aldeia, Kaxaxái (Jacaré), que andava de modo engraçado e não conseguia pescar ou caçar. Ele reunia um pouco de lenha todas as noites para a aldeia. Eu perguntei a um Pirahã porque ele deu comida para Kaxaxái, já que nunca lhe deu nada em troca. "Ele me alimentou quando eu era jovem. Agora eu o alimento."

A primeira vez que os Pirahãs me trouxeram alguma coisa para comer, peixe assado, eles me perguntaram: "*Gíxai soxóá xobáaxáaí. Kohoaipi?*" (você já sabe como comer isso?). É uma ótima frase, porque, se você realmente não quer alguma coisa, isso lhe dá uma saída sem causar ofensa. Tudo o que você precisa dizer é "Não, eu não sei como comer isso".

Os Pirahãs pareciam pacíficos. Não senti nenhuma agressão contra mim ou contra os outros estrangeiros, ao contrário de tantas outras novas culturas em que entrei ao longo dos anos. E não vi nenhuma agressão interna ao grupo. Embora, como em todas as sociedades, houvesse exceções à regra, essa ainda é minha impressão dos Pirahãs depois de todos esses anos. Um povo pacífico.

Como é o caso da aldeia de Xagíopai, conhecida pelos brasileiros como Forquilha Grande – "*Big Fork*" –, como o Maici se ramifica em um lago marginal sem saída naquele ponto, as irmãs muitas vezes trazem seus maridos para morar perto de seus pais. Em outras aldeias, porém, como a aldeia de Pentecoste, perto da foz do Maici, os homens levam as esposas para a aldeia dos seus pais. Assim, uma aldeia pode ser matrilocal, mas outra patrilocal. Ou nenhuma das duas opções – em algumas aldeias nenhum padrão é discernível. Essa flexibilidade é provavelmente baseada na natureza de tipo *laissez-faire* (deixar fazer) da sociedade pirahã, bem como no sistema de parentesco minimalista dos Pirahãs.

Os Pirahãs têm apenas os seguintes termos para descrever o parentesco, constituindo um dos sistemas de parentesco mais simples do mundo:

• *Baíxi* – pai, avô ou alguém a quem você deseja expressar submissão temporária ou permanente. Os Pirahãs me chamam de *baíxi* quando eles precisam que eu lhes faça algo; eles às vezes se referem aos comerciantes fluviais como *baíxi*; os adultos podem chamar outros adultos de *baíxi* se quiserem alguma coisa deles, como peixe. As crianças podem chamar outras crianças de *baíxi* se querem algo delas. Essa expressão é neutra em termos de gênero. Às vezes usa-se a expressão *ti xogií* (meu grande) no lugar de *baíxi*. É usada como termo de carinho para os idosos. Se for necessário distinguir uma mulher de um homem que são genitores, pode-se dizer "*ti baíxi xipóihií*" (minha parente fêmea) e assim por diante. O contexto muitas vezes determinará se é aos pais biológicos que se está sendo referido. Quando isso não acontece, provavelmente não é necessário fazer essa distinção de qualquer maneira.

- *Xahaigí* – irmãos (homem ou mulher). Isso também pode se referir a qualquer Pirahã da mesma geração e, em alguns contextos, para qualquer Pirahã, se ele ou ela está sendo contrastado com pessoas de fora, como em: "O que os *xahaigí* disseram para o brasileiro?"

- *Hoagí* ou *hoísai* – filho. *Hoagí* é o verbo "vir" e *hoísai* significa "aquele que veio".

- *Kai* – filha.

Há mais um termo, *piihí*, que conta com uma gama mais ampla de significados, incluindo "criança com pelo menos um dos pais falecido", "enteado" e "filho favorito".

É isso. Embora alguns antropólogos que não falam pirahã tenham proposto termos adicionais, todas as propostas de que tenho conhecimento resultam de uma análise incorreta de frases inteiras. O erro mais comum é analisar formas possessivas dos termos acima como se fossem termos de parentescos separados. Assim, por exemplo, um antropólogo propôs que a frase *ti xahaigí* significa "tio", mas, na verdade, significa apenas "meu irmão".

Antropólogos há muito acreditam que quanto mais complexo o sistema de parentesco, mais provável seria haver restrições baseadas no parentesco acerca de com quem se casar, de qual parente morar perto ou com quem e assim por diante. Mas o inverso também vale, necessariamente, quanto ao menor número de termos que designam parentesco, quanto ao menor número de restrições relacionadas ao parentesco que existem em uma sociedade. Isso tem um efeito interessante nos Pirahãs. Como eles não têm nenhuma palavra para "primo", obviamente não há restrição contra o casamento entre primos. E, talvez porque *xahaigí* seja ambíguo, já vi até homens se casarem com suas meias-irmãs.

O efeito do tabu aparentemente universal do incesto proíbe apenas um pequeno número de situações sexuais entre os Pirahãs, como aquelas entre irmão pleno com irmão e avô ou pai com filhos.

No entanto há mais nesse sistema de parentesco do que se aparenta. Alguns dos termos de parentesco rotulam conceitos que são mais amplos do que o mero parentesco. Já mencionamos o uso de *baíxi* para se referir à autoridade ou ao parentesco.

O conceito de *xahaigí* também é interessante. Parece expressar mais do que o parentesco. Expressa um valor da comunidade. Porque essa palavra é sem gênero e sem número, pode se referir a um homem, uma mulher, mulheres, homens ou a um grupo misto. Embora os Pirahãs vivam principalmente em famílias nucleares, há um forte senso de comunidade e responsabilidade mútua pelo bem-estar dos outros membros. *Xahaigí* nomeia e fortalece esse sentimento de comunidade rotulando os membros da comunidade.

A conotação mais importante de *xahaigí* é esse sentimento de pertencimento, de família e de fraternidade, que está marcado entre os 300 ou mais que estão vivendo entre os Pirahãs. Mesmo que eles possam estar separados por quilômetros de rio, cada pessoa em cada aldeia acompanha as notícias de todas as outras aldeias e indivíduos Pirahãs. É impressionante a rapidez com que as notícias viajam mais de 240 milhas do Maici por onde estão espalhados os Pirahãs. A parte crucial do conceito *xahaigí* é que cada Pirahã é importante para todos os outros Pirahãs. O Pirahã sempre defenderá ou ficará do lado de outro Pirahã frente a qualquer não Pirahã, não importa há quanto tempo ele ou ela o conhece. E nenhum estrangeiro, nem mesmo eu, pode esperar ser chamado de *xahaigí* por todos os Pirahãs (alguns agora se referem a mim como *xahaigí*, mas a maioria não faz isso, mesmo alguns dos meus melhores amigos Pirahãs).

Outro exemplo para a expressão *xahaigí* é aquilo visto no tratamento de crianças e idosos. Um pai de uma família alimentará ou cuidará de uma criança, pelo menos temporariamente, se essa criança for abandonada, mesmo que por um dia. Uma vez, um homem mais velho se perdeu na floresta. Durante três dias toda a aldeia o procurou, com pouca comida e padecendo do sono. Eles ficaram muito emocionados quando o encontraram, seguro, mas cansado e faminto, carregando uma vara afiada para sua proteção. Eles o chamaram de *baíxi*, o abraçaram e sorriram, dando-lhe comida assim que chegaram à aldeia. Isso também ilustra seu senso de comunidade.

Todos os Pirahãs parecem ser amigos íntimos, não importa de qual aldeia eles provenham. Os Pirahãs falam como se conhecessem todos os outros Pirahãs extremamente bem. Suspeito que isso possa estar relacionado às suas conexões físicas. Dada a falta de estigma associado ao divórcio e a sua frequência relativa, a promiscuidade associada à dança e ao canto e a experimentação sexual pré-púbere, não creio estar muito errado conjecturar que muitos Pirahãs fizeram sexo com uma alta porcentagem de outros Pirahãs. Isso por si só significa que seus relacionamentos são baseados em uma grande intimidade desconhecida para sociedades maiores (a comunidade que dorme junto permanece junto?). Imagine se você tivesse feito sexo com uma porcentagem considerável dos moradores do seu bairro e que esse fato fosse julgado por toda a sociedade nem como bom, nem como ruim, apenas um fato sobre a vida – tal como dizer que você provou diversos tipos de comida.

Toda a minha família noticiava diariamente as diferenças marcantes entre os nossos próprios conceitos de família e os conceitos dos Pirahãs. Certa manhã, observei uma criança andando de modo instável em direção ao fogo. À medida que ela se aproximava, sua mãe, a meio metro de distância, grunhia para ela. Mas não fazia nenhum esforço para afastá-la. Ela se desequilibrou e então caiu, bem ao lado das brasas. A criança feriu a perna e a bunda e urrou de dor. Sua mãe a puxou por um braço e a repreendeu.

Eu assisti a isso e me perguntei por que essa mãe, que eu sabia ser amorosa com os filhos, repreenderia seu filho por se machucar, especialmente já que ela não o havia alertado sobre as brasas, até onde eu sabia. Isso, por sua vez, levantou uma questão maior: como os Pirahãs percebiam a infância? Quais eram seus objetivos na criação dos filhos? Comecei uma reflexão mais profunda sobre isso recordando minha observação de que os Pirahãs não falam a "linguagem de bebê" com os seus filhos.

As crianças são apenas seres humanos na sociedade pirahã, tão dignas de respeito quanto qualquer adulto totalmente crescido. Elas não são vistas como necessitando de mimos ou proteções especiais. Elas são tratadas de maneira justa e são concedidos auxílios em razão de seu tamanho e de sua relativa fraqueza física, mas, em geral, não são consideradas qualitativamente diferentes dos adultos. Isso pode levar a cenas que aos olhos ocidentais podem parecer estranhas ou até severas. Desde que me encontro predisposto a concordar com grande parte da visão dos Pirahãs sobre a paternidade, muitas vezes nem percebo o comportamento de criação dos seus filhos, que outras pessoas de fora consideram chocante.

Como exemplo, lembro-me de como um colega meu ficou surpreendido com o tratamento adulto dado às crianças Pirahãs. Peter Gordon, psicólogo da Universidade de Columbia, e eu estávamos juntos em uma aldeia pirahã em 1990 entrevistando um homem sobre o mundo espiritual. Enquanto conversávamos, mantivemos uma câmera de vídeo para registrar nossas interações com as pessoas. Naquela noite, enquanto assistíamos a trechos do vídeo, percebemos que uma criança com cerca de dois anos estava sentada na cabana atrás do homem que estávamos entrevistando, brincando com uma faca de cozinha afiada, com cerca de 23 centímetros de diâmetro de comprimento. Ela estava balançando a lâmina da faca ao seu redor, muitas vezes chegando perto de seus olhos, de seu peito, de seu braço e de outras partes do corpo que ninguém gostaria de cortar ou perfurar.

O que realmente chamou nossa atenção foi que, quando ela deixou cair a faca, sua mãe – que estava conversando com outra pessoa – estendeu a mão para trás indiferentemente, sem interromper a conversa, pegou a faca e a devolveu à criança. Ninguém lhe disse para não se cortar ou a advertiu para não se machucar com a faca. E ela não fez isso. Mas já vi outras crianças Pirahãs se ferirem severamente com facas. Muitas vezes Keren ou eu tivemos que colocar sulfa em pó nos cortes para reduzir as chances de infecção.

Qualquer bebê que se corte, queime ou de outro modo se machuque será repreendido (e cuidado também). E uma mãe muitas vezes responde ao choro de dor de um bebê em tais circunstâncias com um grunhido de desgosto, um som baixo e gutural "*Ummm!*" Ela o pegaria pelo braço, com raiva (mas não violentamente), e o colocaria no chão abruptamente, longe do perigo. Mas os pais não abraçam a criança nem dizem coisas como: "Pobre bebê, eu sinto muito, deixe a mamãe beijá-lo para melhorar *ohhhh*". Os Pirahãs ficam surpresos ao ver mães não Pirahãs fazendo isso. Eles até acham engraçado. "Eles não querem que seus filhos aprendam a cuidar de si mesmos?", os Pirahãs me perguntam.

Mas há mais do que querer que as crianças se tornem adultos autônomos. Os Pirahãs têm uma tendência ao darwinismo que permeia sua filosofia parental. Esse estilo de parentalidade tem como resultado a produção de adultos muito fortes e resilientes, que não acreditam que alguém lhes deve alguma coisa. Os cidadãos da etnia Pirahã sabem que no dia a dia a sobrevivência depende de suas habilidades e resistências individuais.

Quando uma mulher Pirahã dá à luz, ela pode deitar-se à sombra perto de um gramado ou onde quer que ela esteja e entrar em trabalho de parto, muitas vezes por si própria. Na estação da seca, quando há praias ao longo do Maici, a forma mais comum de parto é a mulher ir sozinha, ocasionalmente com um parente do sexo feminino, e entrar no rio até a cintura, depois agachar-se e dar à luz para que o bebê nasça diretamente no rio. Isso é mais limpo e mais saudável, na opinião deles, para o bebê e para a mãe. Ocasionalmente, a mãe ou as irmãs a acompanham. Mas, se uma mulher não tem parentes do sexo feminino na sua aldeia, ela pode ser forçada a dar à luz sozinha.

Steve Sheldon me contou sobre uma mulher que deu à luz sozinha na praia. Algo deu errado. Foi um parto pélvico. A mulher estava em agonia. "Ajuda-me, por favor! O bebê não nascerá", ela gritava. Os Pirahãs sentaram-se passivamente, alguns parecendo tensos, alguns falando normalmente. "Estou morrendo! Está doendo muito. O bebê não nascerá!", ela gritava. Ninguém respondia. Era o fim do entardecer. Steve foi em direção a ela. "Não! Ela não quer você. Ela quer os pais dela", disseram-lhe, a implicação clara era de que ele não deveria ir até ela. Mas os pais dela não estavam por perto e ninguém mais estava indo ajudá-la. A noite chegou e seus gritos ressoavam regularmente, mas cada vez mais fracos. Finalmente, pararam. De manhã, Steve descobriu que ela e o bebê haviam morrido na praia, sem assistência.

Steve gravou uma história sobre esse incidente, repetida aqui. Esse texto é valioso por dois motivos. Primeiro, relata um incidente trágico que proporciona conhecimento da cultura pirahã. Em particular nos conta que os Pirahãs deixaram uma jovem morrer, sozinha e sem ajuda, por acreditar que as pessoas devem ser fortes e superar as dificuldades por conta própria. Em segundo lugar, é importante para a nossa compreensão da gramática pirahã. Note a relativa simplicidade da estrutura (não do conteúdo) das frases, que não apresentam qualquer sinal de uma sentença ou frase aparecendo por meio de outra.

A morte da esposa de Xopísi, Xaogíoso
Gravado por Steve Sheldon.

Sinopse: Esta história conta a morte da esposa de Xopísi, Xaogíoso. Ela morreu de manhã cedo, enquanto dava à luz a um bebê. Ela estava totalmente sozinha dando à luz na beira do rio quando morreu. Sua irmã, Baígipóhoasi, não a ajudou em nada. Xabagi (um aldeão mais velho que ocasionalmente ajuda no parto) chamou alguém (o genro da mulher), mas ele não respondeu, nem foi vê-la antes de ela morrer. Xopísi, seu marido, estava no rio pescando piranha quando a morte ocorreu, de modo que não havia ninguém cuidando dela.

1. *Xoii hiaigiagásai. Xopísi hiabikaáhaaga.*

Xoii falou. Xopísi não está aqui.

2. *Xoii hiaigiagaxai Xaogíosohoagi xioaakaahaaga.*

Xoii então falou. Xaogioso está morto.

3. *Xaigia hiaitibíi.*

Bem, ele foi chamado.

4. *Ti hi giaitibíigaoai Xoii. Hoihiai.*

Eu chamei Xoii. Apenas ele.

5. *Xoii hi aigia ti gaxai. Xaogíosohoagi ioabaahoihoi, Xaogíoso.*

Falei assim com Xoii. Xaogíoso morreu, Xaogíoso.

6. *Xoii xiboaipiahibahai Xoii.*

Xoii não foi vê-la no cais flutuante.

7. *Xaogíosohaogi xioaikoi.*

Xaogíoso está realmente morta.

8. *Ti xaigía aitagobai.*

Bem, estou com muito medo.

9. *Xoii hi xaigiagaxaaisai. Xitaíbígáí hiáitisi xaabahá.*

Xoii então falou. Xitaibigai não contou sobre isso.

10. *Hi gaxaisi xaabahá.*

Ele disse que ela não contou.

11. *Xaogíosohoagi xihoisahaxaí.*

Xaogioso, não morra!

12. *Ti xaigíagaxaiai. Xaogíosohoagí xiahoaga.*

Eu então falei. Xaogíoso morreu.

13. *Xabaobaha.*

Ela não está mais aqui.

14. *Xoii hi xi xobaipaihiabaxai.*

Xoii não foi vê-la no cais flutuante.

15. *Xopísi hi Xiasoaihi hi gixai xigihí.*

Xopísi, você é o marido de Xiasoaihi.

16. *Xioaíxi Xaogióso.*

Xaogioso está morta.

17. *Ti xaigíai hi xaitibíigaópai. Xoii xiobáipápaí.*

Bem, eu chamei Xoii. Vá vê-la.

18. *Xaogíosogoagí xiahoagái.*

Xaogíoso morreu.

19. *Xaabaobáhá.*

Ela não está mais aqui.

20. *Xaogíosohoagí hi xaigía kaihiagóhaaxá.*

Xaogíoso pariu (deu à luz) o seu filho.

21. *Xoii ti xaigíagáxaiai. Xoii hi xioi xaipihoaipái. Xoii hi xobágátaxaíhiabaxaí.*

Eu disse para Xoii. Xoii dê-lhe remédio. Xoii não foi vê-la.

22. *Xoii hi xaigíagáxai. Hoagaixóxai hi gáxisiaabáhá Hoagaixóxai.*

Xoii então falou. Hoagaixóxai não disse nada, Hoagaixóxai.

23. *Xaogíoso xiaihiábahíoxoi.*

Xaogíoso está muito, muito doente.

24. *Xi xaipihoaipaáti xi hiabahá.*

O remédio não foi dado a ela.

25. *Hi xai hi xahoaihiabahá gíxa pixáagixi.*

Ele não contou a ninguém, o mais novo.

26. *Xaogíoso hi xábahíoxoisahaxaí.*

Xaogíoso, não fique mal.

27. *Hi gáaisiaabahá.*

Ele não disse nada.

28. *Hi xabaasi hi gíxai kaisahaxaí.*

Você não fez nada pelo povo.

29. *Xabaxaí hoihaí.*

Sozinha ela foi.

Essa história é, mais uma vez, interessante em vários níveis. Da perspectiva da linguística, a propriedade mais relevante é a simplicidade da estrutura das sentenças. Por outro lado, essa história pirahã, como todas as outras, mostra relações relativamente complexas entre ideias nas sentenças. Algumas ideias da história ocorrem no interior de outras ideias, mesmo que nem as frases, nem a gramática propriamente dita mostrem isso. Assim, por exemplo, há quatro grandes divisões de subtópicos no texto. As linhas 1 a 5 introduzem a história e os participantes. As linhas 6 a 14 discutem o descaso e a irresponsabilidade do marido da mulher morta. As linhas 15 a 19 repetem a negligência por parte dos outros. E outra vez a lamentação pelo descaso é dada nas linhas 20 até o fim. E claro, todas as linhas formam uma única história na qual cada linha desempenha o seu papel. Então, todas as sentenças na história são encontradas dentro da história tanto no sentido de sua aparência na página como em seu agrupamento cognitivo – isto é, o falante pensa que todas elas pertencem e estruturam a história para refletir sobre essa percepção.

Esses agrupamentos de sentenças não são agrupamentos gramaticais no sentido que os linguistas sintáticos aceitariam, mas são antes agrupamentos de ideias. Eles revelam processos de pensamento. Esse dispositivo central de colocar pensamentos dentro de outros pensamentos reflete aquilo que muitos linguistas consideram ser parte da recursão gramatical. E, ainda assim, os agrupamentos textuais do pirahã não fazem parte da gramática, embora sejam encontrados em todas as histórias pirahãs. Então o dispositivo em questão, colocando coisas dentro de outras coisas, como frases em frases ou sentenças em sentenças, é independente da gramática, ao contrário do que muitos – mas nem todos – linguistas pensam.

Embora para muitos não linguistas possa parecer uma enigmática questão teórica, isso está no centro de uma das maiores fissuras da linguística moderna. Se a recursão não é encontrada na gramática de todas as línguas, mas é encontrada nos processos de pensamento de todos os humanos, então ela faz parte da inteligência da vida humana em geral e não parte de um "instinto de linguagem" ou de uma "gramática universal", como Noam Chomsky afirmou (Pinker, 1994).

Culturalmente, a história é interessante porque o orador parece estar tentando parecer inocente. O descaso com a mulher é apresentado como se fosse ruim, como muitos ocidentais também pensariam e, ainda assim, nem o narrador da história, nem ninguém foram em seu auxílio. Isso sugere que o valor de deixar cada um fazer suas próprias obrigações, mesmo em circunstâncias muito perigosas, é demonstrado em comportamento aberto, até quando não é suportado mediante palavras. Assim como membros de outras culturas, os Pirahãs frequentemente fazem uma distinção entre valores no discurso e valores na prática.

Uma experiência própria ainda foi mais chocante para mim. Uma jovem mãe chamada Pokó deu à luz a uma linda menina. Pokó e o bebê estavam indo muito bem. Eu e minha família saímos da aldeia para descansar em Porto Velho, retornando dois meses depois. Quando voltamos para a aldeia, Pokó e alguns outros Pirahãs, como sempre, estavam morando em nossa casa. Mas Pokó estava emaciada. Ela claramente tinha alguma doença, porém não sabíamos o quê. Estava perto da morte, quase esquelética.

Suas bochechas estavam encovadas, suas pernas e braços estavam magérrimos e ela estava tão fraca que mal conseguia se mover. Dado que ela não tinha leite, seu bebê também estava muito doente. Outras mães não cuidariam do bebê de Pokó, pois precisavam do leite, elas disseram, para seus próprios bebês. Pokó morreu poucos dias depois do nosso regresso. Como não tínhamos rádio, não tínhamos como pedir ajuda para ela. Mas seu bebê sobreviveu. Perguntamos quem cuidaria da filha de Pokó. "O bebê vai morrer. Não há mãe para amamentá-lo", disseram-nos.

"Keren e eu cuidaremos do bebê", voluntariei-me.

"Tudo bem", responderam os Pirahãs, "mas o bebê vai morrer".

Os Pirahãs conhecem a morte e o morrer quando os veem. Eu entendo isso agora. Mas eu estava empenhado em ajudar aquele bebê. Nosso primeiro problema foi alimentar a criança. Fizemos algumas fraldas de lençóis e toalhas velhas. Tentamos dar uma mamadeira (nós sempre mantínhamos mamadeiras na aldeia para possíveis doenças infantis), mas o bebê não sugava. Estava quase em coma. Eu decidi não deixar esse bebê morrer. E pensei em uma maneira de lhe dar leite. Misturamos um pouco de leite em pó com açúcar e um pouco de sal e esquentamos. Eu peguei algumas garrafas de desodorante Right Guard (o desodorante é comumente vendido em embalagens de garrafas plásticas no Brasil). Esvaziei-os e lavei-os. Tirei os tubos de plástico de cada um e lavei-os também. Então, preenchi um Right Guard com um pouco da nossa "fórmula" para bebês. Conectei dois dos tubos, envolvendo-os em esparadrapo para ficarem unidos. Então, inseri um deles na garrafa de Right Guard com o leite. Com cuidado e lentamente passamos o outro tubo pela garganta do bebê. O bebê mostrou apenas um leve desconforto. Com igual cuidado, apertei lentamente a mamadeira Right Guard e colocamos um pouco de leite no estômago do bebê.

Em torno de uma hora, o bebê já parecia mais enérgico. Nós o alimentamos a cada quatro horas, dia e noite. Durante três dias quase não dormimos, trabalhando para salvar esse bebê. Parecia que as coisas estavam mudando. A cada mamada, o bebê movia-se com mais energia, chorava mais alto e até teve movimento intestinal. Ficamos em êxtase. Uma tarde, sentimos que poderíamos deixar o bebê e ir correr na pista de pouso. Então perguntei ao pai do bebê se ele poderia cuidar do bebê até voltarmos da pista de pouso. Nós fomos correr, sentindo que estávamos dando uma contribuição tangível e importante para o bem-estar de pelo menos um Pirahã.

Mas os Pirahãs tinham certeza de que o bebê morreria por três motivos. Primeiro, já estava perto da morte. Eles acreditavam que quando fica emaciada até certo ponto, condição pela qual esse bebê já passou, a pessoa não sobreviveria. Em segundo lugar, também acreditavam que, para um bebê tão doente sobreviver, ele precisava ser cuidado por uma mãe Pirahã – uma mãe que o amamentasse. E isso não iria acontecer, porque a mãe do bebê havia morrido e nenhuma outra mãe permitiria que o seu próprio bebê passasse fome para alimentar o bebê de outra mulher. Por fim, eles não acreditavam que nosso remédio pudesse compensar essas duas primeiras condições, então meus esforços para alimentar o bebê, para os Pirahãs, apenas prolongaram sua miséria, causando-lhe dores desnecessárias.

Quando voltamos da corrida, vários Pirahãs estavam encolhidos num canto da nossa casa e havia um forte cheiro de álcool no ar. Aqueles que estavam no grupo pareciam conspiratórios e olhavam para nós. Alguns pareciam zangados, outros envergonhados. Outros apenas olhavam para algo no chão que todos eles estavam ao redor. Quando me aproximei, eles se separaram. O bebê de Pokó estava no chão, morto. Eles enfiaram cachaça garganta abaixo e o mataram. "O que aconteceu com o bebê?", eu perguntei, quase em lágrimas. "Morreu. Estava com dor. Queria morrer", responderam. Eu simplesmente peguei o bebê e o segurei, com lágrimas começando a escorrer pelas minhas bochechas.

"Por que eles matariam um bebê?", eu me perguntei num momento de confusão e tristeza. Fizemos um pequeno caixão de madeira com um caixote velho que eu havia trazido. Então o pai e eu cavamos uma cova a cerca de 100 metros rio acima, na margem do Maici, próximo ao local em que Pokó foi enterrada. Colocamos o bebê na sepultura, jogamos terra sobre ela, na frente dos outros três ou quatro Pirahãs que haviam vindo ver o enterro. Depois, tomamos banho no rio para tirar o barro e a sujeira que se agarrou em nós. Voltei para minha casa e fiquei pensando.

Quanto mais eu pensava sobre esse incidente, mais eu percebia que os Pirahãs, na perspectiva deles, fizeram o que achavam que era melhor. Eles não estavam simplesmente sendo cruéis ou imprudentes. Suas visões sobre a vida, a morte e a doença são radicalmente diferentes das minhas ideias ocidentais. Em uma terra sem médicos, sabendo que é preciso ser duro ou morrer, com muito mais experiência direta em primeira mão com os mortos e os que estão morrendo do que eu já tive, os Pirahãs podiam ver a morte nos olhos e a saúde de alguém antes que eu pudesse vê-la. Eles tinham certeza de que esse bebê morreria. Sentiram que ele estava sofrendo terrivelmente. E acreditaram que minha engenhoca de tubos de leite estava machucando a criança e prolongando seu sofrimento. Então, sacrificaram a criança. O próprio pai matou o bebê, forçando a engolir o álcool garganta abaixo. Eu sabia de outros bebês que sobreviveram à morte da mãe, mas todos gozavam de boa saúde quando ficaram órfãos.

A visão dos Pirahãs de que as crianças são cidadãs iguais na sociedade significa que não há nenhuma proibição que se aplique às crianças que não se aplique igualmente aos adultos e vice-versa. Certamente, não há preconceito baseado na idade que as crianças devem ser "vistas, mas não ouvidas". As crianças Pirahãs são barulhentas e indisciplinadas e podem ser tão teimosas quanto quiserem. Elas têm que decidir por si próprias a fazer ou não o que a sociedade espera delas. Eventualmente, elas aprendem que é do seu melhor interesse ouvir um pouco os seus pais. Um menino, Paitá, de quem gostei particularmente, era filho do meu amigo Kóxoí – um homem tão leve e descontraído que achei difícil ficar acordado perto dele, um homem sorridente, nunca chateado, mesmo quando ele estava morrendo do que poderia ter sido tuberculose. O filho de Kóxoí ilustra bem a situação geral das crianças Pirahãs.

Uma tarde vi Paitá descendo o caminho. Ele tinha cerca de três anos. Paitá estava sempre imundo, lembrando-me o Chiqueirinho (Pig-Pen) da história em quadrinhos do *Minduim* (*Peanuts*). Ele inclinava a cabeça quando olhava para você e sorria e ria livremente. Seus pés e pernas estavam cobertos de lama, pois o caminho estava muito encharcado. Mas o que me chamou a atenção foi que aquele garotinho de três anos fumava um cigarro grosso, enrolado à mão. Seu pai sem dúvida havia enrolado para ele: um tabaco forte enrolado em papel de caderno. E Paitá se foi no caminho vestindo um vestido.

Enquanto o pai vinha pelo caminho, não muito atrás de Paitá, perguntei rindo, "O que seu filho está fazendo?", referindo-me ao cigarro.

Kóxoí respondeu: "Ah, gosto de vesti-lo com roupas de menina".

Para Kóxoí, o aspecto incomum da aparência do filho nada tinha a ver com o fumar. Mesmo que os Pirahãs soubessem dos problemas de saúde a longo prazo em razão dos efeitos do uso do tabaco, não teria afetado se eles o dessem a seus filhos. Primeiro, nenhum Pirahã fuma o suficiente para apresentar qualquer risco significativo para a saúde – eles só têm acesso ao tabaco a cada dois meses e nunca conseguem mais do que o suprimento para um dia. Em segundo lugar, se um adulto pode correr o "risco" de fumar, uma criança também pode. Claro que o vestido era a evidência de que as crianças são tratadas de forma um pouco diferente dos adultos. Mas essas diferenças não incluem proibições contra o envolvimento em atividades mais comumente associadas aos adultos na sociedade ocidental.

Certa vez, um comerciante deu à comunidade cachaça suficiente para todos se embriagarem. E foi isso que aconteceu. Cada homem, mulher e criança da aldeia ficaram embriagados. Agora, não é preciso muito álcool para os Pirahãs se embriagarem. Mas ver crianças de seis anos cambaleando com a fala arrastada era uma nova experiência para mim. Para os Pirahãs, porém, todos devem participar das dificuldades da vida, e todos também têm o direito de participar das experiências agradáveis da vida.

Uma criança nascida numa família pirahã herda um conjunto de relações que não é tão diferente do de uma criança nascida em muitas sociedades europeias. A maior diferença, claro, é que as crianças Pirahãs perambulam pela aldeia e são consideradas relacionadas e parcialmente de responsabilidade de todos na aldeia. Mas, no dia a dia, a maioria dos Pirahãs tem famílias nucleares que incluem a presença estável de um pai, uma mãe e irmãos (completos, meio-irmão e adotados). Os pais tratam seus filhos com muito carinho, falam com eles com respeito e frequência, e raramente aplicam-lhes atitudes disciplinares.

Como na maioria das sociedades de caçadores-coletores, há alguma especialização entre parentesco e gênero entre os Pirahãs. As mulheres são as principais coletoras de produtos da floresta, como tubérculos e outros alimentos de suas hortas. Os homens caçam, cortam árvores e abrem clareiras na mata. As mães são as principais cuidadoras dos filhos, mas os pais, muitas vezes, ficam em casa e cuidam dos filhos enquanto as mães vão ao campo ou à floresta colher frutas, caçar pequenos animais com os cães ou recolher lenha para fogueiras ou vão pescar. Curiosamente, apenas as mulheres pescam com anzóis e linhas e somente elas caçam com cães para matar pequenos animais, enquanto os homens usam arco e flecha para pescar e caçar. O arco e flecha é uma ferramenta exclusivamente masculina.

A parentalidade pirahã não envolve violência, pelo menos em princípio. Mas meu modelo da parentalidade sim. Vale a pena contrastar os dois modelos aqui, porque, em última análise, passaram a acreditar que os Pirahãs têm uma atitude mais saudável em vários aspectos do que eu tive à época. Eu era um jovem pai – Shannon nasceu quando eu tinha 19 anos. E, por causa da minha imaturidade e da minha educação cristã, pensei que o castigo corporal era apropriado e útil, seguindo a injunção bíblica de que poupar a vara era estragar a criança. Shannon, como minha filha mais velha, muitas vezes sofreu o pior dessa fase de minha vida. Um dia, na aldeia, ela me disse algo que achei próprio para uma surra. Eu liguei o interruptor e disse-lhe para me encontrar no quarto. Ela começou a gritar e dizer que não precisava de uma surra. Os Pirahãs vieram rapidamente, como sempre faziam quando parecíamos zangados.

"O que você está fazendo, Dan?", algumas mulheres perguntaram.

"Eu estou, *uh*, bem…". *Hum*. Eu não tive uma resposta. O que diabos eu estava fazendo? De qualquer forma, senti o peso da Bíblia e disse a Shannon: "Ok, não vai levar palmada aqui. Encontre-me no fim da pista de pouso e escolha outra opção pelo caminho. Encontro você lá em cinco minutos!" Quando Shannon saiu de casa, Pirahãs perguntaram onde ela estava indo.

"Meu pai vai me bater na pista de pouso", ela respondeu com uma mistura de irritação e alegria, sabendo qual seria o efeito de suas palavras. Crianças e adultos Pirahãs vieram correndo atrás de mim quando saí. Eu estava derrotado. Chega de palmadas perto dos Pirahãs. Os costumes dos Pirahãs venceram. Shannon estava presunçosa e encantada com sua vitória.

Que efeito a educação pirahã tem sobre uma criança? Adolescentes Pirahãs, como todos os adolescentes, são risonhos e podem ser muito esquisitos e rudes. Eles comentavam que minha bunda era larga. Peidavam perto da mesa assim que estávamos sentados para comer e depois ríamos como Jerry Lewis. Aparentemente, a profunda estranheza dos adolescentes é universal.

Mas não vi adolescentes Pirahãs deprimidos, dormindo até tarde, recusando-se a aceitar a responsabilidade pelas próprias ações ou experimentar o que eles consideravam abordagens radicalmente novas da vida. Na verdade, eles são membros altamente produtivos e conformistas de sua comunidade no sentido pirahã de produtividade (bons pescadores, contribuindo em geral para a segurança, alimentação, necessidades e outros aspectos da sobrevivência física da comunidade). Não há nenhuma sensação de angústia, depressão ou insegurança adolescente entre a juventude pirahã. Eles não parecem estar procurando respostas. Eles as têm. E raramente surgem novas questões.

É claro que essa homeostase pode sufocar a criatividade e a individualidade, dois importantes valores ocidentais. Se considerarmos a evolução cultural uma coisa boa, então isso pode não ser algo para imitar, uma vez que a evolução cultural provavelmente requer conflito, angústia e desafio. Mas se sua vida não está ameaçada (até onde você sabe) e todos em sua sociedade estão satisfeitos, por que você desejaria a mudança? Como as coisas poderiam ser melhoradas? Especialmente se as pessoas de fora com quem você entrou em contato pareciam mais irritadas e menos satisfeitas com a vida do que você.

Certa vez, perguntei aos Pirahãs, durante meus primeiros anos de missionário, se eles sabiam por que eu estava lá. "Você está aqui porque aqui é um lugar lindo. A água é bonita. Há coisas boas para comer aqui. Os Pirahãs são gente boa." Essa era e é a perspectiva dos Pirahãs. Vida boa. A educação deles, todos aprendendo desde cedo a fazer as suas próprias coisas, produz uma sociedade de membros satisfeitos. Isso é difícil de argumentar contra.

É interessante para mim que, apesar de um forte sentido de comunidade, não haja quase nenhuma coerção entre os membros da aldeia aprovada pela comunidade. É incomum que um Pirahã dê ordens a outro Pirahã, até mesmo que um pai dê ordens a uma criança. Isso acontece ocasionalmente, mas geralmente é desaprovado ou desestimulado, conforme indicado pelas observações, expressões e gestos dos outros assistindo. Não me lembro de ter visto um adulto intervir para impedir outro adulto de violar as normas da comunidade.

Um dia decidi perguntar a um dos meus principais professores de línguas, Kaaboogí, se ele trabalharia comigo. Fui até a casa dele. Subindo o caminho, notei que o irmão de Kaaboogí, Kaapási, estava bebendo cachaça. Ouvi Kaapási gritar para o cachorrinho branco de Kaaboogí parar de latir. Alguns passos depois, a apenas 15 metros da cabana de Kaapási, eu o vi levantar a espingarda e atirar no estômago do cachorro de seu irmão. O cachorro ganiu e pulou, sangrando profusamente, com seus intestinos pendurados no buraco aberto em seu abdômen. Ele caiu no chão se contorcendo e choramingando. Kaaboogí correu até lá e o pegou. Seus olhos lacrimejaram enquanto o cachorro morreu em seus braços. Eu temi que ele atiraria em um dos cães de Kaapási ou atacasse o próprio Kaapási.

A aldeia olhou para Kaapási e Kaaboogí – quietos, exceto pelos uivos dos cães. Kaaboogí apenas ficou sentado segurando seu cachorro, com lágrimas nos olhos. "Você vai fazer alguma coisa com Kaapási?", perguntei. "O que você quer dizer?", disse Kaaboogí, intrigado. "Quero dizer, o que você vai fazer com ele por atirar no seu cachorro?" "Eu não farei nada. Eu não vou machucar meu irmão. Ele agiu como uma criança. Ele fez uma coisa ruim. Mas ele está bêbado e sua cabeça não funciona bem. Ele não deveria machucar meu cachorro. Ele era como se fosse meu filho."

Mesmo provocados, como foi o caso de Kaaboogí, os Pirahãs conseguiam responder com paciência, amor e compreensão, de maneira raramente encontrada em qualquer outra cultura que encontrei. Os Pirahãs não são pacifistas. Eles não são de maneira alguma perfeitos. Mas a paz é valorizada entre eles, pelo menos a paz com outros Pirahãs. Eles se veem como uma família – uma família na qual cada membro se sente obrigado a proteger e cuidar de todos os outros membros. Isto é, para não dizer que eles nunca violam suas próprias normas. Todos os grupos fazem. Mas isso simplesmente destaca a norma de ajudar uns aos outros e sua relativa raridade transcultural.

Ao mesmo tempo, os Pirahãs são individualistas em relação a si mesmos e à sobrevivência de sua família. Eles e sua família vêm em primeiro lugar. Eles não vão deixar outro Pirahã morrer de fome ou sofrer se puderem ajudar, mas para a pessoa receber ajuda tem que obviamente precisar dela – estar sofrendo de algum problema físico, uma doença ou ser muito jovem ou velho para cuidar de si mesmo e ser capaz de se ajudar (não considerado muito avançado para ajudar, por exemplo). Caso contrário, cada um carrega seu próprio fardo. Se um homem não puder fornecer comida e abrigo para suas esposas e filhos, sua família provavelmente o abandonará em troca de um provedor melhor. Se uma mulher é preguiçosa e não consegue lenha, mandioca da roça ou castanhas da floresta, ela será deixada, pelo menos assim que sua idade começar a apagar sua beleza ou fertilidade.

Mas ainda existe um sentimento de pertencimento que permeia os valores de todos os Pirahãs. Os Pirahãs percebem imediatamente que falta essa qualidade aos forasteiros. Eles veem brasileiros trapacearem e maltratarem outros brasileiros. Eles veem os pais americanos baterem nos filhos. O que é mais intrigante para eles é ouvirem dizer que os americanos travam enormes batalhas para matar um grande número de outros povos e que americanos e brasileiros até matam outros americanos e brasileiros.

Kóhoi disse uma vez: "Meu pai me contou que viu seu pai ir matar outros indígenas. Mas não fazemos isso agora. Isso é ruim". Há outros conceitos interessantes na cultura pirahã, embora alguns sejam menos importantes do que a sua visão sobre a violência e sobre a guerra.

Por exemplo, o casamento e outras relações dos Pirahãs são parcialmente subsumidos ao conceito de *kagi*. Este termo foi muito difícil para minha compreensão. Se um Pirahã vê um prato de arroz e feijão (que eu ou um brasileiro comerciante ou funcionário do governo trouxe para a aldeia, uma vez que não foi cultivado por eles mesmos), eles podem chamá-lo de arroz com *kagi*. Se eu aparecesse em uma aldeia pirahã com meus filhos, os Pirahãs poderiam dizer: "Aqui está o Dan com *kagi*". Ou os Pirahãs poderiam usar o mesmo termo se eu tivesse aparecido com minha esposa: "Dan chegou com *kagi*". Se uma pessoa vai caçar com seus cães, ela diria: "Ele foi caçar com *kagi*". "Então, que diabos significa *kagi*?" E como isso está relacionado ao casamento? Bem, embora nenhuma tradução fácil funcione, significa algo como "associado esperado". A expectativa e a associação são determinadas pela familiaridade cultural e pelos valores culturais. Seu cônjuge é a pessoa que por hábito se espera que esteja com você. Como arroz e feijão; caçador e cachorro; pai e filho, o casamento é uma correlação entre seres culturalmente ligados. Não há pressão cultural, no entanto, para manter o mesmo *kagi*.

Novamente, os casais iniciam a coabitação e a procriação sem cerimônia. Se eles estão desapegados no momento, simplesmente começam a viver juntos na mesma casa. Se forem casados, primeiro desaparecem da aldeia por dois a quatro dias, enquanto seus ex--cônjuges clamam por eles e os procuram. Ao retornarem, iniciam uma nova família, ou, se for apenas uma "aventura", retornam aos seus ex-cônjuges. Quase nunca há qualquer retaliação por parte dos cônjuges traídos contra aqueles com quem seus cônjuges têm casos. As relações entre homens e mulheres; rapazes e moças; casados ou não, são sempre cordiais e muitas vezes marcadas por flertes leves a pesados.

Sexualmente é a mesma coisa. Desde que as crianças não sejam forçadas ou feridas, não há nenhuma proibição de participar de relações sexuais com adultos. Eu me lembro certa vez conversando com Xisaoxoi, um Pirahã de quase 30 anos, quando uma garota de nove ou dez anos estava parada ao lado dele. Enquanto conversávamos, ela esfregou suas mãos sensualmente sobre o peito e as costas e esfregou a área da virilha de seu *short* de náilon fino e gasto. Ambos estavam se divertindo. "O que ela está fazendo?", eu perguntei superfluamente.

"Oh, ela está apenas brincando. Nós brincamos juntos. Quando ela for grande será minha esposa", foi sua resposta indiferente – e, de fato, depois que a garota passou pela puberdade, eles se casaram.

O próprio casamento entre os Pirahãs, como o casamento em todas as culturas, surge como conjunto de costumes que são aplicados de diferentes maneiras. Muitas vezes as pessoas me perguntam, por exemplo, como os Pirahãs lidam com a infidelidade no casamento. Então, como será que esse casal, o homem relativamente velho e a jovem, lidariam com a infidelidade? Eles lidariam com isso como outros Pirahãs, no que considero um modo muito civilizado.

A solução ou resposta à infidelidade pode até ser humorística. Uma manhã, fui até a casa do meu amigo Kóhoibiíihíai para pedir-lhe que me ensinasse mais da língua dele. Ao me aproximar de sua cabana, tudo parecia bastante normal. Sua esposa, Xíbaihóíxoi, estava sentada e ele deitado com a cabeça no colo dela.

"Ei, você pode me ajudar a aprender palavras Pirahãs hoje?", perguntei. Ele começou a levantar a cabeça para responder. Aí eu notei que Xíbaihóíxoi estava segurando-o pelos cabelos da cabeça. Enquanto ele tentava levantar a cabeça, ela puxou a cabeça para trás pelos cabelos, pegou uma vara ao lado dela e começou batendo nele de modo irregular no topo de sua cabeça, ocasionalmente acertando-o no rosto. Ele riu muito, mas não muito, porque ela puxava seu cabelo toda vez que ele se movia.

"Minha esposa não me deixa ir a lugar nenhum", disse ele, rindo. Sua esposa estava sorrindo, mas o sorriso desapareceu imediatamente e ela o atacou com mais força. Algumas dessas pancadas pareciam muito dolorosas para mim. Kóhoi não estava na melhor posição para conversar, então saí e encontrei Xahoábisi, outro bom professor de línguas. Ele poderia trabalhar comigo, disse-me.

Enquanto caminhávamos juntos de volta para minha casa, perguntei: "Então, o que está acontecendo com Kóhoibiíihíai? Xíbaihóíxoi está segurando a cabeça e batendo nele com uma vara".

"Oh, ele estava brincando com outra mulher ontem à noite", Xahoábisi riu. "Então, nesta manhã, a mulher dele estava brava com ele. Ele não pode ir a lugar nenhum hoje". O fato de Kóhoi, um homem forte e um caçador destemido, mentir sobre isso o dia todo e permitir que sua esposa bata nele à vontade (três horas depois eu os revisitei e eles estavam na mesma posição) foi clara e parcialmente uma forma de penitência voluntária. Mas foi em parte um remédio prescrito culturalmente. Eu tenho visto desde então outros homens suportarem o mesmo tratamento.

No dia seguinte, tudo parecia bem. Eu não ouvi falar de Kóhoi brincando com mulheres novamente por um bom tempo depois disso. Uma maneira bacana de resolver problemas conjugais, pensei. Nem sempre funciona, é claro. Há divórcios (sem cerimônia) entre os Pirahãs. Mas essa forma de punição para desviar-se é eficaz. A mulher pode expressar a sua raiva de maneira tangível e o marido pode mostrar-lhe que está arrependido, deixando-a bater em sua cabeça à vontade por um dia.

É importante notar que isso não envolve gritos ou raiva. As risadas, os sorrisos maliciosos e as gargalhadas são todos componentes necessários do processo, já que a raiva é o pecado capital entre os Pirahãs. A infidelidade feminina também é bastante comum. Quando isso acontece, o homem procura sua esposa. Ele pode dizer algo maldoso ou ameaçador ao homem que o traiu. Mas a violência contra qualquer pessoa, crianças ou adultos, é inaceitável para os Pirahãs.

Outras observações sobre a sexualidade pirahã foram um pouco mais chocantes para minhas sensibilidades cristãs, especialmente quando envolvem conflitos entre nossa cultura e os valores pirahãs. Numa tarde durante a nossa segunda estadia em família entre os Pirahãs, saí do quarto dos fundos de nossa casa de madeira e telhado de palha no Maici até a área central da casa, que não tinha paredes e na prática pertencia mais aos Pirahãs do que a nós. Shannon estava olhando para dois Pirahãs caídos no chão à sua frente. Eles estavam rindo, com os *shorts* puxados até os tornozelos, cada um agarrando os órgãos genitais do outro e dando tapinhas nas costas um do outro, rolando sobre o chão. Shannon sorriu para mim quando entrei. Como um produto de minha cultura americana sexófoba, fiquei chocado. "Ei, não faça isso na frente da minha filha!", eu gritei indignado.

Eles pararam de rir e olharam para mim. "Não fazer o quê?" "Isso, o que vocês estão fazendo, agarrando um ao outro pelo pênis."

"Oh", eles disseram, parecendo bastante confusos. "Ele não gosta de nos ver se divertindo um com o outro." Eles puxaram as calças para cima e, sempre adaptáveis às novas circunstâncias, mudaram de assunto e me perguntaram se eu tinha algum doce. Eu realmente nunca precisei contar muito para Shannon ou seus irmãos sobre reprodução, morte ou outros processos biológicos. Eles conseguiram uma boa ideia de tudo isso observando os Pirahãs.

As famílias pirahãs são territórios aprazíveis para os ocidentais. Os pais e as crianças são abertamente afetuosos – abraçando, tocando, sorrindo, brincando, conversando e rindo uns com os outros. Esse é um dos traços mais imediatamente perceptíveis da cultura pirahã. Eu sempre estive desafiado a ser uma pessoa mais paciente observando os Pirahãs. Os pais não batem nos filhos ou lhes dão ordens, exceto sob situação de ameaça. Bebês e crianças até cerca de quatro anos de idade ou até o momento em que são desmamados, quando começa a vida ativa, são mimados e recebem muito carinho.

As mães desmamam seus filhos quando nasce um novo filho – isso ocorre geralmente quando o filho anterior tem três ou quatro anos. O desmame é traumático para a criança por pelo menos três razões: perda de atenção dos adultos, fome e trabalho. Todos devem trabalhar; todos devem contribuir para a vida da aldeia.

A criança recém-desmamada terá que entrar no mundo adulto do trabalho. Além de conversas e risadas, ouve-se frequentemente o som das crianças gritando e chorando à noite. Isso quase sempre é causado pelo desmame. Certa vez, quando um médico visitante estava comigo entre os Pirahãs, ele me acordou.

"Dan, aquele bebê parece estar com dor e muito doente."

"Está tudo bem", assegurei-lhe e tentei voltar a dormir.

"Não, não está tudo bem! É doentio. Se você não for comigo, eu irei sozinho", ele insistiu.

"Tudo bem", eu disse, "vamos ver". Mas, pensei comigo, "esse médico estava bisbilhotando em vez de estar dormindo". Saímos até a cabana em que o bebê estava gritando. Ele focou sua lanterna. Um garotinho de cerca de três anos estava sentado gritando, enquanto seus pais e irmãos aparentemente dormiam.

"Como eles podem dormir com esse barulho?", o médico perguntou.

"Eles estão apenas fingindo que estão dormindo", respondi. "Eles não querem falar conosco agora, mesmo que seja acerca dessa criança".

"Bem, quero ter certeza de que ele está bem", insistiu o médico. "Pergunte-lhes se ele está bem".

Perguntei para Xooi, o pai. "Xooi, a criança está doente?"

Nenhuma resposta.

"Eles não querem conversar", eu disse.

"Pergunte a eles, por favor!", o médico exigiu. Ele estava me irritando.

"Xooi, a criança está doente?", eu repeti.

Com exasperação em cada movimento e sílaba, Xooi olhou para mim e disse rispidamente: "Não, ele quer chupar o peito da mãe".

Eu traduzi.

"Ele não está doente?", o médico perguntou sem saber se deveria acreditar em Xooi ou não.

"Não, ele não está. Vamos nos deitar."

Voltamos para nossas redes.

A criança desmamada não é mais um bebê, não é mais tratada de modo especial em comparação a outras crianças. Em vez de dormir ao lado da mãe, a criança fica com seus irmãos a poucos metros de distância dos pais no dormitório. Crianças recém-desmamadas passam fome, como todos os Pirahãs, exceto bebês em amamentação.

Mas, mais uma vez, a fome menor não é considerada uma dificuldade para os Pirahãs. Quando as crianças entram pela primeira vez nesse mundo adulto, ficam chocadas. A criança não é mais alimentada à mão nem mimada pelos pais. Dentro de apenas alguns anos, espera-se que os meninos pesquem, enquanto os pais, as mães e as filhas trabalham no campo ou vão coletar ou caçar.

A vida das crianças não é desagradável. Eles brincam com os brinquedos que têm, e gostam, principalmente, de bonecas e bolas de futebol, embora ninguém na aldeia saiba jogar futebol – eles simplesmente gostam das bolas. Kóxoí e Xiooitaóhoagí me impressionavam porque eles eram os únicos pais que eu conhecia que sempre pediam brinquedos para os filhos quando eu perguntava se poderia trazer algo da cidade. Os Pirahãs são capazes de fazer piões, apitos, canoas de brinquedo e bonecas esculpidas, mas nunca os fazem, a menos que sejam solicitados por estranhos. Isso é algo que não está claro, portanto, se esses objetos são verdadeiramente originários aos Pirahãs. Eles poderiam ter sido tomados emprestados ou apenas vestígios de práticas mais antigas agora desaparecendo de suas relevâncias atuais.

Há uma exceção a isso, no entanto. Frequentemente, depois que um avião acaba de visitar a aldeia, os jovens Pirahãs coletam madeira pau-de-balsa e fazem maquetes de aviões.

Todos amam os aviões que os visitam de vez em quando. Eles têm visto três tipos a que tenho ciência na história do povo: um hidroavião anfíbio, um hidroavião flutuador (*pontoon floatplane*) e um Cessna 206. A aeronave anfíbia pousa de barriga no rio e seu monomotor é colocado acima da cabine. Os outros dois têm motores únicos instalados na frente da aeronave. Quando os aviões chegam, os meninos fazem modelos deles de madeira pau-de-balsa, esculpidos habilmente com facões e ocasionalmente pintados de vermelho com corante de urucum (uma vagem com sementes vermelhas e óleo vermelho dentro) ou, mais raramente, pintados com o sangue do modelista, de um polegar ou outro dedo perfurado propositalmente.

Tenho observado rapazes de aldeias que na verdade não viram o avião pessoalmente aparecerem alguns dias depois com réplicas dos aviões, tendo aprendido com ajuda dos auspícios dos meninos que testemunharam a visita do avião e basearam seus modelos nos modelos das testemunhas oculares. Esses modelos, geralmente de 30 a 60 centímetros de comprimento e 12 a 15 centímetros de altura, são construídos de acordo com uma interessante experiência acumulada. Os modelos geralmente têm duas hélices, em vez da única hélice dos aviões monomotores, os únicos que já os visitaram. Uma hélice é colocada acima da seção da cabine, e a outra hélice, no nariz do modelo. Isto é uma amálgama dos dois tipos de aviões que os Pirahãs viram.

Minhas investigações sobre a cultura pirahã exigiram longos períodos de tempo entre eles. Talvez a nossa visita mais longa tenha sido em 1980, quando passamos quase o ano inteiro na aldeia. No início desse período, vi que o telhado de palha da nossa grande cabana e o chão de madeira de palmeira precisavam ser substituídos. Estava em mau estado porque, enquanto estávamos fora da aldeia, os Pirahãs gostavam de dormir no *loft* onde eu estudava. Eles gostam de observar as estrelas, então faziam buracos na palha, arruinando o teto.

Mas esse problema dos buracos na palha acabou por ser o início da minha entrada no interior do mundo real dos Pirahãs, a floresta, onde minha avaliação deles se tornaria mais positiva. Eu passaria a vê-los como um dos grupos mais engenhosos e inteligentes de sobrevivencialistas em qualquer lugar do mundo. Como eu os vi na floresta, percebi que a aldeia era apenas o lugar deles, tal qual uma sala de estar, um lugar para relaxar. E você não consegue entender as pessoas apenas observando-as à vontade. A floresta e o rio são os escritórios dos Pirahãs, sua oficina, seu ateliê e seu parque de diversões.

Ao ver o estado do meu telhado, perguntei aos Pirahãs se eles poderiam me ajudar a coletar mais palha para o telhado e mais madeira de paxiúba para remendar os buracos no meu chão (esses buracos foram o resultado do acendimento pelos Pirahãs de fogueiras para cozinhar em nossa casa). Eu ainda não tinha entrado na floresta, apesar de viver meses entre os Pirahãs. Eu perdi, sem saber, muitas oportunidades de conhecê-los muito melhor do que eu conhecia atualmente.

Ser um bom linguista requer não apenas horas de trabalho, mas também muitas horas com o povo. Resolvi ir com os Pirahãs para a floresta coletar materiais para o telhado, a fim de ajudá-los, e aprender com eles e participar de suas atividades.

Então me preparei para partir. Prendi no meu cinto de militar reservista dois cantis de um litro, bem como um longo facão mexicano tipo "Acapulco". Os cinco Pirahãs carregavam apenas um machado e alguns facões entre eles, riram das minhas mangas compridas, calças compridas, botas, chapéu, cantis e do enorme facão. Mas lá fomos nós, descendo o caminho, meus companheiros rindo e conversando, eu batendo a cada passo com os cantis e facões se chocando uns contra os outros e tentando sem sucesso não enfiar o cabo do facão nas minhas partes íntimas enquanto ele batia contra os troncos das árvores.

Depois de cerca de 30 minutos, a floresta ficou mais alta e mais escura; o mato, menos denso. O ar ficou mais frio. Os mosquitos começaram a zumbir. E eu ouvi mais do meu som amazônico favorito, o falsete *hwe hwioo* do canto do pássaro piha (Cricrió). Aqui, notei uma mudança nos meus companheiros de viagem. As mãos dos Pirahãs estavam cruzadas sobre o peito, cruzando-se como uma letra grande X, mesmo enquanto caminhavam em um ritmo que exigia que eu corresse ocasionalmente. Eles não desperdiçavam espaço com seus corpos. Caminhavam levemente e de modo seguro.

Quando chegamos a um riacho, nosso caminho era um tronco coberto de líquen. Os Pirahãs caminharam sem hesitar. Eu andei dois pés para fora no tronco, escorreguei e cai no riacho. Saindo quase tão rápido como eu havia entrado (esses riachos têm muitas criaturas perigosas, como arraias, sucuris e pequenos jacarés), subindo a margem sem graça, encontrei a trilha e os alcancei. Os Pirahãs agiram como se eles mal notassem a minha queda – de qualquer forma, foi um constrangimento e eles foram gentis demais para agravar a situação oferecendo ajuda.

Eles riram quando eu os alcancei, só para me mostrar que não era grande coisa, não havia nada para se envergonhar (claro, eles nunca teriam caído, nem nenhum de seus filhos, cães, avós ou pessoas com deficiência). Finalmente chegamos a um ponto cheio de paxiúba. Ajudei a cortar os troncos das palmeiras. Percebi rapidamente que, apesar de todo o meu tamanho e força, os Pirahãs cortam mais fundo a cada golpe. Eles eram melhores com o machado, mais eficientes em seus movimentos. Eu estava encharcado de suor e já tinha esvaziado um dos meus cantis. Os corpos dos Pirahãs estavam completamente secos. Eles não tinham bebido nada.

Depois que os homens concordaram que tínhamos tudo o que podíamos carregar em uma única viagem, amarramos a madeira de palmeira e a palha em feixes. Cada um de nós pegou um ou dois feixes e começamos a caminhar vários quilômetros de volta à aldeia. O caminho parecia óbvio na saída, mas agora eu me sentia um pouco inseguro quanto à direção e comecei a me conter, observando atentamente os Pirahãs. Eles sorriram e pararam. "Você vai à frente, na cabeça", eles riram. "Você nos leva de volta." Tentei. Mas continuei tomando o caminho errado, nos levando a uma situação de beco sem saída. Isso foi muito divertido para os Pirahãs. Apesar do atraso que eu estava causando, eles ficaram muito felizes em me permitir continuar a liderar. Ninguém estava com pressa.

Como encontrei um caminho principal mais óbvio, começamos a caminhar e minha carga começou a pesar. A cada passo, a madeira de palmeira nas minhas costas batia em galhos ou troncos de árvores pendentes eu tropeçava em raízes expostas de árvores e escorregava em folhas viscosas do caminho. Eu estava sem fôlego e cansado. No entanto fiquei surpreso que os Pirahãs não pareciam cansados. Na aldeia, os homens Pirahãs evitavam carregar coisas pesadas. Quando lhes pedia ajuda para carregar caixas ou barris e tal, eles sempre relutavam em responder. Quando ajudavam, mal podiam levantar coisas que eu podia carregar com facilidade. Acabei presumindo que eles eram fracos e não tinham resistência.

Mas eu estava errado. Eles normalmente não carregavam objetos estranhos e não gostavam de mostrar sua ignorância sobre como lidar com eles. Nem gostavam particularmente que eu lhes pedisse ajuda no que eles consideravam meu próprio trabalho. Nem a resistência, nem a energia tinham nada a ver com isso.

Enquanto caminhávamos, percebi que estava ficando muito cansado e novamente transpirando profusamente. Eu já estava me questionando se eu conseguiria voltar para a aldeia com essa carga. Meus pensamentos foram interrompidos por Kóxoí, que apareceu ao meu lado, sorriu e então estendeu a mão e pegou meu feixe de madeira de palmas em seu ombro, acrescentando-a à sua própria carga. "Você não sabe como carregar isso", foi tudo o que ele disse. Ele estava carregando no ombro talvez 50 quilos extras. 50 quilos é uma carga pesada ao se caminhar vários quilômetros por um caminho estreito na selva cercado por vegetação baixa. Mas ele agora carregava pelo menos 50 quilos. E eu sabia que ele sentia o peso.

Por trabalharmos e suarmos juntos, rindo das próprias dificuldades e erros, os Pirahãs e eu cimentamos amizades por meio dessas viagens pela floresta.

Outro aspecto da cultura pirahã que procurei entender em minha tentativa inicial de esboçar seus principais valores culturais foi a coerção – como a sociedade pirahã conseguia que seus membros fizessem o que ela achava que eles deveriam fazer.

Uma crença generalizada é que a maioria dos indígenas americanos tem chefes ou outros tipos de figuras de autoridade indígenas. Isso está incorreto. Muitas sociedades indígenas americanas estão baseadas em tradições igualitárias. O dia a dia das pessoas nessas sociedades, muito mais do que normalmente se imagina, está livre da influência de qualquer líder. Existem várias razões para as mal-informadas noções de que a maioria dos povos indígenas das Américas tem naturalmente estruturas monárquicas.

Primeiro, tendemos a projetar os valores e os mecanismos das nossas próprias sociedades e formas de fazer as coisas em outras sociedades. Como é difícil para nós imaginarmos a nossa própria sociedade sem líderes de um tipo ou de outro, especialmente pessoas com o poder de fazer cumprir as regras sociais, talvez também seja difícil imaginarmos que existem sociedades que são antigas e que funcionam bem sem tais regras.

Em segundo lugar, as opiniões de vários ocidentais são fortemente influenciadas por Hollywood e outras representações ficcionais dessas sociedades. Filmes raramente retratam sociedades indígenas sem as personalidades dinâmicas dos chefes.

Finalmente, e talvez a mais importante, as sociedades ocidentais preferem que os indígenas americanos tenham líderes com os quais se podem fazer negócios. É quase impossível, por exemplo, ter acesso às terras indígenas ou mesmo ceder terras para eles legalmente sem um representante. O que muitas vezes aconteceu, como na região do Xingu, no Brasil, e em outras partes das Américas, é que os chefes foram inventados e dotados, em muitos casos, do poder artificial de serem os representantes legais do "seu" povo, a fim de facilitar a economia e o acesso às possessões indígenas.

Uma razão para a ideia de que todas as etnias têm chefes é o fato universal de que as sociedades implicam controle – e o controle centralizado é mais simples de entender para a maioria das pessoas do que o tipo de controle e poder difuso que é encontrado em muitas comunidades indígenas americanas. Émile Durkheim (1983), o pioneiro francês da sociologia do fim do século XIX e início do século XX, escreveu convincentemente que a coerção é fundamental para a constituição da sociedade. Os membros de qualquer sociedade estão unidos por valores e limites instituídos pelo grupo e a maioria dos membros de uma sociedade permanece dentro dos limites de seus valores (os criminosos e os loucos são dois dos mais óbvios contraexemplos – os membros marginalizados da sociedade, os transgressores).

Pois bem, os Pirahãs constituem uma sociedade. Portanto, se Durkheim e outros sociólogos – na verdade, o bom-senso – estão no caminho certo, então tem que haver uma maneira de manter as pessoas na linha, alguma maneira de garantir a uniformidade de comportamento. Afinal, tal comportamento é benéfico para a sociedade e para os indivíduos que constituem a sociedade. Traz, entre outras coisas, segurança das expectativas. Então, como a sociedade pirahã manifesta a coerção?

Não há coerção "oficial" na sociedade pirahã – não há polícia, tribunais ou chefes. Mas mesmo assim existe. As principais formas que observei são o ostracismo e os espíritos. Se o comportamento de alguém é anormal de uma forma que incomoda a maioria, ele ou ela será condenado ao ostracismo gradativamente. Um homem mais velho, Hoaaípi, que conheci no início da minha carreira entre os Pirahãs, era incomum porque ele e a esposa moravam sozinhos, separados dos demais Pirahãs por uma distância considerável. Quando ele remou para me ver, a primeira das duas vezes que o vi, veio sem bens ocidentais, em uma *kagahóí*, em vez de uma canoa brasileira, vestindo apenas uma tanga. Isso significava que ele estava fora das relações normais de comércio e das relações sociais que quase todos os Pirahãs participam uns com os outros. Quando chegou, encarou-me. E tinha uma ferida recente de flecha recebida de outro Pirahã, Tiigíi. Ele não queria remédio para o ferimento da flecha, mas queria um pouco de café e açúcar, que dei de bom grado, como uma troca justa por poder conhecê-lo. Embora parecesse um agradável senhor para mim, os Pirahãs não o queriam por perto. Disseram que ele era mau. Eu não tenho ideia até hoje do que eles queriam dizer exatamente, mas sei que ele foi o primeiro, mas não o último, Pirahã que eu vi que havia sido condenado ao ostracismo.

Outra forma eficaz de ostracismo, muito menos dramática, mas mais comum, é excluir alguém da partilha de alimentos por um tempo. Tal exclusão pode durar um dia ou alguns dias, mas raramente mais. Vários homens vieram até mim para dizer que fulano estava bravo com eles por uma razão ou por outra porque não podiam usar uma canoa para pescar, ou que ninguém dividia com eles. Em seguida, me pediram para intervir, o que não fiz, ou pediram por comida, que muitas vezes lhes dava, tentando evitar qualquer impressão de estar envolvido em uma disputa de aldeia.

Os espíritos podem dizer à aldeia o que ela não deveria ter feito ou o que não deveria fazer. Os espíritos podem destacar indivíduos ou simplesmente conversar com o grupo como um todo. Os Pirahãs ouvem com atenção e muitas vezes seguem as exortações do *kaoáíbógí*. Um espírito pode dizer algo como "Não quero Jesus. Ele não é Pirahã" ou "Não cace amanhã rio abaixo" ou coisas que comumente são valores compartilhados, como "Não coma cobras". Por meio dos espíritos, do ostracismo, da regulamentação da partilha dos alimentos e assim por diante, a sociedade pirahã disciplina-se. Há muito pouca coerção pelos padrões de muitas outras sociedades, mas parece ser o suficiente para controlar o comportamento aberrante de seus membros.

A experiência dos meus filhos vivendo como uma minoria dentro da cultura amazônica os ensinou a "ver" o mundo de uma maneira diferente e contribuiu para o seu desenvolvimento. Quando viram os Pirahãs pela primeira vez, todos os meus filhos exclamaram que eram as pessoas mais feias que eles já tinham visto. Os Pirahãs raramente tomam banho com sabonete (não têm), as mulheres não escovam os cabelos (faltam escovas), e a pele da criança Pirahã comum está incrustada com sujeira, muco e sangue. Mas, depois que conheceram os Pirahãs, as atitudes das minhas crianças mudaram.

Quase um ano depois, quando um visitante, militar brasileiro, comentou que os Pirahãs eram feios, meus filhos ficaram furiosos. "Como alguém pode chamar os Pirahãs de feios?", eles se perguntaram. Eles tinham esquecido seus próprios julgamentos e agora consideravam os Pirahãs pessoas lindas. Aprenderam a pensar simultaneamente como os americanos, os Pirahãs e os brasileiros. Shannon e Kristene fizeram amizades rapidamente e começaram a sair de manhã cedo com as meninas Pirahãs da idade delas, quando não tinham tarefas de estudo, e subiam e desciam de canoa o Maici, retornando apenas no fim da tarde com frutas vermelhas, nozes e outras iguarias da floresta.

Meus filhos também aprenderam sobre a capacidade dos Pirahãs de enfrentar o perigo da natureza. Certa vez, Shannon e eu fomos com os homens caçar uma sucuri. Kóhoibiíihíai, um bom amigo e também instrutor de idiomas, nos pediu para viajar com ele e seu irmão, Poióí, para um local cerca de quatro minutos rio acima na minha lancha. Quando chegamos lá, disse-me para desligar o motor, e assim poderia nos levar a remo para perto da margem. Eu fiz o que ele pediu, e Kóhoi e Poióí remaram silenciosamente até um local logo abaixo de algumas árvores pendentes na margem direita do rio. Kóhoi virou-se para mim e para Shannon e perguntou: "Você consegue ver o buraco dele logo abaixo da água?"

"Não", respondemos. Eu não vejo nada.

"Observe!", ele disse.

Com isso, Kóhoi pegou seu arco, como todos os arcos pirahãs, com cerca de 2 metros de comprimento e ficou a sondar sobre a água por alguns segundos.

"Isso vai deixá-la louca", ele riu. "Você a vê?", ele perguntou.

"Não", respondi. Nem Shannon nem eu podíamos ver outra coisa senão a água turva, pois ainda era época de chuvas.

"Veja a sujeira!", Kóhoi exclamou. "Ela está se movendo agora".

Eu vi um pequeno redemoinho de lama na água. Antes que eu pudesse comentar, Kóhoi estava no barco e puxou o arco. *Thwang*! *Thwang*! Duas flechas foram atiradas na água em um intervalo de um segundo uma da outra. Quase imediatamente, uma sucuri de 3 metros e meio de comprimento irrompeu na superfície do rio, debatendo-se, com as longas flechas pirahãs atravessando-lhe a cabeça e o corpo. "Ajude-me a puxá-la", disse Kóhoi para mim e Poióí, que estava sorrindo largamente.

"O que vamos fazer com isso?", perguntei-lhe, enquanto puxava o corpo da cobra, tentando agarrar sua cauda para ajudar a içá-la para bordo, enquanto Shannon ficou boquiaberta. Eu sabia que os Pirahãs não comem sucuris, então não conseguia entender por que estávamos colocando aquela massa contorcida no meu barco. "Vamos usar para assustar as mulheres", disse Kóhoi, rindo.

Nós a levamos de volta para a aldeia. Assim que estávamos voltando, percebi que a cobra começou a se mover novamente. Então eu bati na cabeça dela com um remo para ter certeza de que estava morta, quebrando o remo no processo. Isso fez Kóhoi e Poióí rirem em voz alta. Imagine se preocupar com uma cobra com uma flecha na cabeça. Então, após retirar as flechas, colocamos a cobra perto da margem onde as mulheres iam tomar banho.

"Isso vai assustá-las!", Kóhoi e Poióí riram enquanto subiam a margem. Atraquei o barco e retirei o motor de popa, e Shannon e eu subimos do banco para a aldeia. Shannon correu na frente para contar à mãe e aos irmãos o que tínhamos visto. A tentativa de assustar as mulheres não funcionou, no entanto. Elas nos viram vindo com a cobra e, assim que chegamos à margem, as mulheres correram, abaixaram-se e puxaram a cobra para fora da água, segurando-a e rindo.

O humor pirahã funciona por causa de seu forte senso de comunidade. Eles podem mostrar sarcasmo, fazer piadas como a sucuri na beira do rio e assim por diante, porque eles estão intimamente ligados numa comunidade de confiança, não confiança total – afinal, há roubo e infidelidade –, mas principalmente a confiança de que cada membro da comunidade compreenderá cada outro membro da comunidade e compartilharão os mesmos valores.

E esse sentido de comunidade, *xahaigí*, é construído sobre a família nuclear, em que a maioria dos valores e a linguagem são aprendidos pela primeira vez. As famílias são fundamentais para a sociedade pirahã. Cada um dos Pirahãs é, de certo modo, irmão ou irmã de todos os outros Pirahãs. Mas os seus laços mais próximos são, de longe, com a sua família nuclear.

7. Natureza e a imediatidade da experiência

A relação dos Pirahãs com a natureza é fundamental para compreendê-los. A compreensão dessa relação é muito importante para obtenção de uma imagem completa de seus valores e de sua cultura geral, assim como para a compreensão de sua cultura material e de seu senso de comunidade. Quando comecei a estudar com mais detalhes como os Pirahãs se relacionavam com a natureza, descobri que conceitos e palavras utilizados para o meio ambiente ajudavam a definir sua perspectiva sobre como tudo na natureza se conjuga e o modo como isso se relaciona com os seres humanos. Dois termos, *bigí* e *xoí*, são reveladores nessa perspectiva e nos ajudam a compreender a visão de mundo pirahã.

Aprendi algo acerca do sentido de *bigí* um dia, logo depois de uma chuva. Primeiro, gravei a frase *bigí xihoíxaagá* como uma descrição do solo úmido ou lamacento. Em seguida, apontei para o céu nublado na intenção de obter a frase para céu nublado. O falante apenas repetiu *bigí xihoíxaagá* – a mesma frase que ele acabara de me dar para chão lamacento. Pensei que eu devia estar errando em alguma coisa. O chão e o céu são duas coisas muito diferentes. Então tentei novamente com vários outros interlocutores. Todos me deram a mesma resposta. É possível, claro, que eu estivesse recebendo uma resposta sem resposta de todos os meus professores, nos moldes de "Você é um idiota" ou "Você está apontando". Mas eu estava bastante confiante de que esse não era o caso.

Esses conceitos são importantes de várias maneiras. Especialmente interessante é sua contribuição para a nossa compreensão da doença entre os Pirahãs. Isso logo aprendi quando Kóhoibiíihíai e eu estávamos conversando sobre sua filha, Xíbií. Eu estava tentando explicar a ele as razões de sua filha ter malária. Eu estava começando a falar sobre mosquitos e sangue.

"Não, não", Kóhoi me interrompeu no meio da frase. "Xíbií está doente porque ela pisou em uma folha".

"O quê? Eu pisei em uma folha. Eu não estou doente", respondi, intrigado com seu relato da malária de Xíbií.

"Uma folha vinda do alto", disse ele, aumentando o enigma para mim.

"Que folha vinda do alto?"

"Algo sem sangue veio do *bigí* superior para o *bigí* inferior e deixou uma folha. Quando os Pirahãs pisam nas folhas do *bigí* superior, isso os faz adoecer. Eles são como nossas folhas. Mas eles deixam você doente". "Como você sabe que é uma folha que veio do *bigí* superior?", perguntei. "Porque quando você pisa nela você fica doente."

Questionei Kóhoi mais detalhadamente sobre o assunto e depois conversei com vários outros Pirahãs sobre isso. Acontece que, para os Pirahãs, o universo é como uma camada de bolo, cada camada é marcada por um limite chamado *bigí*. Existem mundos acima do céu e os mundos abaixo do solo. Eu reconheci isso como semelhante, embora não idênticas, às crenças dos Yanomami, que também acreditam em um universo em camadas.

Seguramente *bigí* tem um escopo mais amplo do que eu inicialmente imaginei possível, o mesmo aconteceu com *xoí*, outro termo importante acerca do ambiente. Originalmente, eu acreditava que *xoí* significava simplesmente "selva", porque essa é a sua forma de uso mais comum. Então percebi que, na verdade, ele rotula todo o espaço entre os *bigís*. Isto é, pode referir-se a "biosfera" ou "selva", algo como a nossa palavra "terra", que pode se referir ao nosso planeta ou apenas ao solo na superfície do planeta. Se você vai para a floresta, você diz: "Vou para o *xoí*". Se você disser a alguém para permanecer imóvel, enquanto ele está sentado em uma canoa ou quando um inseto dos que picam pousa sobre ele, você diz: "Não se mexa no *xoí*". Se for um dia sem nuvens, você pode dizer: "O *xoí* é lindo". Portanto, a palavra é mais ampla do que apenas "selva".

Esses termos foram revelações para mim sobre diferentes maneiras de conceber o meio ambiente. Mas surpresas maiores estavam reservadas. Uma das primeiras foi a aparente falta de números e operações de contar. No começo eu pensei que os Pirahãs tinham os números um, dois e "muitos", um sistema comum e suficiente em todo o mundo. Mas percebi que o que eu e os missionários anteriores pensávamos serem números eram apenas quantidades relativas. Comecei a perceber isso quando os Pirahãs me perguntavam quando o avião voltaria, uma pergunta que eles gostavam de fazer, e acabei eventualmente percebendo que eles achavam quase mágico que eu sabia o dia em que o avião chegaria.

Eu levantava dois dedos e dizia: "Hoi dias", usando o que pensei ser o termo deles para dois. Eles ficavam confusos. Conforme observei mais cuidadosamente, vi que eles nunca usavam os dedos ou qualquer outra parte do corpo ou objetos externos para contar ou enumerar. E também notei que eles poderiam usar o que pensei significar "dois" para dois peixes pequenos ou um peixe relativamente maior, contradizendo meu entendimento do que significava "dois" e apoiando minha nova ideia dos "números" como referências ao volume relativo – dois pequenos peixes e um peixe de tamanho médio têm aproximadamente o mesmo volume, mas ambos seriam menores e, portanto, acionaria um "número" diferente de um peixe grande. Eventualmente, numerosos experimentos publicados, que foram conduzidos por mim e por uma série de psicólogos, têm demonstrado conclusivamente que os Pirahãs não têm números nem mesmo nenhuma forma de contagem.

Antes de fazer esses experimentos, porém, eu já tinha evidências experimentais que apoiavam a falta de elementos para operações matemáticas de contagem na língua.

Em 1980, a pedido dos Pirahãs, Keren e eu começamos uma série de aulas noturnas de contagem e alfabetização. Minha família inteira participou, com Shannon, Kristene e Caleb (nove, seis e três anos naquela época) sentados com homens e mulheres Pirahãs e trabalhando com eles. Todas as noites, durante oito meses, tentamos ensinar homens e mulheres Pirahãs a contar até dez em português. Eles queriam aprender isso porque não sabiam compreender o valor do dinheiro e queriam saber se estavam sendo enganados (ou assim nos disseram) pelos comerciantes do rio. Após oito meses de esforços diários, sem nunca precisar chamar os Pirahãs para virem para a aula (todas as reuniões eram iniciadas por eles com muito entusiasmo), as pessoas concluíram que não conseguiriam aprender esse assunto e as aulas foram abandonadas. Nenhum Pirahã aprendeu a contar até dez em oito meses. Nenhum aprendeu a somar 3 + 1 ou mesmo 1 + 1 (se escrever ou dizer regularmente o número 2 em resposta a essa última questão de soma for tomado como evidência de aprendizagem). Apenas ocasionalmente alguns obtiveram a resposta certa.

Qualquer que seja a coisa que possa ser responsável pela falta de aquisição da habilidade dos Pirahãs de contar, acredito que um fator crucial é que eles, em última análise, não valorizam o conhecimento oriundo do modo de vida português (ou americano). Na verdade, eles ativamente opõem-se à entrada desses em alguns aspectos de suas vidas. Eles fazem perguntas sobre culturas externas em grande parte pelo valor de entretenimento das respostas. Se alguém tentar sugerir, como originalmente fizemos, em uma aula de matemática, que há realmente uma resposta preferida para uma pergunta específica, isso não será bem-vindo e provavelmente resultará numa mudança de assunto da conversa ou simplesmente redundará em irritação.

Como mais um exemplo disso, considerei o fato de Pirahãs poderem "escrever histórias" em papel, que lhes dei para esse fim a pedido deles. Essas inscrições consistiam em uma série de marcas circulares idênticas e repetitivas. Mas os autores "liam" as histórias para mim, contando algo sobre o dia a dia deles, sobre a doença de alguém e assim por diante – tudo isso eles alegavam estar lendo em suas marcas. Eles podem até fazer marcas no papel e dizer números em português, enquanto seguram o papel para eu ver. Eles não se importavam que seus símbolos fossem todos iguais, nem que existissem coisas como formas escritas corretas e incorretas. Quando eu lhes pedi que desenhassem um símbolo duas vezes, nunca foi replicado. Eles consideram que sua escrita não era diferente das marcas que fiz. Nas aulas, nunca conseguimos treinar um Pirahã para traçar uma linha reta sem um "acompanhamento" sério e eles nunca foram capazes de repetir o feito em testes subsequentes sem a continuação do treinamento. Parcialmente isso aconteceu porque eles veem todo o processo como uma diversão e gostam da interação, mas também foi porque o conceito de uma forma "correta" de desenhar lhes é profundamente estranho.

Eram fatos interessantes, que comecei a suspeitar que pudessem estar ligados a um fato maior sobre a cultura pirahã. Eu só não tinha ideia ainda do quão grande esse fato poderia ser.

Em seguida, notei, discutindo isso com Keren e com Steve Sheldon e Arlo Heinrichs, que os Pirahãs não tinham palavras simples para as cores, ou seja, não tinham termos para cores que não fossem compostos por outras palavras. Eu originalmente tinha simplesmente aceitado a análise de Steve Sheldon de que havia termos para cores no pirahã.

A lista de cores de Sheldon consistia nos termos preto, branco, vermelho (também se referindo ao amarelo) e verde (também se referindo ao azul). No entanto, essas não eram palavras simples, como se verá. Elas eram frases. Traduções mais precisas das palavras pirahãs mostraram-lhes que elas significam: "sangue está sujo" para preto; "vê" ou "é transparente" para o branco; "isto é sangue" para vermelho; e "está temporariamente imaturo" para o verde.

Acredito que os termos para as cores compartilham pelo menos uma propriedade com os números. Os números são generalizações que agrupam entidades em conjuntos que compartilham propriedades aritméticas, em vez de propriedades imediatas do objeto em particular. Da mesma forma, como numerosos estudos de psicólogos, linguistas e filósofos demonstraram, os termos de cores são diferentes de outros adjetivos ou outras palavras porque envolvem generalizações especiais que colocam limites artificiais ao espectro da luz visível.

Isso não significa que os Pirahãs não possam perceber as cores ou referir-se a elas. Eles percebem as cores ao seu redor como qualquer um de nós. Mas não codificam suas experiências de cores com palavras únicas que são usadas de modo inflexível para generalizar as experiências das cores. Eles usam frases. Sem números, sem contagem e sem termos de cores. Eu ainda não entendia tudo isso, mas o acúmulo de evidências estava começando a me dar uma ideia melhor, especialmente porque estudei mais conversas dos Pirahãs e longas narrativas.

Assim, descobri que os Pirahãs também careciam de outra categoria de palavras que muitos linguistas acreditam ser universais, ou seja, quantificadores, como: todos, cada um, cada e assim por diante. Para apreciar esse fato, seria útil olhar para as expressões mais próximas que os Pirahãs têm para esses quantificadores (coloquei a palavra quantificadora do pirahã e do português em negrito):

*Hiaitíihí hi **ogi**xáagaó pió kaobíi.*

"**Grande parte** das pessoas foi nadar/foi nadando/estão nadando/banhando etc." (literalmente: "a *grandeza* do povo...").

*Ti **xogi**xáagaó ítii isi **ogi**ó xi kohoaibaaí, koga **hói** hi hi Kóhoi hiaba.*

"Comemos **a maior parte** do peixe" (literalmente: "minha grandeza comeu [em] uma grandeza do peixe, contudo havia uma pequenez que não comemos").

Esta última sentença é o mais próximo que já consegui chegar de uma sentença que substituiria um quantificador como *cada*, por exemplo, em *cada homem foi para o campo*.

*Xigihí hi **xogiáagaó** xoga hápií. Xaikáibaísi, Xahoáápati pío, Tíigi hi pío, **ogiáagaó*** (literalmente: "**grande parte/maior parte** dos homens foi para o campo, *Xaikáibaísi, Xahoáápati, Tíigi* sua **grandeza** se foi").

*Gátahai hóihii **xabaxáígio** aoaagá xagaoa koó.*

"Havia (umas) **poucas** latas na canoa do estrangeiro" (literalmente: "as poucas latas restantes estavam no interior da canoa").

No entanto existem duas palavras, geralmente ocorrendo em referência a uma quantidade consumida ou desejada, que, por seus equivalentes de tradução mais próximos, "todo" (*báaiso*) e "parte" (*gíiái*) podem parecer quantificadores:

*Tíobáhai hi **báaiso** kohoaisóogabagaí.*

"A criança queria/quer comer a coisa toda" (literalmente: "a grandeza/plenitude do comer da criança é desejar").

*Tíobáhai hi gíiái kohoaisóo**gabagaí**.*

"A criança queria/quer comer um pedaço daquela coisa" (literalmente: "a criança que comer está desejando").

Além de seus significados literais, há razões para não interpretar essas duas palavras como quantificadores. Primeiro, elas podem ser usadas de maneiras que quantificadores reais não poderiam ser. O contraste nos exemplos a seguir mostra isso. Alguém acabou de matar uma sucuri. Kóhoi pronuncia a primeira frase. Então alguém pega um pedaço da cobra antes de ela ser vendida para mim. Kóhoi pronuncia a segunda frase, em que *báaiso* (todo) ainda é usado em pirahã. Isso não seria aceitável em português.

Xáoói hi paóhoaʼaí xisoí báaiso xoaboihaí.

"O estrangeiro provavelmente comprará toda a pele da sucuri."

Xaió hi báaiso xoaobáhá. Hi xogió xoaobáhá.

"Sim, ele comprou a coisa toda."

Para entender por que essa mudança é importante para ilustrar que os Pirahãs não têm quantificadores, vamos primeiro compará-lo com o equivalente em português. Imagine que alguém, talvez o dono de uma loja, diga a você: "Claro, vou vender toda a carne para você".

Você então lhe paga o dinheiro pelo pedaço inteiro de carne. Mas aí o dono da loja tira um pedaço de carne na sua frente antes de embrulhar e lhe dá o resto. Você acha que o dono da loja fez algo desonesto? Se você pensar isso é porque a palavra "todo(a)" em português, quando usada com precisão, significa que não sobra nada, que cada pedaço de algo ou todos os membros de um conjunto de entidades são afetados. Falantes de português, e outros com uma palavra como "todo(a)", não descreveriam o que aconteceu como o dono da loja vendendo toda a carne – apenas, talvez, uma grande porção dela. Linguistas e filósofos referem-se a essas propriedades dos quantificadores como suas condições de verdade. Condições de verdade são as circunstâncias sob as quais os falantes admitirão que uma palavra é usada corretamente ou não. É verdade que estas podem variar. Então, uma criança pode dizer: "Todas as crianças vão à minha festa", mas nem elas nem seus pais acreditam realmente que todas as crianças do mundo, do país, do estado ou da cidade virão – apenas alguns dos amigos da criança. Nesse sentido, a criança não está usando *todo* em seu significado mais preciso, mas ele ou ela está usando-o de uma forma igualmente aceitável. O ponto é que as condições de verdade em pirahã nunca incluem a precisão, como quantificador ao significado de *todo* (em que *todo* significa cada entidade em um conjunto) para qualquer palavra em sua língua.

Vemos isso porque, no exemplo acima, um Pirahã sempre repetirá, mesmo apesar de tirar um pedaço da pele da sucuri, que "ele comprou toda a pele da sucuri". Se a palavra realmente significasse "toda", isso não seria possível. Então os Pirahãs carecem de quantificadores.

Esse acúmulo de descobertas sobre a cultura pirahã me desafiou a olhar mais detalhadamente para alguns dos valores menos óbvios de sua sociedade. Eu fiz isso principalmente estudando suas histórias.

As conversas e as histórias dos Pirahãs ocupavam a maior parte do meu tempo na aldeia, uma vez que incorporavam claramente as crenças e os valores da sociedade como um todo, revelando isso de maneiras que eu não poderia aprender tão bem apenas observando a cultura. Os temas de suas histórias também foram reveladores – as pessoas não falam sobre eventos não vivenciados, como passados distantes ou eventos futuros ou tópicos ficcionais.

Uma história que sempre gostei é a que me foi contada por Kaaboogí, do dia em que ele matou uma pantera (uma onça preta), talvez pesando aproximadamente 136 quilos (minha estimativa é baseada no tamanho da cabeça e pelo fato de que quatro Pirahãs não conseguiram carregar o corpo inteiro de volta à aldeia). Ele trouxe a cabeça e as patas para a aldeia em uma cesta para me mostrar.

Na narrativa original da história, imediatamente após sua apresentação da cabeça e das patas, havia mais detalhes. Ele me disse que estava fora caçando e que seu cachorro sentiu o cheiro e correu na frente. Então ouviu seu cachorro gritar e parar de repente. Correu para ver o que havia acontecido e viu metade de seu cachorro de um lado do tronco e metade do outro lado. Como ele se aproximou para olhar mais de perto, viu um borrão preto no canto de seu olho direito. Ele carregava consigo uma espingarda calibre 28 de tiro único que lhe havia comprado no ano anterior.

Kaaboogí se virou e disparou com essa pequena e patética arma e parte da bala atingiu o olho da pantera. A pantera caiu para o lado e começou a se levantar. Já que a espingarda não ejetou o cartucho automaticamente, rapidamente tirou o cartucho gasto com um pedaço de pau e a recarregou – tinha consigo três cartuchos. Atirou novamente e quebrou a perna da onça. Então, atirou novamente e a matou. A cabeça dessa onça era muito maior que a minha e as patas eram grandes o suficiente para cobrir completamente minha mão. As garras tinham cerca de metade do comprimento dos meus dedos. Os caninos, quando extraídos com suas raízes, tinham mais de 7 centímetros de comprimento, de um marfim sólido.

Quando consegui que Kaaboogí se sentasse para me contar a história para registrarmos no gravador, ele contou como se segue nas páginas seguintes. Ao apresentar a história aqui, removi a maioria dos detalhes técnicos linguísticos para que flua melhor. Conversar com pessoas de culturas muito diferentes, como mostra esta história, envolve muito mais do que apenas acertar o significado das palavras. Alguém pode traduzir bem cada palavra e ainda assim ter dificuldades em entender a história. Isso ocorre porque nossas histórias incluem suposições não declaradas sobre o mundo que são feitas pela nossa cultura. Numerei as frases para simplificar o acompanhamento da história.

Matando a pantera

1. *Xakí, xakí ti kagáíhiaí kagi abáipí koái.*

Aqui a onça atacou meu cachorro, matando-o.

2. *Ti kagáíhiaí kagi abáipí koái. Xaí ti aiá xaiá.*

Lá a onça atacou meu cachorro, matando-o. Aconteceu com respeito a mim.

3. *Gaí sibaibiababáopiiá.*

Lá a onça matou o cachorro atacando-o.

4. *Xi kagi abáipísigíai. Gaí sii xísapikobáobiíhaí.*

Com relação a isso, a onça se lançou sobre o cachorro. Eu pensei ter visto.

5. *Xaí ti xaiá xakí Kopaíai kagi abáipáhai.*

Então eu, portanto a pantera, atacou meu cachorro.

6. *Xaí Kopaíai kagi abáipá haii.*

Então a pantera atacou meu cachorro.

7. *Xaí ti gáxaiá. Kopaíai xáaga háía.*

Então eu falei. Que este [é o trabalho de] de uma pantera.

8. *Xaí kopaí ti gái. Xaki xisi xísapi kobabáopiíhaí.*

Então falei com respeito à onça. Aqui é onde ela foi. Eu acho que vi [para onde ela foi].

9. *Mm ti gáxaiá. Xakí xísaobogáxaiá xai.*

Ah, eu disse. A onça então pulou no tronco.

10. *Giaibaí, kopaíai kági abáipáháii.*

Quanto ao cachorro, a pantera o atacou.

11. *Kopaíai xíbaikoaísaagáhai.*

A pantera matou o cachorro ao bater nele.

12. *Xaí kapágobaósobáíbáohoagáixiigá xaí.*

Aí quando eu dei um tiro na onça ela começou a cair.

13. *Kaapási xaí. Ti gáí kaapási kaxáowí kobáaátahaí.*

A Kaapási falei. Jogue uma cesta [para mim].

14. *Xí kagihoi xóbáaátahaí. Kagi abáipí.*

Jogue-me uma cesta. [É] para colocar o cachorro.

15. *Sigiáihí xaí báóhoipaí. Xisao xabaabo.*

O gato é o mesmo. Ele atacou o cachorro.

16. *Kopaíai xisao xabaabáhátaío. Xaí xabaabáátaío.*

A pantera atacou o cachorro. Isso fez com que ele não exista.

17. *Xí kagigía xiowi hi áobísigío. Kagigía xiowi.*

Coloque a onça na mesma cesta que o cachorro.

18. *Hi aobisigío xabaabátaó. Hi agía sóxoa.*

Coloque com o cachorro, ela fez com que o cachorro não exista. Ele, portanto, já [morreu].

19. *Xísagía xíigáipáó. Kagihoi xoáobáhá xaí.*

Você tem as partes da onça na cesta. Coloque a cesta na sua cabeça.

20. *Giaibáihi xaí xahoaó xitaógixaagahá xai.*

O cachorro então à noite sentiu o cheiro dela com certeza.

21. *Kagi xí gií bagáihí kagi abáboitaá híabá.*

Está bem acima do cachorro. Ela atacou o cachorro e o matou.

22. *Kagi aboíboítaásogabaisai. Xóóagá.*

Ela queria atacar o cachorro. Realmente queria.

23. *Xaí ti gáxaiá xaí Kaapási hi ísi hi […]*

Aí eu fiquei falando, aí Kaapási ela, bicho, ela […]

24. *Káapí xoogabisahaí. Kapáobíigaáti.*

Não atire de longe. Ela será abatida.

25. *Xi ti boítáobíhaí. Xíkoabáobáhátaío xísagía.*

Desci rapidamente em direção à ação nos troncos, [eu] matei ela, assim ela mudou [morreu].

26. *Xí koabáobíigáhátaío. Xíkahápií hiabahátaío.*

Estava morrendo. Não foi possível sair, portanto.

27. *Xigíxai xí koabáobáátaio. Xaí koabáobíigá.*

Ok, então, veio a morrer. Então estava vindo para morrer.

28. *Xaí Kaapási, xigía xapáobísáihí.*

Aí Kaapási, ok, ele atirou nela.

29. *Xaí sagía koábáobái. Xisagía sitoáopáó kahápitá.*

Então o animal mudou e morreu. O animal ficou acima. Foi embora novamente.

30. *Koábáobáísaí.*

Sua morte foi demorada.

31. *Ti xagíá kapaígáobítahaí. Xitoíhió xíáihíxaí.*

Portanto, atirei novamente, quebrando seu cotovelo.

32. *Ti í kapaígáobítahaí. Xaí ti giá kapáobíso.*

Então eu atirei novamente. Eu então atirei novamente nela.

33. *Koabái. Koabáigáobihaá xaí. Xisaitaógi.*

Ela veio para morrer. Veio para morrer. Tinha pelo grosso [um jeito pirahã de dizer que foi difícil].

34. *Xí koaií. Hi abaátaíogíisai. Xisaitaógi.*

Ela assim pretendia morrer. Ela não se mexeu. É realmente muito difícil.

35. *Koaí hi abikwí. Gái xáowíí, xáowí gíxai, kobaihiabikwí.*

Ela não tinha morrido. [Eu disse] "Aquele estrangeiro, você [Dan], o estrangeiro, não viu [uma onça] morta".

36. *Xaí pixái xí kaapíkwí pixáixíiga.*

Então, imediatamente, [eu] mudei, certo então.

37. *Xaí báóhoipaí so Xisaitaógi sowá kobai.*

Os gatos, o Xisaitaógi [Steve Sheldon] já viu.

38. *Xakí kagáíhiáí, so kopaíai, Xisaitaógi hi í kobaihiabiigá.*

Aqui onças [ele viu], só onças pretas que Steve Sheldon não tinha visto ainda.

39. *Pixái soxóá hiaitíihí kapíkwí pixáixííga.*

Agora, os Pirahãs acabaram de atirar [em uma onça], agora mesmo.

40. *Xaí hiaitíihí baaiowí. Baóhoipaí Kopaíaihi. Xigíai.*

Então os Pirahãs têm muito medo das panteras. Ok, estou farto.

Essa história sobre a Pantera que Kaaboogí matou é interessante no tocante a muitos aspectos. Sabemos que é uma história completa porque começa apresentando o personagem principal imediatamente, a onça. E termina com *xigíai*, uma palavra pirahã que significa literalmente "está combinado" e é usada geralmente para "Ok". Nesse caso, significa que a história terminou.

Para ouvidos não pirahãs, a história pode parecer extremamente repetitiva em muitos aspectos, como na quantidade de linhas no início que repetem que a onça matou o cachorro. Essa repetição tem, no entanto, um propósito retórico. Primeiro, ela expressa entusiasmo. Mas também serve para garantir que o ouvinte possa dizer o que está acontecendo apesar de haver muito barulho no ambiente, incluindo muitos outros Pirahãs conversando simultaneamente. E a repetição também é estilística para os Pirahãs – eles gostam de histórias que tenham muita repetição.

"Matando a pantera" é um texto típico em que se trata de experiências imediatas. Esse é um parâmetro crucial que circunscreve todas as histórias pirahãs. Depois de perceber que as histórias de Pirahãs são sempre sobre experiências imediatas, aprendi uma nova palavra que terminou sendo a chave para a compreensão de muitos dos fatos que tanto me intrigavam sobre os Pirahãs.

A palavra é *xibipíío* (i-bi-PEE-o). A primeira vez que me lembro de ouvir essa palavra foi nas descrições da chegada de um caçador da floresta. Como Xipoógi, talvez o melhor caçador Pirahã, ao sair da floresta para a aldeia, vários Pirahãs exclamaram: "*Xipoógi hi xibipíío xaboópai*" (Xipoógi ele *xibipíío* chegou).

Em seguida, notei a palavra quando Kóhoibííihíai chegou em casa em sua canoa de uma pescaria rio abaixo, nos arredores da foz do Maici, no Rio Marmelos. Ao vê-lo dobrar a curva do rio, ficando-lhe à vista, uma criança gritou com entusiasmo: "*Kóhoibííihíai está xibipíío chegando!*"

Mas ouvi essa expressão com maior frequência quando os aviões pousavam e decolavam da aldeia. Na primeira vez que ouvi isso nesse contexto, acordei de manhã, animado para ver o avião depois de várias semanas com minha família na aldeia. Gritei para Kóhoibííihíai: "Ei, Ko! O avião estará aqui quando o sol estiver bem acima de nós!" Ele gritou de sua cabana, rio acima da minha, "Gosto de ver o avião!", então se virou e gritou para os outros Pirahãs da aldeia: "Dan diz que o avião vem hoje". Ao meio-dia aproximadamente, todos os Pirahãs da aldeia começaram a ouvir. Houve vários relatos falsos sobre a chegada do avião, principalmente vindo de crianças. "Aí está!", eles gritavam, apenas para começar a rir e admitir que não tinham visto ou ouvido qualquer coisa. Finalmente, minutos antes de ouvir o avião, um grito veio de quase toda a aldeia simultaneamente: "*Gahióo, hi soxóá xaboópai*" (o avião já vem). Então as pessoas correram para a clareira mais próxima e forçaram os olhos para tentar ser os primeiros a ver o avião quando ele apareceu nas nuvens. Todos gritaram quase simultaneamente: "Lá vem o avião! *Gahióo xibipíío xaboópai*".

Quando o avião partiu, eles gritaram uma expressão semelhante: "*Gahióo xibipíío xopitaha*", enquanto ele desaparecia no horizonte, voltando para Porto Velho. Tais observações me deram um palpite inicial sobre o significado da palavra. Isso significava algo como "agora mesmo", por exemplo em "ele está chegando agora" ou "o avião está saindo agora". Essa suposição pareceu funcionar muito bem e eu comecei a usar a palavra em meu próprio discurso. Pirahãs pareciam entender o que eu estava dizendo sempre que usava a palavra.

Então, numa noite, Xaikáibaí e Xabagi, um velho que havia se mudado recentemente para a nossa aldeia, vindo de uma aldeia pirahã rio acima, veio até minha casa. Eu tinha acabado de apagar minha lamparina de querosene alguns minutos antes da visita deles e não queria me preocupar com isso novamente. Então, em vez disso, liguei minha lanterna. Mas, enquanto conversávamos, as pilhas da minha lanterna começaram a acabar. Eu fui até a cozinha e peguei alguns fósforos no momento em que as pilhas acabaram. Na noite escura, continuei conversando com Xaikáibaí e Xabagi. Xabagi de repente deixou cair alguns anzóis que eu acabara de lhes dar. Usei meus fósforos para nos ajudar a procurar os preciosos anzóis no chão. O fósforo começou a se apagar. Os homens comentaram: "O fósforo está *xibipíío*". Ouvi essa palavra ser usada dessa forma em outra noite quando se falava sobre as chamas de uma fogueira que estava começando a se apagar. Nesses contextos, os Pirahãs não estavam usando a palavra como advérbio.

Uau! A palavra não significa "agora mesmo", percebi apenas durante uma tarde. Ela é usada para descrever a situação em que uma entidade aparece ou desaparece para a visão! Então, pensei, que quando alguém vem fazendo a curva no rio, eles estão apenas ficando à vista, aparecendo. E isso explica porque os Pirahãs usam a palavra quando as coisas também desaparecem de vista, como o avião desaparecendo no horizonte.

Eu, no entanto, ainda sentia que estava faltando alguma coisa. Deveria haver um conceito cultural mais geral que incluiria tanto o *estar à vista* como o seu oposto, o *perder de vista*. Lembrei-me que o *xibipíío* poderia ser usado para descrever alguém falando quando ele ou ela acabou de se tornar audível ou simplesmente perdeu a audibilidade, como quando eu conversava pela manhã em meu rádio bidirecional com os membros da SIL em Porto Velho, avisando que minha família estava bem, encomendando suprimentos e assim por diante.

Os Pirahãs que me ouviram falar poderiam dizer sobre a voz de um homem vindo pelo rádio pela primeira vez naquela manhã:

"O estrangeiro está *xibipíío* falando". Quando uma canoa fazia uma curva no rio, os Pirahãs viriam correndo até a beira da margem para ver quem era, independentemente do que quer que eles por acaso estivessem fazendo na aldeia naquele momento. Isso pareceu como uma curiosidade natural para mim sobre quem poderia estar vindo para sua aldeia. Mas, numa manhã quando Kóhoibiíihíai estava saindo para pescar, percebi que um grupo de crianças estava rindo e olhando para ele enquanto ele remava. No exato momento em que Kóhoibiíihíai desapareceu na curva, todos gritaram em uníssono "*Kóhoi xibipíío!*" (Kóhoi desapareceu!). Essa cena se repetia toda vez que alguém chegava ou saía – pelo menos alguns Pirahãs comentavam: "Ele desapareceu!", e de igual modo quando eles retornavam a aparecer na curva. O desaparecimento e o aparecimento, e não a identidade do viajante, era o que interessava aos Pirahãs.

A palavra *xibipíío* parecia estar relacionada a um conceito ou valor cultural que não tinha um equivalente claro em inglês ou português. Lógico, óbvio, qualquer falante de português pode dizer: "John desapareceu" ou "Billy apareceu somente agora", mas não é a mesma coisa. Primeiro, usamos palavras diferentes, portanto conceitos diferentes, para aparecer e desaparecer. E o mais importante ainda, nós, falantes do português, estamos focados principalmente na identidade da pessoa que vai ou vem, e não no fato de que ela acabou de sair ou entrar em nossa percepção.

Eventualmente, percebi que esse termo se referia ao que chamo de liminaridade experiencial, o ato de apenas entrar ou sair da percepção; ou seja, um ser nos limites da experiência. Uma chama flamejante é uma chama que repetidamente entra e sai da experiência ou percepção.

Essa tradução "funcionou" – ela me explicou com sucesso quando era apropriado usar a palavra *xibipíío* (e uma tradução prática e útil é a melhor que um pesquisador pode esperar nesse tipo de situação monolíngue). A palavra *xibipíío*, portanto, reforçou e deu assim uma face positiva ao valor difundido pelos Pirahãs no qual eu vinha trabalhando de modo independente. Esse valor parecia se limitar à maior parte das conversas nas quais você viu ou ouviu de uma testemunha ocular.

Se minha hipótese estivesse correta, então o conhecimento sobre *bigí*, seres em outras camadas, espíritos e assim por diante deveria vir por intermédio de informações fornecidas por seres vivos, testemunhas oculares. Por mais contraintuitivo que possa parecer inicialmente, existem supostas testemunhas oculares do universo em camadas. As próprias camadas são visíveis a olho nu – a terra e o céu. E os habitantes das camadas também são vistos, porque esses outros seres atravessam o limite superior, isto é, descem do céu e caminham pela nossa floresta. Os Pirahãs os veem em suas trilhas de vez em quando. Os Pirahãs veem esses seres espreitando como sombras fantasmagóricas na escuridão da floresta, de acordo com os relatos de testemunhas oculares.

E os Pirahãs podem percorrer um *bigí* em seus sonhos. Para os Pirahãs, os sonhos são uma continuação da experiência real e imediata. Talvez esses outros seres também viajem em seus sonhos. De qualquer forma, eles atravessam os limites. Pirahãs os têm visto.

Certa manhã, às 3h, um grupo de Pirahãs dormia, como sempre, na sala da frente da nossa casa tribal. Xisaabi, um do grupo, de repente sentou-se e começou a cantar sobre coisas que acabara de ver na floresta, em seu sonho. *"TiI hiOxiaI kaHApiI. BAaxaIxAagaHA"* (Eu subi ao alto. Ele é bonito) e assim por diante, recontando uma viagem ao nível superior, ao céu e além. A cantoria me acordou, mas não me incomodei porque era assustadoramente bela, ecoando desde a margem oposta do Maici, uma lua cheia brilhando intensamente, iluminando-o claramente. Levantei-me e caminhei até onde Xisaabi estava cantando e sentei-me alguns metros atrás dele.

Havia homens, mulheres e crianças Pirahãs, talvez 20 ou mais, todos dormindo ao nosso redor no chão da paxiúba. Ninguém estava se movendo, exceto Xisaabi. A lua estava brilhando prateada logo acima da silhueta das árvores, lançando sua luz pálida por meio da superfície lisa do Maici. Xisaabi encarou a lua, olhando através da água, e me ignorou, embora claramente tenha ouvido sentar-me atrás dele. Ele tinha um cobertor velho enrolado em volta dele, cobrindo sua cabeça, mas não seu rosto, e cantava alto, sem se preocupar com o fato de haver pessoas dormindo, ou pelo menos fingindo estar dormindo, ao seu redor.

No dia seguinte conversei com Xisaabi sobre o sonho dele. Comecei perguntando-lhe: "Por que você estava cantando de manhã cedo?"

"Eu *xaipípai*", respondeu ele.

"O que é *xaipípai*?"

"*Xaipípai* é o que está na sua cabeça quando você dorme."

Acabei eventualmente entendendo que *xaipípai* queria dizer que estava sonhando, mas com uma inversão: classificada como uma experiência real. Você é uma testemunha ocular dos seus sonhos. Os sonhos não são ficção para os Pirahãs. Você vê de um modo quando está acordado e de outro modo enquanto dorme, mas ambas as formas de ver são experiências reais. Eu também aprendi que Xisaabi usou a fala musical para discutir seu sonho porque era uma experiência nova e muitas vezes novas experiências são contadas com fala musical, que explora os tons inerentes a todas as palavras pirahãs.

Sonhos não violam *xibipíío*, como eu começava a me referir ao valor de falar principalmente sobre assuntos imediatamente experimentados. Na verdade, eles confirmam isso. Ao tratar o sonho e o estar acordado como algo em conformidade com o imediatismo da experiência, os Pirahãs podiam lidar com problemas e questões que para nós envolveria um mundo explicitamente fictício de crenças religiosas e espíritos em termos de sua experiência direta e imediata. Se eu sonho acerca de um espírito que pode resolver meus problemas e meu sonho não é diferente de minhas observações conscientes, então esse espírito está dentro dos limites de minha experiência imediata, meu *xibipíío*.

Enquanto tentava absorver as implicações de tudo isso, perguntei-me se poderiam haver outras aplicações de *xibipíío* na cultura ou na língua. Especificamente, comecei a repensar alguns aspectos inusitados da cultura pirahã e me perguntei se isso poderia ser explicado pelo conceito de experiência imediata representada por *xibipíío*. Pensei inicialmente acerca das expressões de quantidade em pirahã.

Eu acreditava que o imediatismo da experiência poderia explicar as lacunas díspares e os fatos inusitados sobre pirahã, que vinham se acumulando em meus pensamentos e cadernos ao longo dos meses. Isso explicaria a falta de números e operações de contar na língua, porque são habilidades que são aplicadas principalmente em generalizações além da experiência imediata. Números e contagem são por definição abstrações, porque envolvem a classificação de objetos em termos gerais. Dado que abstrações que se estendem para além da experiência poderiam violar o princípio cultural do imediatismo da experiência; no entanto, estes seriam proibidos na linguagem. Mas, embora esta hipótese parecesse promissora, ainda precisava ser refinada.

Entretanto lembrei-me de outros fatos que pareciam apoiar o valor da experiência imediata. Por exemplo, lembrei que os Pirahãs não armazenam alimentos, não planejam mais de um dia por vez, não falam sobre o futuro distante ou o passado distante – eles parecem se concentrar no agora, na experiência imediata.

É isso! Eu pensei um dia. A língua e a cultura pirahã estão conectadas por uma restrição cultural em falar sobre qualquer coisa além da experiência imediata. A restrição, conforme desenvolvi minha concepção dela, pode ser afirmada da seguinte forma:

Os enunciados declarativos dos Pirahãs contêm apenas afirmações diretamente relacionadas ao momento da fala, seja vivenciado pelo falante ou testemunhado por alguém vivo durante a vida do falante.

Em outras palavras, os Pirahãs só fazem declarações ancoradas quando estão falando, e não em qualquer outro tempo. Isso não significa que uma vez que alguém morra os Pirahãs que falaram com essa pessoa esquecerão tudo o que foi falado entre si. Mas raramente falam sobre isso. Ocasionalmente eles falavam comigo sobre coisas que ouviram que foram testemunhadas por alguém já falecido, mas isso era raro e geralmente apenas os professores de línguas mais experientes faziam isso, aqueles que desenvolveram a capacidade de abstrair do uso subjetivo de sua linguagem e que são capazes de comentar sobre isso de uma perspectiva objetiva – algo raro entre falantes de qualquer língua do mundo. Desse modo, esse princípio tem exceções ocasionais, mas apenas em circunstâncias muito raras. No dia a dia das pessoas, tal princípio quase nunca é violado.

Isso significa que eles usarão o presente simples, o pretérito e o tempo futuro, uma vez que todos esses são definidos em relação ao momento do discurso, mas sem os chamados tempos perfeitos e sem sentenças que não consigam fazer asserções, como sentenças embutidas.

Em uma frase em português como "quando você chegou, eu já tinha comido", o verbo "chegou" está situado em relação ao momento da fala – ele o precede. Esse tipo de tempo verbal é totalmente compatível com o princípio do imediatismo da experiência. Mas o verbo "comeu" não está definido em relação ao momento do discurso, mas em relação ao ter chegado. Ele precede um evento que está localizado num tempo relativo ao momento da fala. Poderíamos facilmente ter dito "quando você chegar amanhã, eu terei comido", e nesse caso "comido" ainda é antes de sua chegada, embora você chegue depois do momento do discurso, que é depois do tempo que estamos conversando. Portanto, pelo princípio do imediatismo da experiência, os Pirahãs não têm tempos verbais assim, os tempos perfeitos de nossos dias de escola primária.

Da mesma forma, pirahã também não permitirá frases como: *o homem que é alto está na sala*, porque *quem é alto não faz afirmação* e não é relativa ao momento da fala em si.

O princípio do imediatismo da experiência também explica o simples sistema de parentesco dos Pirahãs. Os termos de parentesco não se estendem além da vida de qualquer falante em seu escopo e são, portanto, em princípio, testemunhais – um avô pode ser visto na vida normal dos Pirahãs aos 45 anos, mas não um bisavô. Bisavós são vistos, mas não estão na experiência de todos (todo Pirahã vê pelo menos os avós de alguém, mas nem todo Pirahã vê um bisavô), então o sistema de parentesco, para espelhar melhor a experiência do Pirahã médio, carece de termos para bisavós.

Esse princípio também explica a ausência de história, criação e folclore entre os Pirahãs. Os antropólogos muitas vezes assumem que todas as culturas têm histórias sobre de onde eles e o resto do mundo vêm, conhecidas como mitos da criação. Eu acreditava assim que os Pirahãs teriam histórias sobre quem criou as árvores, os Pirahãs, a água, outros seres vivos e assim por diante.

Então eu fiz perguntas aos falantes Pirahãs, como: Quem fez o Rio Maici? De onde vieram os Pirahãs? Quem fez as árvores? De onde os pássaros vieram? E assim por diante. Peguei emprestado assim como comprei livros de antropologia linguística sobre métodos de campo e os segui de perto para tentar registrar os tipos de contos e mitos que eu achava que todas as culturas tinham.

Mas nunca tive sorte. Perguntei a Steve e a Arlo. Perguntei a Keren. Ninguém havia coletado ou ouvido falar de um mito de criação, uma história tradicional, um conto ficcional ou na verdade qualquer narrativa que fosse além da experiência imediata do falante ou alguém que viu o evento e o relatou ao falante.

Isso parecia fazer sentido para mim à luz do imediatismo da experiência. Os Pirahãs têm mitos no sentido de que contam histórias que ajudam a estabelecer laços na sociedade, uma vez que contam histórias sobre eventos testemunhados de seu ponto de vista específico quase todos os dias. Repetições das histórias registradas neste livro, como a história da onça, a história da mulher que morreu no parto e outras, contam como mitos nesse sentido. Mas aos Pirahãs faltam contos populares. Portanto, "histórias cotidianas" e conversas desempenham uma função e um papel vital. Eles carecem de qualquer forma de ficção. E seus mitos carecem de propriedades comuns aos mitos da maioria das sociedades, ou seja, eles não envolvem eventos para o qual não há testemunha ocular viva. Este último fator é ao mesmo tempo uma pequena e profunda diferença. É uma pequena diferença no sentido de que os Pirahãs fazem histórias que unem a sua cultura, como todas as outras sociedades humanas. Mas é uma diferença profunda devido à "distorção probatória" imposta pelos Pirahãs sobre seus mitos – deve haver uma testemunha ocular viva na época do contar.

Sentei-me uma vez com Kóhoi e ele me perguntou, depois de ouvir sobre meu deus, "O que mais o seu deus faz?"

E eu respondi: "Bem, ele fez as estrelas e fez a terra". Então eu perguntei: "O que dizem os Pirahãs?"

Ele respondeu: "Bom, os Pirahãs dizem que essas coisas não foram feitas".

Os Pirahãs, aprendi, não têm noção de um deus supremo ou criador. Eles têm espíritos individuais, mas acreditam ter visto esses espíritos e que os veem regularmente. Quando analisamos isso, vimos que estes não são espíritos invisíveis que eles estão vendo. São entidades que assumem a forma das coisas no ambiente. Os Pirahãs chamam uma onça de um espírito ou uma árvore de um espírito, dependendo dos tipos de propriedades que isso tenha. O espírito realmente não significa para eles o que significa para nós, e tudo o que dizem é avaliado empiricamente.

Como exemplo disso, considere a seguinte história sobre um encontro com uma onça, história originalmente registrada por Steve Sheldon. Alguns Pirahãs interpretam a história como se fosse apenas sobre um animal. Mas a maioria entende isso como um encontro com uma onça espiritual.

Xipoógi e a onça

Informante: Kaboibagi

Gravado e transcrito por Steve Sheldon

Sinopse: Xitihoixoí, aquele que é atacado pela onça, é somente mencionado uma vez pelo nome, mas todos sabem quem ele é. A onça o golpeou e o arranhou, mas ele escapou ileso.

1. Xipoógi xahaigá xobabíisaihíai.

Xipoógi ouviu um irmão chamar.

2. Hi gáxaisai Xitahá. Xibigaí sooóxiai xísoi xaítísai.

Ele falou, o pai de Xitahá. O que o pai gritou?

3. Xipoógi gaigói. Hi xáobáopábá.

Xipoógi falou. Vá ver.

4. Hi gásaihíai Xipoógi. Xi baóhoipaíi xaítisai.

Ele falou, Xipoógi. É uma onça.

5. Hi gásai Xipoógi. Gí hóiiigopápí.

Ele falou, Xipoógi. Jogue seu arco.

6. Xí soxoá hí xabáií boáhoipáii Xitihoixoí.

A onça já agarrou Xitihoixoí.

7. Hi gásaihíai. Boaí gí tipápi.

Ela falou. Boai, você vai [também].

8. Hi xobaaopiíhaí.

Você vai ver.

9. Hi baóhoipaíoi aítísai.

A onça rugiu.

10. Hi gásai. Xi káopápá baóhoipaíi.

Ela falou. A onça foi longe.

11. Xi soxoá híabáipí.

Já o agarrou.

12. Xí kagi xohoabá. Hi xaii ísi xioi boiigahápisaihíai.

Talvez tenha comido o cachorro parceiro [*kagi*]. Ela levou o cachorro com ele.

13. *Hi xaigíagáxaisahai xipoíhió. Kaxaó xi baóhoipaíi kagi xaígióiigahápi.*

A mulher falou. Vamos. A onça pode fugir.

14. *Hi xaigía kagi xáobáha. Kagi xahápi. Hi giopaí oóxiai.*

Ela pode ter visto o cachorro parceiro. O cachorro parceiro foi embora. O cachorro foi para a selva.

15. *Xísaigía hi xaigía hi gáxaisai. Híaigí xiigapí tagasága. Xií sokaopápaá.*

Ele falou. Traga seu facão. Afie as flechas.

16. *Hi baiaí hí xaagahá xipoíhió.*

A mulher estava com medo.

17. *Hi xaógaahoisaabai.*

Ele estava cansado.

18. *Xi higí sóibáogíso.*

Acertou-o na cara então.

19. *Hi xoabahoísaihíai.*

A onça o mordeu.

20. *Hi xaigía hi xapiságaitáo.*

Arranhou seu braço.

21. *Hi boásoa gaitáopáhátaí.*

Arranhou seu ombro.

22. *Hi gásaihíai kahiabáobíi.*

Ele [Itahoixoi] disse, sumiram todas as flechas.

A afirmação de que os Pirahãs veem espíritos não é mais notável do que as afirmações de muitos americanos, para dar apenas um exemplo, que acreditam que orações sejam respondidas, que falam com Deus e que tenham visões e espíritos. Afirma-se que os contatos com o numinoso ocorrem regularmente ao redor do mundo. Para aqueles de nós que acreditam que tais espíritos não existem, é um absurdo que eles possam ser vistos. Mas essa é simplesmente a nossa perspectiva.

Ao longo da história, povos afirmaram ter visto essas entidades sobrenaturais. Os Pirahãs não são muito diferentes, se é que são. No prólogo, eu dei um exemplo de como os Pirahãs são testemunhas oculares de espíritos, e tenho sugerido que esses encontros espirituais se enquadram no princípio do imediatismo da experiência. Mas os Pirahãs encontram muitos tipos de espíritos.

O tipo de espírito mais comumente falado é o *kaoáíbógí* (boca rápida). Esse espírito é responsável por uma série de coisas boas e ruins que acontecem aos Pirahãs. Pode matá-los ou dar-lhes conselhos úteis, dependendo do seu capricho. Os *kaoáíbógí* pertencem a um dos dois conjuntos de criaturas humanoides animadas que povoam o mundo dos Pirahãs. O primeiro tipo são os *xíbiisi* (sangues), entidades que têm sangue – como os próprios Pirahãs ou estrangeiros, embora os Pirahãs nem sempre tenham certeza de que todos os americanos tenham sangue porque são muito brancos. Mas todos os espíritos, incluindo os *kaoáíbógí*, são seres *xíbiisihiaba* (privado de sangue; literalmente, "sem sangue").

Os outros tipos de espíritos são conhecidos por termos diferentes, mas o termo genérico é *kapioxiai* (o outro). Mais uma vez, as pessoas com sangue nas veias são *xíbiisi*. Você pode identificar os *xíbiisi* geralmente pela cor da pele – o sangue torna sua pele escura. Aqueles sem sangue, todos espíritos, geralmente têm pele clara e são loiros. Então, os povos de pele escura são humanos e os de pele clara tradicionalmente não são humanos, embora os Pirahãs admitam que alguns brancos podem de fato ser *xíbiisi* – principalmente porque me viram – e algumas outras pessoas brancas – sangrar.

Mas existem dúvidas persistentes que surgem ocasionalmente. Mesmo depois de eu ter trabalhado com eles por mais de 25 anos, uma noite, um grupo de homens Pirahãs, tomando café comigo, perguntaram do nada: "Ei, Dan, os americanos morrem?"

Respondi-lhes afirmativamente e esperei que alguém procurasse por uma verificação empírica. A razão para a pergunta parecia ser que a expectativa de vida dos americanos é muito maior que a dos Pirahãs. Arlo Heinrichs ainda envia fotos suas e de sua esposa, Vi, de tempo em tempo. Ambos parecem fortes, saudáveis e vibrantes, embora estejam na casa dos 70. Isso é fascinante para os Pirahãs.

Os Pirahãs ocasionalmente falavam sobre mim, quando saí do rio numa das noites depois do meu banho. Escutei-os perguntarem uns aos outros: "É este o mesmo que entrou no rio ou é *kapioxiai*?"

Quando os ouvi discutir o que era igual e o que era diferente sobre mim depois que saí do rio, lembrei-me de Heráclito, que estava preocupado com a natureza das identidades ao longo do tempo. Heráclito pôs a questão de saber se alguém poderia entrar duas vezes no mesmo rio. A água em que entramos pela primeira vez não está mais lá. As margens têm sido alteradas pelo fluxo de modo que não sejam exatamente iguais. Então, aparentemente, nós entramos em um rio diferente. Mas essa não é uma conclusão satisfatória. Certamente é o mesmo rio. Então, o que significa dizer que algo ou alguém está o mesmo neste instante como era há um minuto? O que significa dizer que sou a mesma pessoa que eu era quando criança? Nenhuma das minhas células é a mesma. Poucos ou nenhum dos meus pensamentos são os mesmos. Para os Pirahãs, as pessoas não são iguais em cada fase de suas vidas. Quando você recebe um novo nome de um espírito, algo que qualquer um pode fazer sempre que vê um espírito, você não é exatamente a mesma pessoa de antes.

Uma vez, quando cheguei em Posto Novo, fui até Kóhoibiíihíai e perguntei se ele queria trabalhar comigo, como sempre fez. Nenhuma resposta. Então perguntei novamente: "*Ko Kóhoi, kapiigakagakaísogoxoihí?*" (ei, Kóhoi, você quer marcar papel comigo?). Ainda sem resposta. Então perguntei por que ele não estava falando comigo. Ele respondeu: "Você estava falando comigo?

Meu nome é Tiáapahai. Não há Kóhoi aqui. Uma vez eu fui chamado de Kóhoi, mas ele se foi e Tiáapahai está aqui".

Então, sem surpresa, eles se perguntaram se eu havia me tornado uma pessoa diferente. Mas, no meu caso, a preocupação deles era maior. Porque se, apesar das evidências, pelo contrário, acabei não sendo um *xíbiisi*, posso realmente ser uma entidade completamente diferente e, portanto, uma ameaça para eles. Eu lhes assegurei que ainda era o Dan. Eu não era *kapioxiai*.

Em muitas noites sem chuva, uma voz alta em falsete pode ser ouvida vindo da floresta perto de uma aldeia pirahã. Esse falsete soa como algo espiritual para mim. Na verdade, é considerado por todos os Pirahãs da aldeia um *kaoáíbógí*, ou boca rápida. A voz dá sugestões e conselhos aos moradores sobre como despender no dia seguinte ou sobre possíveis perigos noturnos (onças, outros espíritos, ataques de outros povos indígenas). Esse *kaoáíbógí* também gosta de sexo e fala frequentemente sobre seu desejo de copular com mulheres da aldeia, com fornecimento de detalhes consideráveis.

Uma noite eu quis ver pessoalmente o *kaoáíbógí*. Andei pelo roçado cerca de 30 metros até a fonte da voz daquela noite. O homem falando em falsete era Xagábi, um Pirahã da aldeia de Pequial e alguém conhecido por ser muito interessado em espíritos. "Se importa se eu gravar você?", perguntei sem saber como ele poderia reagir, mas tendo uma boa ideia de que ele não se importaria.

"Claro, vá em frente", respondeu imediatamente com sua voz normal. Gravei cerca de dez minutos de seu discurso *kaoáíbógí* e depois voltei para minha casa.

No dia seguinte, fui até a casa do Xagábi e perguntei: "Diga, Xagábi, por que você estava falando como um *kaoáíbógí* ontem à noite?"

Ele respondeu surpreso: "Havia um *kaoáíbógí* ontem à noite? Eu não ouvi nenhum. Mas, então, eu não estava aqui".

"Muito intrigante", pensei.

Peter Gordon e eu estávamos entre os Pirahãs conduzindo experimentos sobre a numeridade pirahã (expressão e controle linguístico e psicológico dos conceitos numéricos). Peter queria perguntar aos Pirahãs sobre seus espíritos porque estava interessado em tentar situar suas descobertas em sua própria compreensão da cultura pirahã. Xisaóoxoi, o homem com quem falávamos, sugeriu: "Venha hoje à noite, depois de escurecer. Haverá espíritos aqui". Peter e eu dissemos que iríamos e depois continuaríamos trabalhando.

Em seguida, voltamos ao nosso acampamento de frente para a aldeia do outro lado do Maici. Planejamos tomar banho e depois jantar carne enlatada. Mas fomos agradavelmente surpreendidos por um homem que regressava na sua canoa de pesca, que nos resgatou da carne enlatada, oferecendo-se para negociar um grande tucunaré por uma lata de sardinha, com a qual concordamos com entusiasmo.

Peter enrolou o peixe numa massa de ovos e aveia e assou-o numa grelha de madeira verde sobre nossa fogueira. Depois de um banho e de um belo jantar de torrão queimado de aveia misturada com pele de peixe e fina carne branca (a receita de Peter não deu certo), voltamos para a aldeia para ver os espíritos. Eu não tinha certeza do que esperar, porque nunca tinha sido convidado para ver um espírito antes.

Estava escuro, o céu resplandecia de estrelas e uma clara visão da Via Láctea. Grandes sapos de rio coaxavam. Alguns Pirahãs estavam sentados em troncos de frente para a floresta. Peter e eu nos sentamos perto deles e Peter montou seu gravador Walkman profissional da Sony, com saída externa para microfone de alta qualidade. Vários minutos se passaram. As crianças Pirahãs riam e gargalhavam. As meninas olhavam para nós e novamente para a floresta através dos dedos ligeiramente abertos das mãos cruzadas sobre suas faces.

Depois de algum atraso, que não pude deixar de atribuir ao senso de tempo teatral dos espíritos, Peter e eu ouvimos simultaneamente uma voz em falsete e vimos um homem vestido de mulher emergir da floresta. Era Xisaóoxoi vestido como uma Pirahã recentemente falecida. Ele usava um falsete para indicar que era a mulher falando. Ele tinha um pano na cabeça para representar os longos cabelos de uma mulher, caídos para trás como os de uma mulher Pirahã de longas tranças. "Ela" estava usando um vestido.

A personagem de Xisaóoxoi falou sobre como era frio e escuro sob o terreno em que ela foi enterrada. Ela falou sobre como era morrer e sobre como havia outros espíritos no subsolo. O espírito Xisaóoxoi falava "canalizando" num ritmo diferente da fala normal dos Pirahãs, dividindo as sílabas em grupos de duas (pulso binário) em vez dos grupos de três (pulso ternário) usados na conversa cotidiana. Eu estava pensando como isso seria interessante na minha eventual análise do ritmo em pirahã, quando a "mulher" levantou-se e saiu.

Em poucos minutos, Peter e eu ouvimos Xisaóoxoi novamente, mas dessa vez falando em voz baixa e rouca. Os que estavam na "audiência" começaram a rir. O conhecido espírito cômico estava prestes a aparecer. De repente, fora da floresta, Xisaóoxoi emergiu, nu e batendo no chão com um pedaço pesado de tronco de uma pequena árvore. Enquanto batia, ele falou sobre como machucaria as pessoas que lhe atrapalhavam, como ele não tinha medo e outras fatias de fanfarronice inspiradas pela testosterona.

Eu havia descoberto, com Peter, uma forma de teatro Pirahã! Mas isso foi, claro, apenas minha classificação do que eu estava vendo. Não foi assim que os Pirahãs o teriam descrito, independentemente do fato de que poderia ter tido exatamente essa função para o grupo. Para eles, estavam vendo espíritos. Eles nunca se dirigiram a Xisaóoxoi pelo nome, mas apenas pelos nomes dos espíritos.

O que vimos não era o mesmo que xamanismo, porque não havia um homem entre os Pirahãs que podia falar pelos espíritos. Alguns homens faziam isso com maior frequência do que outros, mas qualquer homem Pirahã poderia e, ao longo dos anos em que estive com eles, a maioria falou como um espírito dessa maneira.

Na manhã seguinte, quando Peter e eu tentamos contar a Xisaóoxoi o quanto gostamos de ver os espíritos, ele, como Xagábi, recusou-se a reconhecer qualquer coisa sobre isso, dizendo que ele não estava lá.

Isso me levou a investigar as crenças pirahãs de maneira mais agressiva. Fiz os Pirahãs, inclusive Xisaóoxoi, interpretarem o que acabamos de ver como ficção ou como fato, como espíritos reais ou como teatro. Todos, inclusive os Pirahãs que ouviram a fita depois, Pirahãs de outras aldeias, afirmaram categoricamente que isso era um espírito. E enquanto Peter e eu assistíamos ao "*show* de espíritos", eu recebia um comentário contínuo de um jovem sentado ao meu lado, que me garantiu que se tratava de um espírito, não de Xisaóoxoi. Além disso, com base em episódios anteriores em que os Pirahãs duvidaram que eu fosse a mesma pessoa e sua crença expressa de que outras pessoas brancas eram espíritos, mudando de forma à vontade, a única conclusão a que pude chegar foi que para os Pirahãs esses foram encontros com espíritos – semelhantes às sessões espíritas e mediúnicas da cultura ocidental.

Os Pirahãs veem espíritos em suas mentes, literalmente. Eles falam com espíritos, literalmente. Independentemente do que alguém possa pensar dessas afirmações, todos os Pirahãs dirão que eles experienciam os espíritos. Por isso, os espíritos Pirahãs exemplificam o princípio do imediatismo da experiência. E os mitos de qualquer outra cultura também deve obedecer a essa restrição ou não há maneira apropriada de falar sobre eles na língua pirahã.

Poderíamos legitimamente perguntar se algo que não é verdadeiro para as mentes do ocidente pode ser experienciado. Há razões para acreditar que sim. Quando os Pirahãs afirmam ter a experiência de um espírito, eles experimentaram algo e denominam isso de espírito. Eles atribuem propriedades a essa experiência, bem como o rótulo de espírito. Todas as propriedades, como existência e falta de sangue, correto? Tenho certeza de que não. Mas estou igualmente certo de que atribuímos propriedades a muitas experiências em nossa vida cotidiana que estão incorretas.

Um homem poderia alegar que o sujeito barbudo de 1,75 m que viu no shopping era Ringo Starr, quando, na verdade, era apenas a mim que ele viu. E falamos sobre as crenças e os desejos dos nossos cães como se tivéssemos evidências para elas. Quando meu cachorro me vê levantar e ir para a lavanderia às 16h30, ele se levanta e abana o rabo. Eu poderia dizer que ele sabe que guardo a comida dele lá e acredita que estou prestes a alimentá-lo. Mas isso poderia ser pouco mais do que uma resposta a um determinado estímulo, em vez de crenças e conhecimentos por parte do meu cachorro (embora eu acredite que ele saiba e acredita).

Mas se todos os mitos pirahãs devem exemplificar o imediatismo da experiência, então as escrituras de muitas religiões mundiais, como a Bíblia, o Alcorão, os Vedas e assim por diante, não podiam ser traduzidas ou discutidas entre os Pirahãs, porque envolvem histórias das quais não há testemunha ocular viva.

Isso é a principal razão pela qual nenhum missionário por quase 300 anos teve qualquer impacto na religião dos Pirahãs. As histórias das religiões abraâmicas não têm testemunhas oculares vivas, pelo menos da forma como eu pratiquei a religião quando era religioso.

8. Um adolescente chamado Túkaaga: assassinato e sociedade

Joaquim, assim como os demais moradores do assentamento indígena Apurinã de Ponto Sete, no Maici, levantou-se cedo e cumpriu suas tarefas – cuidando de sua horta e do pequeno campo de mandioca, em busca de sinais de caça para uma possível incursão noturna de caça e pesca nas águas transparentes do Maici rio acima de sua casa. Como outros do "Sete", Joaquim era mais robusto e de aparência mais forte que os Pirahãs. Sua linhagem Tupi e Apurinã dotou-o de uma musculatura que contrastava com a intensa magreza dos Pirahãs. Com pés amplos e fortes resultantes de uma vida inteira sem sapatos, seus dedos poderosos podiam fixar-se no caminho seguro, dando-lhe maior estabilidade do que os caros calçados ocidentais para caminhada. Era um homem tímido, muito calado, com cerca de 30 anos, que sorria com frequência, mas sempre levava a mão à boca quando sorria para esconder os dentes da frente perdidos. Ele de vez em quando me roubava copos (de plástico, copos inquebráveis são um item favorito e difícil de encontrar), pensando que eu não notaria. Ele ria achando os Pirahãs inferiores. Mas ele era, afinal, um homem que enfrentou as mesmas dificuldades e o meio ambiente como eles, acumulando muito mais materialmente do que eles têm – um fato que, embora irrelevante para os Pirahãs, era claramente importante para Joaquim. Mas ele e os outros de Ponto Sete acreditavam que eles e os Pirahãs eram bons amigos. Os Apurinãs do Sete sempre trataram bem os Pirahãs.

O que Joaquim não sabia é que uma aldeia de Pirahãs não o aceitaria ou qualquer um dos residentes de Ponto Sete como amigos próximos ou como tendo reivindicações legítimas sobre as terras que ocupavam. As diferenças materiais entre seu modo de vida e a cultura pirahã só o distanciaram ainda mais dos Pirahãs, e esta aldeia o considerava um intruso inferior.

Os Apurinãs fizeram a trágica descoberta da real consideração dos Pirahãs a eles por uma via muito indireta. Tudo começou com uma rivalidade que se desenvolveu entre os Apurinãs e a família Colário, grupo de comerciantes que fazia negócios com eles e os Pirahãs.

Os Colários, cristãos ostensivamente evangélicos da denominação Assembleia de Deus, gostavam de lidar com os inúmeros Pirahãs pré-alfabetizados, que aceitavam trocar mercadorias de baixo valor de mercado por castanhas-do-pará, látex, sorva, *kopaiba* e outros produtos da floresta. Mas eles – os Corolários – descobriram que os Apurinãs acompanhavam de perto os preços de mercado em suas rádios de ondas curtas, preços que a emissora brasileira Rádio Nacional anunciava diariamente.

Um dia os Apurinãs avisaram os Colários, que operavam três barcos, que não voltassem para Ponto Sete, porque eles eram trapaceiros. Quando Darciel Colário, desafiando a proibição, voltou a Ponto Sete, os Apurinãs abriram fogo contra o barco com suas espingardas. Eles destruíram muitos de seus produtos comerciais e abriram buracos na cabine do barco. Colário escapou de ser alvejado escondendo-se atrás do fogão. Ele conseguiu virar o barco sem se levantar e se expor aos tiros de espingarda e bateu em retirada apressada pelo Maici. Os Apurinãs pensavam que lhe haviam ensinado uma boa lição.

Mas os Colários não foram comerciantes fluviais bem-sucedidos porque eram maleáveis. Eles não iriam encarar isso mansamente. Armando Colário referia-se a todos os indígenas como "bichinhos", "animaizinhos" e certamente queria fazer vingança contra aqueles que atacaram seu filho. E a ética de seu filho Darciel não era diferente da de seu pai. Eu mesmo já tinha me sentido ameaçado por Darciel quando ele embebedou os Pirahãs e os incentivou a me roubar. Eu entrei em seu barco, assim que ele veio, e disse-lhe que se ele subisse o Maici novamente eu iria jogá-lo no rio, queimar o barco na sua frente e o deixaria voltar nadando (a fanfarronice destemperada de um missionário de 27 anos). Depois que saí do Maici para retornar à Unicamp, os Colários colocaram em ação seu plano de vingança.

Darciel e Armando decidiram recrutar os Pirahãs para ajudá--los a dar uma lição nos moradores do Sete. Encontraram alguns Pirahãs dispostos, um grupo de adolescentes impetuosos liderados por Túkaaga (nome emprestado diretamente da tocandeira, uma formiga grande e picadora), filho de Xopísi, o mais proeminente Pirahã da aldeia de Coatá, rio abaixo do Sete. Darciel legitimou o desejo de aventura desses adolescentes e seu desejo de mostrar resistência, dando-lhes uma nova espingarda para expulsar os moradores do Sete. Darciel e sua família queriam acesso irrestrito às castanhas-do-pará, madeiras nobres e outros produtos da floresta perto do assentamento dos Apurinãs, e muitos Pirahãs queriam aquela terra livre de competidores por pesca e caça. E os Colários também queriam vingança.

No dia fatídico, Armando Apurinã, junto a seu filho mais velho, Tomé, e suas esposas estavam rio acima, a pouco menos de um dia de viagem de canoa, para pescar e caçar. Joaquim e seu cunhado Pirahã, Otávio (Toíbaitii em pirahã, o único Pirahã a se casar com uma forasteira), permaneceram na aldeia. Enquanto Otávio pescava, Joaquim e a esposa iam buscar mandioca e lenha. Esse é um trabalho árduo. Os tubérculos de mandioca são firmemente presos ao solo e podem ter mais de 18 centímetros de comprimento. Puxar forte e às vezes cortar são necessários para retirar cada raiz do solo. As raízes são então postas em uma grande cesta de vime trançada. Cada cesta comporta de 14 a 20 quilos da mandioca e é levantada e presa por uma alça trançada em volta da cabeça. Junto ao seu fardo de mandioca, Joaquim coletou cerca de 13 quilos de lenha, que ele carregava nos braços, em ângulo reto com seu abdômen. Voltando para casa, estava tão sobrecarregado que não conseguia olhar cuidadosamente de um lado para o outro, como a maioria dos homens na floresta faria naturalmente. Mas tudo bem, raciocinou Joaquim, porque conhecia bem o caminho e era improvável que houvesse grandes predadores tão perto da aldeia.

Ele não tinha como saber que quem estava em silêncio lhe esperando ao longo do caminho era Túkaaga, com sua nova espingarda calibre 20, acompanhado de seus amigos Xowágaii e Bixí, outros dois adolescentes de Coatá. Nenhum desses jovens já havia machucado um ser humano. Mas eles eram todos caçadores habilidosos e matadores especializados de animais. Quando Joaquim e sua esposa se aproximaram deles, conversando sobre pescar ou caçar depois de colocar a mandioca no rio para molhar, Túkaaga esperou e ficou tenso. A mulher do Joaquim passou, então ele veio à vista. Quando ele estava a cerca de três metros de distância, Túkaaga atirou nele no abdômen.

O sangue jorrou da virilha, das coxas e da barriga de Joaquim. A força da explosão, combinada com o peso do tombadilho e da lenha em seus braços, jogou-o violentamente no chão. Enquanto Joaquim gritava de agonia, sua esposa e sua irmã, a esposa de Otávio, Raimunda, correram ao som do tiro. Raimunda deu uma olhada em Joaquim e saiu correndo em busca de Otávio para vir ajudar, enquanto a esposa de Joaquim fazia o que podia para estancar o sangramento, enfiando lama e folhas nas feridas. Otávio ajudou Joaquim a chegar em sua cabana, longe do sol quente, depois remou com tudo o que podia rio acima para encontrar Tomé e seu sogro. Joaquim agonizava o tempo todo, o tiro calibre 20 perfurou a lateral e a frente e arrancou pedaços de carne.

Ele não morreu até à noite. Tomé, Armando e suas esposas receberam a notícia por meio de Otávio de que Joaquim havia sido baleado por desconhecidos no mesmo momento em que Joaquim morreu. Tomé e Armando voltaram imediatamente em canoas separadas. Eles pensavam que os prováveis atiradores eram os Colários ou os indígenas da etnia Parintintin, mas não tinham nenhuma suspeita dos Pirahãs. Tomé era o mais forte e agressivo entre todos no Rio Maici, inclusive entre todos os Pirahãs e comerciantes ribeirinhos. Todos que conheciam seu temperamento eram muito cautelosos ao seu redor. Os músculos de seus braços e pernas eram tão bem definidos e impressionantes como os de muitos fisiculturistas profissionais. Ele poderia trabalhar o dia todo com um machado, caçar a noite toda e pescar no dia seguinte, sem nunca apresentar qualquer sinal de perda de vigor. Ele remou rio abaixo furiosamente, sem parar. Perto da meia-noite estava se aproximando do Sete. Queria primeiro verificar Joaquim, não sabia que ele já havia morrido, e partiu logo em seguida para caçar os covardes que atiraram em seu cunhado sem avisar.

Boom, um estrondo! O tiro ressoou e ecoou pelas margens do Maici. Quando Tomé e a sua esposa dobraram a última curva do rio antes da sua aldeia, seu caminho iluminado apenas pela luz das estrelas refletia vagamente na superfície do Maici, alguém atirou neles. Tomé levou a maior parte do impacto do tiro envolta do ombro. Ele foi jogado para fora da canoa no rio, junto a seu remo. Quando começou a afundar nas profundezas do Maici, sua esposa Nazaré, atingida apenas por alguns projéteis da explosão, rapidamente o agarrou pelos cabelos e manteve sua cabeça acima da água. Ela pegou uma panela de alumínio da parte inferior da canoa e, inclinando-se para frente para manter um aperto firme no cabelo de Tomé, conseguiu remar até a praia usando o pote na sua mão esquerda. Mais uma vez, os adolescentes Pirahãs liderados por Túkaama não esperaram para ver o resultado. Eles saíram imediatamente, correndo pela escuridão de volta para sua aldeia Coatá.

Armando, que vinha logo atrás, tirou o filho da água. Dos quatro homens que moravam no Sete, um foi assassinado (Armando soube na chegada que Joaquim estava morto) e um ficou gravemente ferido. Sem saber o que fazer, os sobreviventes desceram o rio logo após o sepultamento de Joaquim, para Coatá, para buscar proteção do povo de Otávio, os Pirahãs. Por três dias, Armando, Otávio, Tomé e as suas esposas ficaram em Coatá com os Pirahãs, não sabendo que eram hóspedes das famílias de seus assassinos. Nenhum deles perceberam que os Pirahãs de Coatá de fato desprezavam Armando, Tomé e as mulheres Apurinã. Meses depois, Xopísi, o principal homem de Coatá, disse-me, rindo, que eles não acabaram com os homens Apurinãs vindos do Ponto Sete porque eles estavam no meio da aldeia e os Pirahãs poderiam se ferir. E não queriam prejudicar Otávio, a não ser que ele acidentalmente entrasse no caminho.

Tomé estava em estado gravíssimo, mas um comerciante que chegava para comprar castanha-do-pará foi persuadido a levá-lo ao hospital em Manicoré, a cerca de dois dias de viagem rio abaixo. Apesar de seus ferimentos e do fato de que eles estavam infectados, Tomé sobreviveu e se recuperou totalmente. Enquanto ele estava no hospital, porém, sua família e todos os sobreviventes do Ponto Sete descobriram que foram os Pirahãs que os atacaram e que nenhum Pirahã queria que eles permanecessem no Maici. Até o irmão Apurinã de Armando, Aprígio, que morava rio abaixo, na Terra Preta, foi forçado a partir, com sua esposa Diarroi e seus dois filhos.

Depois de mais de 50 anos, os Pirahãs expulsaram os Apurinãs do Maici. Foi um choque terrível. Os Apurinãs partiram para enfrentar uma vida de servidão contratada enquanto iam para assentamentos brasileiros no Rio Marmelos, um dia de viagem de canoa rio abaixo desde a foz do Maici. Eles eram autorizados a ficar apenas se trabalhassem o dia todo, todos os dias, sem remuneração, aos brasileiros, nas terras em que foram realocados. Tomé jurou vingança contra os Pirahãs e enviou ameaças por meio de comerciantes fluviais. Os Pirahãs estavam esperando-lhe e certamente o teriam matado se tivesse retornado ao Maici. Ele também sabia disso. Ninguém pode entrar na terra dos Pirahãs sem que eles soubessem. Ao mesmo tempo, os Pirahãs temiam Tomé. Eles sabiam que ele estava tão familiarizado com o Maici e sua floresta quanto eles estavam. E não tinham dúvidas de que ele seria um formidável inimigo.

O bando fragmentado dos moradores do Sete e Aprígio sabiam que não poderiam mais chamar o belo e carinhoso Maici de lar. Dentro de dois anos, a maioria dos Apurinãs morreram, exceto Tomé, sua esposa, Roque, o filho de Aprígio (e primo de Tomé), e a esposa de Otávio, Raimunda. Otávio ficou apenas um curto espaço de tempo no Maici com sua esposa Apurinã e sua família. Ele acabou voltando sozinho para conviver novamente com seu povo, como todos os Pirahãs desejavam. Armando morreu, talvez envenenado. Ninguém sabia exatamente como ele havia morrido, apenas que havia sido repentinamente. Sua esposa e filha se envenenaram. Vários anos depois, Aprígio também faleceu.

A experiência Apurinã ilustra o lado sombrio da cultura pirahã. Enquanto os Pirahãs são muito tolerantes e pacíficos entre si, podem ser violentos em manter outros grupos fora de suas terras. Também nos mostra mais uma vez que a tolerância para com um grupo de estranhos e a coexistência com eles não significa aceitação a longo prazo. Os Apurinãs acreditavam que uma vida inteira entre outros povos poderia superar as diferenças na cultura e na sociedade que os separavam desse outro povo. Eles aprenderam a lição mortal de que essas barreiras são quase impossíveis de superar, apesar do longo tempo – assim como os residentes da antiga Iugoslávia, de Ruanda e muitos outros lugares aprenderam ao longo da história.

Mas há outra lição a tirar desse ocorrido. E diz respeito ao destino do próprio Túkaaga. Poucos meses depois de assassinar Joaquim e tentar assassinar Tomé, Túkaaga vivia sozinho, longe de todos os outros das aldeias pirahãs. Cerca de um mês depois de seu isolamento, ele morreu em uma misteriosa circunstância (o que significa que os Pirahãs em geral não queriam conversar sobre isso – alguns disseram que ele morreu de "resfriado", algo possível). Eu acho que ele pode ter sido morto por seus companheiros Pirahãs. Todos os Pirahãs se sentiram eventualmente ameaçados pelo que Túkaaga fez, depois que a polícia foi investigar a morte de Joaquim. E os Pirahãs ouviram rumores de que colonos próximos estavam considerando um ataque punitivo contra eles. Inicialmente me contaram que não estavam com medo, embora fosse óbvio para mim que estavam, apesar da bravata.

Eles perceberam que, à medida que falavam mais sobre a reação contra eles em razão do assassinato de Joaquim, de fato muitos Pirahãs poderiam morrer. Pode ser por isso que Túkaaga foi condenado ao ostracismo. O ostracismo é uma forma extrema de punição na Amazônia, em que a cooperação social é necessária para proteção, para ajuda na caça e na coleta de alimentos e assim por diante.

Já sabemos que os Pirahãs não precisam ter um chefe, nem leis, nem regulamentos para exercer controle sobre seus membros. Sobrevivência e ostracismo são tudo que eles precisam. Túkaaga aprendeu uma lição difícil. Seus dois ajudantes nunca foram punidos, pelo que sei. Ambos são amigos meus, embora eu nunca pergunte sobre Túkaaga ou a morte de Joaquim.

9. Terra para viver livre

Os desafios mais comuns que os Pirahãs enfrentam são as doenças e as incursões em suas terras por pessoas de outras partes do mundo – especialmente mergulhadores, pescadores e caçadores de diversos países, inclusive do Brasil. Pescadores esportivos japoneses e barcos brasileiros de pesca comercial no Rio Marmelos têm sido uma visão frequente, os visitantes pagam aos Pirahãs em cachaça, panos, farinha de mandioca e até mesmo em itens de comércio relativamente caro, como canoas, para ajudá-los a localizar peixes por meio de um intermediário caboclo. Eles também sofrem os efeitos nocivos do comércio com os caboclos, que normalmente só lhes dão cachaça em troca de alimentos e produtos da floresta. Em vez de proferir ofensas e arriscar um encontro perigoso com qualquer um desses estranhos, os Pirahãs muitas vezes lhes dão toda a comida que têm, para acalmá-los.

As questões que os Pirahãs mais necessitavam da ajuda externa era a demarcação de suas terras para evitar incursões e remédios contra as doenças. Keren e eu os ajudamos regularmente. Mas eu estava sentindo uma responsabilidade mais forte de ajudá-los também com a demarcação. A necessidade de uma reserva tornava-se mais óbvia à medida que viajávamos de rio até sua aldeia, conhecendo mais sobre a cultura cabocla que circundava os Pirahãs. Embora tenhamos voado para os Pirahãs em nossa primeira visita familiar, que foi interrompida abruptamente pela malária, em nossa viagem subsequente fomos de barco até o Maici.

Pretendíamos ficar mais tempo dessa vez, a maior parte do ano, e viajar de barco era mais barato do que viajar de avião para conseguir levar a maior parte dos nossos suprimentos. Eu tive uma razão mais pessoal para preferir viagens de barco – evitar enjoos aéreos. Nós chegamos no cais de Porto Velho para nossa primeira longa visita familiar, com nossas mercadorias embaladas em barris de metal de 55 galões, recipientes de combustível, engradados de madeira, malas, mochilas e caixas de papelão. Os estivadores vieram correndo para "ajudar". Mas aprendi com outros que se tocassem, mesmo que em apenas um saco, iriam extorquir grandes somas. Então eu os enxotei e carreguei toda a carga sozinho, descendo um banco de lama muito íngreme por meio de uma prancha saltitante de 30 centímetros de largura para descarregar no recreio. Todos esses suprimentos precisariam ser transportados várias vezes por meio de longos trechos de caminhos lamacentos e inundados e rastros recentes de grandes animais da selva (uma vez nos deparamos com o animal, um puma, ainda visível).

Olhando agora para trás, pergunto-me se estávamos conscientes do possível impacto de todas aquelas mercadorias nos Pirahãs. Penso que devemos ter assumido que essa enorme quantidade de suprimentos, para atender às necessidades de uma família da Califórnia durante um ano, não incomodaria os Pirahãs. Nunca pensamos em viver de um outro modo nesse momento de nossas carreiras. Para nossa sorte e para os Pirahãs, acho que acabou dando certo, mas não por causa de qualquer *insight* ou conclusão cuidadosamente fundamentada da nossa parte. Os Pirahãs nunca demonstraram muito interesse pelas nossas coisas, nunca tentaram roubá-las (exceto comida) e nunca as pedi a eles. Eles sempre pareciam pensar que nossas coisas não tinham qualquer relação com eles de maneira significativa.

De qualquer forma, as viagens fluviais tornaram-se a nossa forma preferida de chegar à aldeia ao longo dos próximos anos. Podíamos levar mais suprimentos, prolongando assim a nossa estadia, e também podíamos parar em pequenos povoados pelo caminho e conhecer os brasileiros que moravam perto dos Pirahãs. Muitas dessas pessoas iam regularmente aos Pirahãs para negociar com eles.

Ao conhecer essas pessoas, aprendi uma coisa que me perturbou: muitos deles se interessavam pelas terras dos Pirahãs. Muitas vezes eles perguntavam por que os Pirahãs deveriam receber esse território privilegiado de caça e pesca. "Mas, Seu Daniel, por que esses bichinhos têm direito a toda aquela terra bonita e os civilizados não?" Esse tipo de conversa me preocupou porque eu poderia facilmente imaginar algumas dessas pessoas entrando nas terras dos Pirahãs e tentando pegar pedaços ou até grandes porções das terras. Eu sabia que deveria ajudar os Pirahãs a conseguirem um reconhecimento legal de sua reserva, mas eu não estava seguro de como fazer isso.

A essa altura, minha família e eu já estávamos no Brasil havia muitos anos. Depois que eu terminei meu doutorado, decidimos passar um ano nos Estados Unidos para que pudesse fazer um trabalho de pós-doutorado junto ao centro do meu mundo linguístico, o Departamento de Linguística e Filosofia do MIT (Massachusetts Institute of Technology), em Cambridge, Massachusetts – o departamento de Noam Chomsky, cuja teoria da gramática se tornou tão influente em minha vida profissional.

No entanto, depois de estarmos no MIT por cinco meses, eu recebi uma mensagem via Dr. Waud Kracke, antropólogo da Universidade de Illinois, do Círculo de Chicago, de que a Funai queria que eu me juntasse a eles em uma expedição para identificar os limites de uma reserva reconhecida oficialmente como dos Pirahãs. Eu concordei com bastante entusiasmo.

Eu precisaria viajar a noite toda de Boston até o Rio de Janeiro e depois fazer outras sete horas pululando entre conexões e escalas até Porto Velho. A Funai me convidou para ajudá-los a determinar a extensão da terra a ser reservada aos Pirahãs. O representante da Funai que me convidou, eu o conhecia apenas e simplesmente por Xará (shaRA). Ele ocupava um cargo sênior na Funai. Xará passou alguns anos viajando pelas terras dos Pirahãs, dos Mundurucus e dos Parintintins, e queria ver todos eles tendo reservas legais para manter a sua forma tradicional de vida. Ele era de estatura e constituição mediana, bonito, com uma barba preta cheia e cabelos longos, viajando com sua linda e loira companheira brasileira, Ana. Simultaneamente sérios e descontraídos, sempre vestidos casualmente, eles me faziam lembrar *hippies* preocupados. Mas eles gastaram seu tempo tentando ajudar a garantir que os indígenas do Brasil pudessem seguir seu caminho de vida pelo menos mantendo a terra de seus ancestrais.

Xará e eu ficamos amigos durante suas visitas à aldeia pirahã de Posto Novo, onde trabalhei de 1977 a 1985. Havíamos conversado longamente sobre a necessidade de uma reserva para os Pirahãs. Xará renovou sua carreira dentro da Funai e havia chegado a um lugar em que tinha autoridade para organizar uma expedição para identificar uma reserva para os Pirahãs e para os Parintintins (a primeira etapa de um processo de três etapas para demarcação de terras de um território indígena). Ele enviou uma consulta para Waud, que estudou a cultura dos Parintintins, e para mim a fim de ver se poderíamos ir ao Brasil ajudá-los como intérpretes, já que éramos os únicos conhecidos estrangeiros que falavam essas línguas.

A Funai, disse Xará, poderia pagar nossas despesas dentro do Brasil, mas teríamos que cobrir nossa viagem internacional. Waud então me ligou e sugeriu que a Cultural Survival, uma organização fundada pelo agora falecido antropólogo de Harvard David Maybury-Lewis para a preservação dos modos de vida tradicionais de grupos ameaçados, poderia estar disposta a pagar a minha parte. Maybury-Lewis respondeu ao meu pedido imediatamente e me garantiu que a Cultural Survival ficaria encantada em comprar minha passagem ao Brasil para uma missão tão importante.

Eu vinha tentando desde 1979, sem sucesso, fazer com que funcionários relevantes se interessassem em proteger as terras dos Pirahãs da crescente ameaça de incursão vinda de fora. Eu havia apelado para quatro diretores distintos da Funai em Porto Velho (os irmãos Délcio Vieira e Amaury Vieira, que se sucederam no serviço; Apoena Meirelles, que inclusive me visitou na aldeia para discutir a possibilidade; e um diretor que eu só conhecia pelo nome de Benamor), praticamente implorando pelo estabelecimento de uma reserva. Amaury enviou um funcionário da Funai por duas semanas no início dos anos de 1980 para sentir o lugar, mas depois ele foi substituído. Benamor simplesmente me disse: "Ninguém quer morar lá com esses Pirahãs e sua língua. Eles parecem que estão chorando o tempo todo".

Fiquei entusiasmado por ter a oportunidade de viajar por toda a extensão do Rio Maici, algo que nunca tinha feito antes, e visitar todas as aldeias dos Pirahãs. Havia tanta coisa que eu queria ver e aprender, inclusive saber se todas as aldeias pirahãs pareciam iguais às aldeias que eu já tinha visto e se todos os Pirahãs falavam o mesmo dialeto e entenderiam minha forma de se expressar em sua língua. Durante meus primeiros anos entre os Pirahãs, tive que passar quase todo o tempo no Posto Novo, que fica na foz do rio. Eu ainda não tinha viajado para as outras aldeias pirahãs por serem mais remotas, difíceis e caras de se chegar.

A Funai me convidou para ir nessa viagem e servir como intérprete. Eu deveria traduzir suas histórias e respostas para um antropólogo da Funai que estava interessado em seus padrões tradicionais e áreas de uso da terra. Seu trabalho era o de entrevistar todos os Pirahãs conhecidos ao longo do Maici sobre a terra e então mapear quais terras eles usavam agora e quais partes eles poderiam reivindicar como suas tradicionalmente.

Depois de horas de viagem, cheguei a Humaitá. Eu tive que encontrar um barco para me levar até o Maici, então peguei um táxi e pedi ao motorista que me levasse a 3 quilômetros das margens do Madeira. Eu poderia ter caminhado até lá, mas a essa altura a temperatura estava perto de 38 graus Celsius e eu estava com calor e cansado. Dezenas de barcos com casco de madeira, a maioria sem pintura e de aparência frágil, estavam no cais. Não conhecia ninguém e não tinha certeza se a Funai realmente me reembolsaria pelo aluguel do barco, só perguntei quais estavam disponíveis, na esperança de conseguir a viagem mais barata possível. Aproximei-me de dois irmãos que tinham uma banheira de madeira de aparência precária de cerca de 25 pés de comprimento. Um estava na popa, tal como os proprietários de barcos no sistema Amazonas muitas vezes estão tentando consertar um vazamento. O outro irmão estava olhando preguiçosamente de sua rede para mim quando me aproximei das margens, batendo palmas no equivalente brasileiro a bater onde não há portas.

"Olá", gritei por cima do barulho dos motores dos barcos, dos gritos dos mecânicos do barco e das crianças correndo pelas margens, brincando e gritando.

"Olá", ele respondeu impassível.

"Gostaria de saber se você poderia alugar seu barco para me levar ao Rio Maici. A Funai vai pagar quando chegarmos no Maici."

"Mas se a Funai não estiver lá?", interrogou-me de modo cético o sujeito da rede.

"Então eu mesmo pagarei a você", prometi-lhe.

Eu não conhecia esse homem, mas ele disse: "Ok, levaremos você".

"Ótimo. Deixe-me almoçar e depois iremos embora."

"Tudo bem", respondeu.

Corri rio acima ao longo da margem e parei em uma das dezenas ou mais bodegas de alimentação.

"Quero um prato feito, por favor", anunciei para a mulher corpulenta por trás da larga prancha que servia de bar. Um prato feito é comumente uma refeição consistente de um grande prato cheio de carne, feijão, arroz e espaguete coberto de molho, farinha de mandioca com consistência de uva e nozes.

"Você quer carne, peixe ou frango?", perguntou a mulher.

"Todos", respondi esfomeado.

Em menos de dez minutos, um prato fumegante de comida oleosa foi colocado na minha frente acompanhado de uma garrafa plástica cheia de tucupi, um molho amarelo feito de caldo de mandioca cozida com pimenta malagueta. Comi o prato inteiro em cerca de cinco minutos, regado com um litro de cerveja brasileira bem gelada, Brahma, e paguei cerca de três dólares por tudo isso.

"Obrigado", eu disse superficialmente enquanto saía pela porta para o cais.

"Pronto?", perguntou o dono do barco.

Seu irmão estava fora da água abastecendo o motor.

"Sim, vamos", respondi.

Subi a prancha estreita e joguei minhas duas malas pequenas a bordo. Eu tirei minha rede e pendurei na cabine principal (muito pequena). E então fui à proa. "Quanto tempo levaremos para chegar lá?", perguntei inutilmente – fosse o que fosse, esse seria o necessário, pois não havia outro barco.

"Se navegarmos a noite toda, estaremos lá amanhã ao meio-dia". Eram cerca de 15h, agora. O motor deu partida e ganhou vida, fazendo um alto barulho *putt-putting*.

"Embora!", veio o grito.

À medida que começámos a ganhar velocidade, descendo o poderoso Madeira, o ar quente deu lugar a uma brisa refrescante vinda da água. Os efeitos de minha viagem, a refeição, a cerveja e o alívio por começar a trilhar o caminho rumo ao Maici me deixaram de repente com sono de novo. Fui para minha rede. O calor, a brisa e o conforto da rede tiveram um efeito previsível em mim – dormi a maior parte da viagem, exceto por alguns minutos de lucidez aqui e ali e por um café da manhã com biscoitos duros, café preto doce, manteiga em lata e um pouco de leite.

Durante um período de três horas subindo o Rio Marmelos, observei suas belas águas escuras correndo preguiçosamente abaixo de nós, pensando novamente em como tive sorte de ser capaz de experimentar esse mundo de sonhos. As margens altas do Rio Marmelos, formada por terra arenosa, contrastavam fortemente com os espessos bancos de lama do Madeira.

Chegamos quase 24 horas depois, fiel à previsão do proprietário. Acordei de um último cochilo ao som de conversas animadas de alguns Pirahãs por trás de mim. Não havia dúvida de que os Pirahãs estavam entusiasmados – eles estavam rindo alto e cheio de exclamações. Minha rede estava balançando suavemente enquanto o barco diminuía a velocidade e parava ao lado de outro barco perto do caminho do rio até uma aldeia pirahã, na foz do Rio Maici. O outro barco, já atracado, era maior. Eu tinha a expectativa de que talvez dois funcionários da Funai estivessem esperando por mim, mas, parados no convés, olhando-me estavam dois representantes de dois órgãos governamentais brasileiros, um antropólogo e cartógrafo da Funai e um especialista em demarcações de terras do Instituto Nacional de Colonização e Reforma Agrária (Incra).

Assim que apareci no convés da pequena embarcação, os Pirahãs começaram a gritar chamando pelo meu nome. Os irmãos que me levaram até lá perguntaram se eles estariam seguros. "Contanto que você esteja comigo", brinquei (mas eles acreditaram em mim). "Ei, Dan. Onde está Keren?", perguntaram os Pirahãs. "O barco em que ela estava afundou e ficou no fundo do Maici. Ela se afogou, infelizmente."

Por cerca de meio segundo, todos os Pirahãs ficaram boquiabertos comigo. Então eles caíram em gargalhadas. Todos os brasileiros que assistiam a essa troca nos olharam com espanto.

"A princípio, quando nos mandaram esperar na foz do Maici por um linguista americano, fiquei chateado", admitiu para mim Levinho, o antropólogo da Funai. "Por que os brasileiros deveriam esperar por um gringo para interpretar para eles no Brasil? Mas agora eu entendo. Estamos aqui há três dias e não fui capaz de entender ou comunicar nada com eles".

Entrevistamos Pirahãs de cada aldeia sobre seu conceito de terra e de como eles estavam vinculados a ela, como a usavam, se pensavam nos Pirahãs de modo individualista como os proprietários da terra e assim por diante. Levinho fez as perguntas e eu as interpretei. De lá, subimos lentamente o Maici, parando em cada assentamento pirahã que encontramos. Tomamos Kóhoibiíihíai como nosso guia, porque seu português era o mais próximo do funcional, a fim de evitar perder assentamentos escondidos fora do raio de visão do rio. Para cada um dos assentamentos dos Pirahãs (desde uma única família nuclear até diversas famílias), o barco passava pela aldeia subindo o rio e depois virava com o motor desligado para se aproximar com a corrente, e eu ficava na proa, gritando para a aldeia na língua pirahã: "É o Dan com alguns amigos não Pirahãs. Viemos falar com vocês". Então Kóhoi acrescentava que ninguém queria fazer mal, que tínhamos anzóis para dar e, caso contrário, deixaríamos as pessoas à vontade. Alguns Pirahãs que eu nunca conheci subiram no barco e alguns deles falavam comigo com entusiasmo. As mulheres e crianças apenas olhavam para mim da margem ou de suas cabanas enquanto eu subia a margem até a aldeia.

Depois de uma semana com a equipe da Funai delineando a reserva dos Pirahãs, meu trabalho como intérprete estava concluído. Havíamos chegado à Rodovia Transamazônica, que agora via pela primeira vez. Como não existiam aldeias pirahãs acima da rodovia, a Funai me deu uma escolha: ficar com o barco por mais duas semanas enquanto desciam lentamente o Maici e depois o Madeira até Manaus, ou pegar carona de volta a Porto Velho na Transamazônica. Eu optei por pegar carona, então o barco me deixou na ponte sobre o Maici, uma pequena estrutura de madeira que parecia totalmente inadequada para suportar o peso dos caminhões pesados que regularmente passavam por cima dela cheios de toras ou minerais, desde a mineradora Mineração Taboca, a cerca de 300 quilômetros a leste.

Aprendemos muitas coisas durante essa viagem. O cartógrafo da Funai descobriu em nosso quinto dia que o mapa da área do governo brasileiro, produzido por fotografia aérea, estava errado. Certa manhã, durante o café, ele disse que não chegaríamos à próxima aldeia por dois ou mais dias em nossa velocidade atual. Isso nos preocupou porque estávamos com pouca comida e combustível. Virei-me e perguntei a Kóhoi se a próxima aldeia ficava perto ou longe. Ele disse que a próxima aldeia era a de Toitoi e que estaríamos lá ao meio-dia. Eu transmiti isso ao cartógrafo da Funai. Ele disse: "Bem, eu não vou discutir com um Pirahã sobre seu próprio rio, mas, se ele estiver certo, o mapa do exército está errado". Por volta do meio-dia paramos na aldeia de Toitoi. O cartógrafo olhou o mapa com atenção. Então percebeu que a seção central de seu mapa, representando o Maici entre a aldeia de Kóhoi e a aldeia de Toitoi, foi inadvertidamente duplicada pela pessoa que fez o mapa para o exército. Essa foi uma lição muito importante para o governo brasileiro.

Para os Pirahãs e para mim, os resultados foram ainda melhores. Os Pirahãs agora tinham uma reserva oficialmente identificada. O longo processo burocrático da aprovação de uma reserva para eles agora poderia começar. Levinho e eu conversamos por horas e horas sobre a cultura pirahã. Ele ficou fascinado pela ausência de mitos de criação. Tentou a todo custo descobrir a existência dos mitos e da fundação entre os Pirahãs, mas não conseguiu. Ele também ficou fascinado pela ausência da história oral e da literatura. Levinho foi provavelmente a primeira pessoa a me fazer pensar sobre como isso é incomum. Seu entusiasmo era contagiante. Ocasionalmente um amigo dele, Marco Antônio Gonçalves, um doutorando de antropologia do Rio de Janeiro, foi estudar a cultura pirahã.

Eu encontrei e conheci o nome de quase todos os Pirahãs vivos. Eles ficaram fascinados por mim. Eles tinham ouvido falar de um homem branco que falava a sua língua, mas a maioria deles nunca tinha me visto. As crianças e as mulheres em particular ficaram boquiabertas enquanto eu falava em pirahã. Em cada aldeia que fomos eu era convidado a voltar com minha família e viver entre eles. Essa era uma possibilidade atraente, pois notei que os Pirahãs rio acima e mais distantes que eu estava conhecendo agora não faziam praticamente nenhum esforço para introduzir o português em suas conversas. Os Pirahãs rio abaixo muitas vezes sabiam verbos em português e, quando falavam pirahã comigo, tentavam usar esses verbos num esforço para me ajudar, sem dúvida. Mas seu uso, mesmo que limitado do português, afetou negativamente minha capacidade de aprender o pirahã natural. Pude ver que ao me mudar para uma aldeia rio acima, eu encontrava muito menos a tentativa de falar um português "estático". Assim, essa viagem pareceu positiva para todos os envolvidos: os Pirahãs, o governo brasileiro, a ciência e para mim.

10. Caboclos:
vinhetas da vida amazônica brasileira

Os caboclos são em grande parte descendentes dos povos indígenas amazônicos que hoje só falam português, estão integrados na economia regional e se consideram brasileiros e não membros de uma etnia. Os Pirahãs chamam os caboclos de *xaoói-gíi* (autênticos estrangeiros; o sufixo -gíi significa "autêntico" ou "real"). Americanos e outros estrangeiros, incluindo brasileiros vindos da cidade, são simplesmente *xaoói*. Os Pirahãs se relacionam melhor com os caboclos porque os veem com maior frequência e porque eles e os caboclos compartilham o mesmo ambiente e muitas das mesmas habilidades de caça, pesca, canoagem e conhecimento da floresta.

A cultura cabocla tem invadido os Pirahãs quase que diariamente há mais de 200 anos. É uma cultura machista, não muito diferente da cultura *cowboy* na qual eu fui criado. Mas tem um outro lado, um aspecto de estoicismo, de quase fatalismo, que é difícil de encontrar na maioria das subculturas dos Estados Unidos.

O conhecimento dos Pirahãs sobre o mundo exterior é quase exclusivamente adquirido pelo contato com os caboclos. Americanos e caboclos têm valores muito diferentes. E os Pirahãs veem essas diferenças, geralmente, favorecendo a visão cabocla porque é mais parecida com a sua.

Por exemplo, americanos e caboclos veem o corpo humano de modo diferente. Os caboclos julgam de maneira mais uniforme a preguiça e o estar acima do peso do que os americanos. Em geral, os caboclos acreditam que trabalhar duro é um sinal de saúde, bom caráter e administração das bênçãos de Deus. Se você está saudável o suficiente para trabalhar, Deus deve estar cuidando de você.

Uma pessoa gorda significa corrupção para a maioria dos caboclos. Pessoas com excesso de peso são preguiçosas e tomam mais do que precisam para si. Assim, mesmo entre pessoas caboclas bastante abastadas (e há algumas), há uma forte ética de trabalho. É comum encontrar caboclos que nunca mais precisariam trabalhar limpando a própria roça, brandindo facão ou entrando na floresta em busca de produtos com seus empregados. Esses valores são, até certo ponto, compartilhados pelos Pirahãs – magreza, resistência, conhecimento da floresta, caça, pesca e autossuficiência.

Para entender a visão dos Pirahãs sobre os forasteiros e onde me encaixo, percebi que eu precisaria entender os caboclos. Mas como eu não ia construir uma casa e viver entre caboclos, meu conhecimento sobre eles teria que vir do contato pessoal ocasional. E o contato mais comum com a cultura cabocla ocorreu durante as viagens fluviais.

Uma viagem em particular se destaca. Eu estava levando um dentista e meu primo oculista, que foi treinado para verificar a visão e colocar óculos, para visitar os Pirahãs, a fim de oferecer assistência odontológica e óculos (gratuitos). No cais de Porto Velho, vi um barco que eu não tinha notado antes. Era uma embarcação grande e de aparência nova, com uma placa que anunciava viagens para Manaus e Manicoré; esta última, uma pequena cidade perto da foz do Rio Madeira. Esses barcos eram quase o único meio de transporte de longa distância conhecido pela população cabocla do sistema fluvial da Amazônia.

Desci a margem do rio, íngreme nesse mês de julho, estação seca, e caminhei pela prancha estreita até o barco. Perguntei pelo dono.

Um homem careca, de peito nu, com cerca de 45 anos e 1,70 m de altura, aproximou-se e declarou: "Eu sou o dono".

Como todos os homens que trabalhavam no sistema amazônico, ele era forte e sua pele estava endurecida e bronzeada pelo tempo. Como a maioria dos donos, seu corpo mostrava que desfrutava de fácil acesso a comida e bebida. Ele estava vestido de branco, mas estavam sujos sua bermuda e seus chinelos – os calçados onipresentes na Amazônia. "Quando você vai para Manaus?", perguntei.

"A gente vai sair lá pelas 17h da tarde", respondeu educadamente e com confiança.

No caminho para a cidade, destaquei os prazeres de viajar de recreio no Rio Madeira para os meus companheiros de viagem.

"Vocês vão adorar isso! A brisa do movimento do barco, os pássaros e a vida selvagem, a selva, um dos maiores rios do mundo e a culinária brasileira!"

Por volta das 15h30, graças ao meu estímulo, chegamos ao barco e todos nós cruzamos a prancha, entusiasmados e brincando. Notamos que vários caminhões ainda estavam sendo descarregados no "nosso" barco, mas presumimos que esse trabalho seria feito de modo breve e que estaríamos a caminho, conforme prometido, às 17h. Depois de pendurar nossas redes, compramos alguns cocos frescos gelados, com canudos em aberturas na parte superior para beber seu doce líquido. Refrescados e relaxados, conversamos sobre a próxima viagem, observando os estivadores trabalharem sob o sol poente, com o fardo de caixas, garrafas de butano e bananas (toneladas delas) a caminho do mercado em Manaus. Esperávamos que terminassem logo, porque já se passava das cinco. Parecia haver muitos caminhões, porém pensei que seriam descarregados em uma hora, mas isso tudo foi Ok. Chegar cerca de uma hora atrasado é comum na Amazônia. Deram 18h e ainda nada. Fui até o dono e perguntei quando ele pretendia sair.

"Daqui um pouco", foi a resposta jovial. Informei meus companheiros de viagem. O dono disse que iria fornecer um jantar grátis para todos nós. Foi um bom negócio, pensei, porque nessas viagens geralmente não havia jantar servido na primeira noite. Então eu notei algo curioso: não havia mais passageiros no barco durante todo esse tempo, exceto por um sujeito magro, musculoso e bastante bêbado, usando um chapéu de *cowboy* no rosto enquanto roncava na rede.

Depois do jantar, vários caminhões ainda estavam sendo carregados abaixo nos conveses e no convés inferior do barco. Foi quase cômico. Quanto esse barco poderia carregar? Já havia ultrapassado cerca de duas vezes mais do que eu teria imaginado ser possível. Deram 19h, deram 20h. Às 21:30h eu perguntei que diabos estava acontecendo.

"Oh, desculpe. Não podemos partir esta noite. Ainda estamos esperando por mais remessas", respondeu o dono com naturalidade.

Não havia outro barco partindo. Não tínhamos carro para voltar ao centro da SIL. A missão já havia recolhido a Kombi que tínhamos alugado. Tivemos que tirar o melhor proveito disso. Havia insetos fora, especialmente mosquitos. Subimos em nossas redes e passamos uma noite previsivelmente desagradável. Lembrei-me então, tarde demais, que os brasileiros que percorrem os rios evitam barcos que eles não conhecem. Como esse barco era novo na rota Porto Velho – Manaus, as pessoas o estavam evitando até terem a oportunidade de saber se era confiável, seguro, barato, se servia boa comida e assim por diante. Assim eu deduzi.

Quando finalmente amanheceu, notei que outros passageiros haviam chegado a bordo – como se todos, exceto nós, gringos, soubessem que o barco só sairia pela manhã. Era demais, mesmo para minha vasta experiência. Por volta das 10h, depois de um café da manhã com café extremamente doce e xaroposo, biscoitos duros e manteiga em lata (gostei muito), finalmente estávamos prontos. Meu pequeno grupo foi para o convés superior e aproveitei a brisa, conversando confortavelmente nos dois conveses acima do motor barulhento do barco. Estávamos a caminho! Todos nós eventualmente acomodados em nossas redes para ler e relaxar na sombra e na brisa.

Por volta das 16h, porém, o barco parou repentinamente. Os outros passageiros me informaram que havíamos encalhado em um banco de areia – novamente a inexperiência da tripulação estava aparecendo. Durante as próximas 24 horas, o capitão trabalhou para nos tirar do banco de areia. Depois de horas tentando nos mover com uma combinação dos motores do próprio barco e da sua lancha de popa, ele saiu em disparada no fim da tarde. Por volta das três da manhã, ele voltou com outros dois barcos maiores, em-

213

bora ambos fossem consideravelmente menores que o nosso barco. Meus companheiros de viagem me acordaram.

"Dan, estamos em perigo!"

Eles me fizeram sinal para segui-los. Fui até o primeiro convés e olhei através de uma abertura no chão para ver o dono e o capitão tentando consertar o volante. A água entrava lentamente onde eles estavam trabalhando (porque tinham juntas soltas). "Vamos afundar, Dan", meus amigos exclamaram.

"Estamos afundados", respondi. "Estamos encalhados em um maldito banco de areia. Nós não podemos afundar mais".

Os novos passageiros que embarcaram depois de nós eram todos pobres. Qualquer pessoa com algum dinheiro, a menos que fossem visitar os Pirahãs, teria pegado um voo para Manaus ou nem faria a viagem. Embora os folhetos turísticos elogiassem esse tipo de viagem como um cruzeiro de lazer, bastava uma olhada em qualquer recreio para desmentir essa afirmação. Estes eram quase todos de aparência de uma banheira precária, desgastados e malconservados. Os pobres os usavam por falta de outras opções. Os passageiros usavam chinelos, alguns pares de botas de *cowboy* e calçados Nike e Reebok espalhados aqui e ali. A maioria das mulheres usava *shorts* justos e *tops*, alguns jeans e blusas. Muitos dos homens usavam calças compridas, embora a maioria usasse *shorts*; alguns estavam com o peito nu, mas outros usavam camisetas com *slogans* políticos, camisas polo ou camisas de manga curta com estampas brilhantes. Todos pareciam em forma e bronzeados e conversavam animadamente uns com os outros. Os brasileiros são comunicativos e sempre divertidos nessas viagens, o prazer da viagem e a liberdade de suas rotinas combinam-se para elevar sua consciência, humor e prazer na interação com estranhos, até mesmo gringos de aparência incomum.

Conversamos com alguns dos passageiros, embora o sujeito da noite anterior que usava um chapéu de *cowboy* estivesse começando a me irritar. Ele ainda estava bêbado. Tinha cerca de 50 anos, mas estava em boa forma. Ele continuou tentando falar em espanhol comigo (muitos brasileiros sabem que os americanos são muito mais propensos a entender espanhol do que português). Mesmo que eu lhe tenha respondido fluentemente em português e lhe tenha dito que já tinha feito essa viagem muitas vezes, ele ficava me cutucando agressivamente no peito e me dizendo coisas como "Esse barco vai para Manicoré; você tem que dormir em redes neste barco; todo mundo aqui fala português" e outras trivialidades. Eu tentava fazê-lo seguir seu rumo, mas ele continuou me seguindo. Isso continuou por várias horas extremamente irritantes. Pessoas assediando estrangeiros é um fenômeno crescente no Norte do Brasil.

Uma experiência que revela até certo ponto a essência de ser caboclo aconteceu durante uma visita há muito tempo ao Rio Marmelos. Eu estava viajando pelo rio na chuva com minha família. Estávamos saindo da aldeia pirahã depois de vários meses. Nossa viagem nos levaria primeiro à Auxiliadora para embarcar no recreio para Porto Velho, onde pegaríamos um avião até São Paulo a fim de que eu pudesse retomar meus estudos de doutorado na Unicamp. Esse percurso, que tínhamos realizado para socorrer Keren e Shannon quando elas foram acometidas pela malária, tornou-se agora parte da nossa rotina anual e chegamos a apreciá-lo. Pessoas que pareciam estranhas naquela primeira viagem de emergência com Keren agora eram conhecidas cuja amizade nós apreciávamos.

Ao nos aproximarmos do assentamento Pau Queimado, vi uma mulher na margem acenando para que parássemos. Eu realmente não queria parar por causa da chuva, mas eu sabia que os amazonenses (brasileiros do estado do Amazonas) não incomodam, a menos que haja uma necessidade séria. Então me dirigi a ela. Em alguns minutos, o motor foi desligado e estávamos remando para a margem. "O que está acontecendo?", perguntei. "Meu pai está muito doente. Por favor, venha dar uma olhada nele".

Amarramos o barco à costa. A mesma margem íngreme estava entre nós e as casas que estavam lá quando eu procurava desesperadamente por ajuda e me sentindo perdido. Agora era a nossa vez de servir. Keren pegou nosso *kit* de remédios, e com nossos filhos nos seguindo fomos em direção a casa.

A casa estava escura por dentro, as paredes eram uma combinação de tábuas e postes das árvores da floresta. O telhado era de palha, como a maioria dos telhados da região. O piso era de madeira, com grandes espaços entre as tábuas, grandes o suficiente para permitir que vários répteis e insetos deslizassem ou rastejassem para dentro da sala. Na verdade, as onipresentes baratas amazônicas podiam ser vistas em vários lugares escuros dos cantos, grandes besouros com mais de 7 centímetros de comprimento – do tipo que jorrava uma gosma branca se você pisasse neles.

Excepcionalmente, já que quase todos os caboclos da Amazônia dormem em redes, esses tinham uma cama de casal caseira no canto com mosquiteiro suspenso acima dela, para ser baixado à noite. A cama era feita de tábuas e postes de madeira de palmeira, com colchão simples de espuma de borracha em cima, tingido com anos de excrementos e pingos de substâncias que eu nem quero saber de que se tratava. Sobre a cama estava o velho que todos conheciam como Seu Alfredo.

Alfredo era um mestre construtor de canoas, e seus filhos aprenderam o ofício com ele. Todos na região o procuravam em busca de canoas, pois construía grandes canoas com base sólida de madeira de itaúba e laterais de pranchas calafetadas de 4x1 uma polegada como nos barcos maiores; fazia cascos (canoas) tipo piroga, de itaúba sólida. Ninguém fazia canoas como ele. Os Pirahãs gostavam de Alfredo e diziam que ele nunca havia tentado tomar suas mulheres, uma característica incomum para um caboclo na região, segundo os Pirahãs.

Arlo Heinrichs persuadiu Alfredo a se tornar cristão, e ele viveu sua vida desde aquela época, mais de 20 anos, como um defensor daquela fé. Ele era conhecido em toda a região como um homem em quem se podia confiar, um homem gentil que visitava os enfermos, cantava hinos e fazia amizade com todos.

Eu o via de vez em quando parar em frente a um banco perto de um assentamento no início da manhã e sair da canoa, com o seu *ukelele* na mão. Alfredo subia a margem e começava a dedilhar um hino, depois cantava e sorria para as pessoas enquanto elas realizavam seu trabalho no centro do assentamento – mulheres levando roupas para lavar no rio e junto homens pegando seus equipamentos de caça. Todos sorriam e paravam o que estavam fazendo para ouvi-lo cantar, com voz estridente mais entusiasmada que encantadora, de como ele não tinha medo do amanhã porque conhecia Jesus hoje. Depois de cantar por um tempo, visitava os doentes e perambulava pela aldeia, contando piadas e falando sobre como Jesus mudou sua vida. Uma organização missionária de um homem só.

É raro um caboclo ser confiável entre outros caboclos, mas Alfredo era confiável e respeitado. Foi o único homem que conheci naquela área, do qual ninguém expressou qualquer suspeita.

Aproximei-me dele em seu leito e perguntei: "Você está doente?"

"Sim, estou muito doente. Aproxima-te. Não consigo ver você", ele sussurrou com uma voz rouca.

Ao me aproximar, pude ver que seus braços estavam finos e seu rosto se contraía de dor e ele ainda estava tremendo.

"Ah, é seu Daniel!", reconheceu.

Um cheiro de diarreia e vômito estava no ar.

"Você está com dor? Gostaria que eu o levasse ao hospital em Porto Velho?"

Eu era um dos admiradores de Alfredo. Ele sempre me apoiou tanto – o missionário protestante branco – e nunca me tratou como se desconfiasse de mim.

"Não, estou morrendo. Eu disse à minha filha que não havia necessidade de ligar para você. Estarei morto em breve."

Quando olhei para os olhos escuros de Alfredo e vi seu corpo escuro e enrugado, enfraquecido pela doença, imóvel na cama que ele havia feito para si, pude sentir um nó crescendo na minha garganta. Keren tinha lágrimas nos olhos. As crianças ainda estavam na porta, olhando.

"Mas deixe-me ajudá-lo, Alfredo. Certamente os médicos de Porto Velho têm medicamentos que podem ajudar."

"Não, Daniel", ele respondeu. "Sabemos quando estamos morrendo. Mas não há motivo para ficar triste. Estou feliz por acabar com esta dor na morte. E eu posso te dizer que não tenho medo da morte. Eu sei que estarei com Jesus. E eu sou grato por ter tido uma vida longa e muito boa. Estou cercado por meus filhos e meus netos. Todos eles me amam. Eles estão todos aqui por mim. Sou muito grato pela minha vida e pela minha família."

Na sua dor e na sua doença e apesar da dor de todos, Alfredo trouxe conforto e comunicou maturidade e destemor diante da morte como eu nunca tinha visto antes e nunca vi desde então. Eu segurei a mão direita dele. Sua filha estava esfregando sua testa com um pano úmido e chorava. Ela nos agradeceu por termos vindo. Alfredo nos agradeceu também. "Vamos, crianças", eu disse. "Vamos." "O que foi, papai? Ele está morrendo?", Shannon perguntou. Kristene e Caleb olharam para dentro da sala e depois para mim.

"Ele tem certeza de que está morrendo, sim", respondi, mal contendo as lágrimas.

"As pessoas aqui parecem saber quando a morte está próxima. Mas eu espero que vocês estejam todos prestando atenção em Alfredo. Ele não tem medo. Ele tem fé em Jesus. Ele sabe que vai para o céu. É assim que eu quero morrer." Senti-me como se estivesse na presença de um santo.

Recusamos a oferta de café e biscoitos da família, dizendo que precisávamos chegar na Auxiliadora e ver algumas pessoas antes de o recreio nos buscar. Quando liguei o motor e apontei o barco rio abaixo, comecei a pensar novamente, como sempre fazia, no caráter desses caboclos. Eu aprendi com as dificuldades que onde quer que você veja uma casa ao longo da Amazônia ou seus afluentes, você tem um refúgio. Aquela família, uma que você nunca conheceu em sua vida, viria em seu auxílio em momentos de necessidade. Eles deixariam você ficar com eles. Eles alimentariam você. Se necessário, eles remariam por você até a ajuda mais próxima. Eles lhe dariam seus últimos bens.

Esse é um código da Amazônia. Você ajuda a pessoa necessitada hoje, porque você pode ser a pessoa necessitada amanhã. Eu nunca testemunhei uma situação mais clara acerca da regra de ouro.

Uma coisa, porém, que nunca entendi completamente sobre os caboclos é seu racismo contra os indígenas. Eles me dizem frequentemente: "Daniel, nós somos indígenas que aprenderam a trabalhar. Não somos preguiçosos. Ninguém nos dá nada. Não gostamos dos indígenas porque eles mendigam e sempre conseguem mais ajuda do que nós".

Curiosamente, os próprios caboclos chamam os indígenas de caboclos. Caboclos raramente se referem seriamente a si mesmos como caboclos. Eles se referem a si mesmos como ribeirinhos (pessoas que vivem à beira do rio) ou, mais comum e simplesmente, brasileiros.

Essa atitude cabocla em relação aos indígenas precisa ser levada em conta se você está procurando por indígenas isolados ou pouco contatados na área. Muitas vezes os caboclos são os únicos que realmente sabem se há indígenas na região. Mas você nunca deve perguntar a um caboclo: "Tem indígenas por aqui que ainda falam a sua própria língua?" Se você quisesse descobrir isso, a melhor maneira de perguntar, pelo menos em certas regiões da Amazônia, seria: "Tem caboclos por aqui que sabem cortar a gíria?" A razão para essa forma de circunlocução estranha é bastante fácil de descobrir se você conversar com um caboclo por tempo suficiente: eles não pensam na fala dos indígenas como uma língua real, nem acreditam que as várias línguas indígenas são, na verdade, muito diferentes umas das outras.

Os caboclos acreditam que são pobres e não medem esforços, mesmo arriscando suas vidas, para melhorar sua situação financeira. Como a maioria das pessoas na economia ocidental, querem progredir. Eles sentem sua pobreza desesperadamente. Os Pirahãs, por outro lado, embora tenham menos posses materiais do que os caboclos, não há o conceito de "pobre" e são satisfeitos com suas vidas materiais. O interesse do caboclo pelo dinheiro nunca foi mais evidente para mim do que durante a Corrida do Ouro em Porto Velho, no início da década de 1980. Naqueles anos, foi descoberto ouro no Rio Madeira e seus afluentes. Essa foi uma época de expansão para as cidades ao longo do Madeira, especialmente Porto Velho. Muitos caboclos redirecionaram seus empreendimentos para a prospecção do ouro e enriqueceram, pelo menos por um tempo. A prospecção era um trabalho incrivelmente perigoso e extremamente difícil. Caboclos sem formação em mergulho se ofereceram para usar capacetes de mergulho e descer sem luzes, na escuridão total, 15 metros de água lamacenta e em movimento rápido, até o fundo do Madeira, com sucuris, jacarés e arraias, para lá segurar grandes mangueiras de vácuo e movê-las lentamente sobre o leito do rio.

A barcaça acima deles fornecia ar. Outros caboclos no topo trabalhavam com o sistema de filtragem que combinava mercúrio e gravidade para separar o ouro da sujeira, das pedras e de outros detritos que estavam sendo aspirados. O mercúrio e a poluição do Madeira tornaram-se um problema grave. Se o mergulhador estava conseguindo enviar ouro, eles puxavam sua mangueira de ar como um sinal para permanecer onde estava. Isso era extremamente perigoso. Se caboclos em uma barcaça vizinha vissem que a barcaça próxima a eles estava trazendo ouro, mas a deles não, poderiam ocorrer homicídios. Muitos de uma tripulação de barcaça já foram mortos por seus vizinhos. Os invasores simplesmente cortavam o ar da mangueira do mergulhador e enviavam seu próprio mergulhador para acabar com ele, se ele já não estivesse morto.

Meu amigo Juarez, filho de Godofredo Monteiro, tornou-se mergulhador. Ele me disse que, na primeira vez em que desceu, saiu sangue de seus ouvidos por causa da pressão. "Mas você tem que persistir se quiser ficar rico", aconselhou-me.

Ele ganhou algum dinheiro. Eventualmente, trouxe ouro suficiente para pagar e saldar as dívidas de seu pai, comprar uma casa na cidade e montar uma barraca de sorvete e um teclado para sua carreira de cantor nos arredores da cidade de Humaitá. No entanto o ouro acabou, mas as contribuições para a economia do Amazonas só foram possíveis por causa da atividade dos caboclos e de outros brasileiros pobres. Os ricos eram donos das barcaças, mas os pobres extraíam o ouro.

Além do trabalho árduo, essa corrida do ouro revelou-me mais de uma vez que os caboclos têm um senso de humor hilário. Durante a corrida do ouro, vi um caboclo andando pelas ruas de Porto Velho com roupas novas e com cordas de dinheiro amarradas nas costas.

"Para que serve esse dinheiro?", perguntei-lhe.

"Filho de Deus", ele começou sua resposta (com uma expressão vocativa amazônica muito comum – com valor de ironia). "Eu gastei minha vida inteira perseguindo dinheiro. Agora que encontrei ouro, o dinheiro pode me perseguir por um tempo".

Outro exemplo de humor caboclo vem de uma noite às margens do Madeira na cidade de Humaitá. Era início da noite, por volta das 19h30, ainda hora de passear, quando é costume passear com o cônjuge, namorado ou namorada e visitar amigos. Estava quente e úmido, mas não desconfortável, como uma sauna agradável. Algumas pessoas se reuniram na pequena praça. O pavimento da praça era de concreto cinza rachado, cercado por paredes cobertas por ladrilhos lisos de barro vermelho onde as pessoas podiam sentar-se. Havia casais vestidos com roupas imaculadas e recém-lavadas, muitas vezes calças brancas ou *shorts* e *tops* de cores vivas pendurados de maneira atraente em seus corpos marrom sólido. Eles estavam sentados na praça comendo sorvete, pipoca e sanduíches. Insetos de todos os tipos, incluindo mosquitões, mosquitos, vespas e besouros rinocerontes, voavam em direção às luzes onde quer que os encontrassem. Carrinhos de duas rodas ficavam em pontos estratégicos da praça, como as barracas de cachorro-quente de Nova York, com luz elétrica e brasas acesas em *hibachis* ao lado dos carrinhos, grelhando espetinhos. As carroças carregavam os ingredientes para sanduíches chamados x-bagunças (mesquinhas de queijo – a letra portuguesa *x* é pronunciada "shees", que é idêntico à pronúncia dos brasileiros para a palavra inglesa *cheese*). Numa extremidade da praça, uma senhora idosa vendia sanduíches, enquanto o neto brincava com um caminhão de plástico no pavimento de concreto da praça, ali perto. Do outro lado da praça estava o pai. Ambas as carroças estavam fazendo bons negócios. Seus sanduíches eram muito bons – presunto, purê de batata, ervilha, maionese, salsichas e queijo, tudo junto e de uma vez.

Um garotinho perguntou algo à sua avó. Ela disse "não". Ele correu até o pai e gritou: "Pai, a vovó disse que não posso tomar uma Coca-Cola®".

O menino estava muito zangado com a avó.

Seu pai olhou para ele e após um momento de silêncio ofereceu uma solução: "Vamos matá-la, então", disse-lhe, com aparente sinceridade. O menino olhou para o pai, intrigado. Então ele respondeu emocionalmente: "Não, pai. Não podemos matá-la. Ela é minha avó".

"Você não quer matá-la?"

"Não! Essa é a vovó!"

"Ok. Bem, então eu tenho que trabalhar."

"Ok."

E o menino correu de volta para a avó. Eu pude ver o pai rindo para si mesmo.

O aspecto mais influente da vida cabocla nos Pirahãs são suas crenças sobre o sobrenatural, transmitidas em frases quebradas e palavras emprestadas da língua geral (a "língua geral" falada em toda a Amazônia durante o início da história do Brasil). Os Pirahãs conversam com frequência sobre as crenças caboclas e me perguntam sobre elas.

Essas crenças são um amálgama de ensinamentos católicos, tupi e outros contos e mitos folclóricos indígenas e da macumba – uma forma afro-brasileira do espiritismo, como o vodu. Eles acreditam no curupira, um elfo da selva (alguns dizem, mulher bonita) que leva as pessoas para o centro da floresta porque seus pés apontam para trás e a alma perdida pensa que está saindo da floresta. Eles acreditam que o boto rosa da Amazônia se transforma em homem à noite e seduz jovens virgens.

Lembro-me de Godofredo me contando sobre a transmogrificação desse golfinho. Ele contou uma história elaborada de como o golfinho, transformado num homem de pele clara, com seu pênis enorme e alongado, engravidou uma infeliz moça perto de Auxiliadora. Depois de me contar a história, ele perguntou: "Você acredita nisso, Daniel?"

"Bem, tenho certeza de que muitas pessoas o fazem", respondi.

"Eu acredito", disse ele, tentando me pressionar em vista do meu respeito à nossa amizade para acreditar nele.

Godofredo tinha duas filhas quando o conheci, Sônia e Regina. Sônia tinha mais ou menos a idade da minha filha Shannon, e Regina tinha mais ou menos a idade de Kristene. Quando Sônia tinha 12 anos, num período em que minha família e eu moramos no estado de São Paulo enquanto cursava doutorado na Unicamp, ela e uma namorada dela, de Auxiliadora, morreram repentinamente com terríveis cólicas abdominais. Pela descrição que recebemos posteriormente por correio (Godo ditou uma carta e pediu a um amigo que a levasse de barco até Humaitá para enviá-la), que incluía vômito de matéria fecal e incapacidade de defecar, pensamos que poderia ser obstrução intestinal, embora também pudesse ter sido botulismo ou uma série de outras coisas.

O diagnóstico de Godo era típico das pessoas da região: "Ela *mixturou* as frutas" (Ela misturou as frutas). Os caboclos, diferentemente dos Pirahãs, são muito supersticiosos sobre o que comem – como misturar certos alimentos, acreditam que pode levar a uma morte rápida e dolorosa. Por exemplo, nunca se deve beber leite enquanto come frutas ácidas como manga.

Uma vez visitamos Godofredo quando seu filho, Juarez, se recuperava de um caso de quase morte de malária por *Plasmodium falciparum*. Godo assistiu Juarez se contorcer por dias no chão com febre, dor e agonia nauseante, mas não havia feito nenhum esforço para conseguir ajuda médica para ele.

"Por que você não o levou ao médico da cidade?", eu perguntei, um pouco perturbado. "Ainda posso levá-lo ao médico, se você quiser. Vou pagar todas as despesas."

"Olha, sr. Daniel. Todo mundo morre quando chega a hora de morrer. Por isso é que um médico morre nos braços de outro."

Não é verdade? Os médicos não controlam a morte", foi a resposta sagaz do caboclo.

Alguns anos depois, quando Juarez estava se aproximando do 17º aniversário, eu queria dar a ele uma oportunidade de melhorar financeiramente. Sentei-me com Godo durante uma viagem pela Auxiliadora para os Pirahãs.

"Godo, nós dois sabemos que Juarez é um jovem muito inteligente. Eu tenho visto que ele gosta de trabalhar em toca-discos e rádios. Acho que, com um bom treinamento, ferramentas e alguma ajuda financeira, ele poderia abrir uma loja e fazer um bom dinheiro. Tenho um amigo em Porto Velho, um técnico de rádio americano de nome Ricardo, e ele concordou em ensinar seu ofício a Juarez, deixá-lo embarcar com ele e sua esposa e depois fornecer-lhe ferramentas quando Juarez tiver feito treinamento. Estou disposto a pagar por tudo isso. O que você acha, Godo? Gostaria de levar Juarez comigo quando sair da aldeia."

Godo afastou-se de mim momentaneamente. "Deixe-me pensar sobre isso, Daniel. Quando você partir para Porto Velho, eu lhe darei minha resposta."

Algumas semanas depois, durante uma visita de Godo aos Pirahãs para negociar castanha-do-pará, embarquei em seu barco para visitá-lo e tomar um café.

"Daniel, pensei muito na sua oferta", começou Godo. "Eu não posso aceitar isso. Veja, preciso que meu filho trabalhe comigo. Sou muito pobre para contratar ajuda. Se ele partir e aprender todas essas coisas novas, tenho certeza de que ele irá ficar na cidade e nunca mais voltará aqui. Ele vai ficar e ganhar dinheiro em Porto Velho ou Humaitá e não vai ajudar o pai."

"Mas, Godo", implorei, intrometendo-me incontrolavelmente nos assuntos de sua família porque fiquei chocado com esse egoísmo, "você está arruinando o futuro do Juarez apenas para seus próprios interesses".

Fiquei muito chateado. Notei que Juarez e sua madrasta, Cesária, estavam olhando de soslaio para nós na parte de trás do barco, de cabeça baixa. "Talvez eu esteja arruinando o futuro dele. Ou talvez eu não esteja. Só Deus sabe, Daniel. Mas sei que preciso de Juarez aqui comigo, agora."

Completamente exasperado, engoli o resto do meu *cafezinho* (uma pequena xícara de café preto forte) e pedi licença para voltar às margens do Maici, até minha casa. Eu sabia que a atitude de Godo era típica da maioria dos caboclos. Os filhos dependiam da ajuda econômica dos pais. Pessoas não desperdiçariam seus bens primários, seus filhos. Eles eram seus para fazer o que você queria e gostaria que eles o ajudassem financeiramente.

Anos depois, Godo perguntou se ainda poderia aceitar minha oferta. Juarez estava em seus 20 e poucos anos nessa época. "Não, Godo. Ricardo já não vive em Porto Velho, então não conheço ninguém lá que possa treiná-lo."

No fim das contas, a história de Juarez se tornou uma tragédia, bastante comum entre os caboclos. Ao concluir a primeira versão deste capítulo, descobri que ele havia morrido em um acidente de moto na Rodovia Transamazônica. Eu mais de uma vez quase morri andando de moto pela estrada Transamazônica. Tive longos pensamentos tristes sobre Juarez e sobre o miserável fim de uma jovem vida promissora cujo potencial nunca foi realizado.

Resumir a cultura cabocla não faz justiça ao seu rico sistema de crenças e seu modo de vida. Em última análise, os caboclos passaram a desempenhar um papel tão importante na minha vida como os Pirahãs, à medida que mergulhei mais profundamente no mundo da Amazônia. Assim como os Pirahãs, eles estão entre meus queridos amigos e meus conhecidos mais exasperantes.

Mas eu não poderia concluir esta pesquisa superficial sobre eles sem a menção à sua disposição para lutar. Os caboclos vivem de acordo com um código semelhante àquele de John Bernard Books, último personagem de John Wayne, em *The Shootist* (*O úl-*

timo pistoleiro): "Não serei injustiçado, não serei insultado e não serei maltratado, mãos à obra. Eu não faço essas coisas com outras pessoas e espero o mesmo deles" (O último..., 1976). Os amazônicos irão ajudá-lo se você pedir. Eles vão te dar sua última comida se você precisar. Mas eles são extremamente sensíveis a ofensas ou a qualquer sinal de que você pensa que lhes é superior.

Às vezes só a minha pele branca e o fato de ser estrangeiro ofendem essa sensibilidade. Isso ocorre porque muitos brasileiros passaram a acreditar que os americanos são racistas e se sentem superiores a todos os outros povos. Às vezes, em relação àqueles que se ofendem com minha mera presença, sinto que se incumbem de tentar me intimidar para seus amigos perceberem. Muitas vezes me perguntaram: "O que é você?" ou "O que você está fazendo no Brasil?" ou "O que você está tentando roubar do nosso país?"

É vital adquirir o equilíbrio entre mostrar resistência e usar o bom-senso ao viajar pela Amazônia. Os Pirahãs têm me ensinado essa lição. E os caboclos também. Nenhum dos dois recuará se as probabilidades forem iguais. Mas ambos evitarão uma briga se as probabilidades estiverem obviamente contra eles. Levei algum tempo para aprender a lição por mim mesmo, depois de cometer erros que poderiam ter custado muito caro.

Certa vez, quando minha família morava com o povo Pirahã, apareceu um barco enorme, de tamanho maior do que o tamanho normalmente visto no Madeira, no Amazonas ou no Rio Negro, três conveses de altura e 30 metros de comprimento, subindo o Maici até nossa aldeia. A água estava alta, o barco parecia estar estacionado bem em frente à nossa casa na beira do rio. O rio ficava a apenas 30 centímetros do topo da margem, embora estivesse a mais de 12 metros abaixo do topo na estação seca. O barco estava tão perto e o rio tão alto que a tripulação podia espiar minha casa. A tripulação era grande, talvez chegasse a 35 homens. Eu pude ver que eles estavam olhando para Keren e minhas filhas, agora tendo recém-ultrapassado a puberdade.

Reagi instintivamente e embarquei no barco, um gringo de 30 anos, 1,80 m e 70 quilos. "O que você está fazendo em terras indígenas?", questionei o proprietário, um enorme homem chamado Romano. "Estamos procurando madeiras nobres", respondeu friamente.

Eu olhei em volta. Um homem da tripulação tinha uma esfera branca e carnuda na órbita onde eu esperava ver seu olho. Outro tinha uma cicatriz que ia da testa até a garganta, claramente de uma faca. Outro tinha uma cicatriz em sua barriga. Percebi que todos eles eram mais bem constituídos que eu, com músculos bem definidos exalando poder.

Mas, como um pai indignado e marido, mandei saírem da terra dos Pirahãs. "Quem é você para nos dizer para sair?", perguntou Romano. "Um americano expulsando os brasileiros de terras brasileiras?"

"O delegado da Funai em Porto Velho, Apoena Meirelles, me disse com segurança que ninguém entraria nesta terra sem sua permissão", respondi com sinceridade, mas ingenuamente, simplesmente não entendendo o quanto ofensivo isso poderia ser para um brasileiro nato. Também não percebia que a Funai era em grande parte irrelevante para os caboclos, embora eu não pudesse adentrar e fazer qualquer coisa lá sem a permissão e o apoio da instituição. Isso aconteceu no início da minha carreira, antes que eu conhecesse melhor as coisas.

Eu estava pronto para agir. Eu não sabia, no entanto, o que faria se isso desse errado. Eu não tinha nenhum plano. Mas para meu alívio, depois de um silêncio durante o qual a equipe continuou olhando para minha casa e Romano apenas olhando para mim, ele de repente ordenou a seus homens que ligassem o barco e se preparassem para partir. Ele ofereceu café e bebemos um expresso doce e xaroposo. Ele disse adeus educadamente e eles saíram. Outra lição que aprendi: pessoas malvadas de fato podem ser legais.

Os caboclos, assim como os Pirahãs, estão isolados até dos demais brasileiros, algo que os Pirahãs notam quando chegam outros brasileiros ou estrangeiros em suas terras. Isso ficou claro para mim anos atrás pelas reações dos caboclos aos membros do Projeto Rondon. Esse projeto foi uma iniciativa patrocinada pelo governo para ajudar a saúde dos pobres do Norte do Brasil e aumentar a consciência social dos privilegiados do Sul do Brasil, levando equipes de estudantes universitários do Sul até as regiões mais remotas do Brasil para visitas curtas a fim de fornecer atendimento odontológico e médico. Uma vez quando cheguei à Auxiliadora, onde ainda moravam Godofredo e Cesária, alguns homens me chamaram quando eu estava passando pela sombra da árvore sob a qual estavam sentados. Eles estavam bebendo cerveja Antarctica gelada, vestidos com *shorts* e chinelos e sem camisa.

"Seu Daniel, como é que vai? Sabe, rapaz, na semana passada tinha um grupo de estrangeiros do seu país aqui. Falavam português enrolado que nem você!"

"Um grupo do meu país?", eu perguntei, surpreso que qualquer grupo de americanos algum dia viajariam para Auxiliadora. "De onde eles eram?"

"Eles estiveram aqui com o Projeto Rondon. Eles eram todos de São Paulo."

Afastei-me achando que para os caboclos havia pouca diferença entre um gringo dos Estados Unidos e um brasileiro de São Paulo.

Segunda parte

Linguagem

11. Mudando os canais com os sons Pirahãs

Caboclos, viagens e outras experiências da Amazônia eram, em última análise, apenas meios para um fim. Minhas experiências na região foram ordenadas em torno da minha luta para descobrir e explicitar a gramática pirahã. À medida que progredi, lenta e dolorosamente, percebi que essa linguagem era tão profundamente original. Inicialmente reconheci isso ao analisar a forma como se organizavam seus sons por meio das palavras. Baseei minhas conclusões sobre sua singularidade por meio das pesquisas de campo realizadas com os Tzeltales no sul do México, dos treinamentos com os Comanche e os falantes Cherokee em Oklahoma e do auxílio aos missionários ao analisar outras línguas amazônicas e também por uma ampla leitura.

Geralmente eu fazia meu sério trabalho sobre a língua pirahã no sobrado de nossa casa tribal, construído em paralelo à margem do rio para pegar a brisa. Em nossa casa tínhamos um depósito e um teto feito de tábuas talhadas sobre nossos dormitórios para evitar que a vida rastejante, saltitante e deslizante caísse sobre nós enquanto dormíamos e também para deixar esses quartos um pouco mais frescos.

O espaço triangular criado entre meu telhado de palha e o teto de tábuas estava aberto em ambos os lados e havia espaço suficiente para eu colocar uma mesa e algumas cadeiras lá em cima para meu trabalho de linguística. Eu me refiro a esse lugar como meu escritório. Era extremamente quente nesse espaço relativamente fechado e havia cobras, sapos, tarântulas e outras criaturas na palha, mas dava um pouco de privacidade da aldeia, para que nós, meus professores de línguas e eu, tivéssemos menos distrações. O acesso a esse espaço era feito por uma escada caseira pregada na parede da sala logo abaixo da minha mesa.

Quando eu trabalhava no meu escritório, sentia tanto calor que minha camiseta grudava em mim e meu cabelo colava nas laterais da minha cabeça. Mas aprendi a ignorar isso. Era a vida animal que continuava a me manter alerta e cauteloso.

De vez em quando, eu tinha que parar de trabalhar enquanto pequenos sapos em pânico pulavam da palha com cobras rastejando atrás deles. Nenhuma das cobras eram muito grandes, mas algumas eram venenosas. Eles viviam na palha, que aparentemente era um excelente local de caça. Aprendi a manter um taco de madeira ao alcance dos meus pés ou na cadeira ao meu lado. Quando ouvia a palha acima da minha cabeça farfalhar, eu recuava minha cadeira, pegava meu porrete e esperava. Primeiro, um sapo assustado saltava. Eu tentava matá-lo também. (Eu queria toda a vida fora da palha.) Mas, eles eram muito rápidos e pequenos. Então sabia que o que quer que tivesse assustado o sapo não ficaria muito atrás, e esperava. Várias vezes uma cobra colocava a cabeça para fora. Dado que eu estava esperando, a praga escorregadia quase sempre era um caso perdido. *Bam*! O taco batia a cabeça da cobra contra a palha e os postes de sustentação. E então eu podia jogar a cobra na selva e voltar ao trabalho.

Vivi e respirei a língua Pirahã enquanto estive na aldeia. Mas meu otimismo inicial sobre a análise da linguagem deles desapareceu quando comecei a entender o quanto ela era difícil.

Todos nós já vimos filmes de Hollywood em que algum explorador ou cientista aprende uma língua tribal fluentemente em apenas um curto período de tempo. Esses pareciam exemplos bobos para mim agora, enquanto eu me esforçava para aprender mais sobre esse idioma e expressar-me nele. Não havia livros manuais. Não havia ninguém que pudesse traduzir frases pirahãs para o português, exceto nas mais simples paráfrases. Mesmo depois de seis meses, eu não tinha certeza se entendia alguma coisa que meus professores estavam me dizendo. Às vezes era muito desanimador. Mas eu vi que crianças Pirahãs de três e quatro anos aprendiam a língua e ousei acreditar que eventualmente poderia falar tão bem quanto uma criança de três anos.

Embora a linguística fosse minha atividade e busca intelectual entre os Pirahãs, nunca perdi de vista o fato de que estava sendo pago por igrejas e cristãos para traduzir a Bíblia para a língua pirahã. No entanto, para fazer isso, eu precisava de um conhecimento profundo da estrutura da linguagem. Esses dois objetivos eram pelo menos compatíveis nessa fase.

O pirahã tem um dos menores conjuntos de sons ou fonemas do mundo, com apenas três vogais (*i, a, o*) e apenas oito consoantes (*p, t, k, s, h, b, g* e a parada glótica *x*) para os homens, e três vogais (*i, a, o*) e sete consoantes (*p, t, k, h, b, g* e *x*) para as mulheres (elas usam *h* tanto para palavras que os homens usam *h* quanto para palavras que os homens usam *s*). As mulheres têm menos consoantes que os homens. Isso não é inédito, mas é incomum.

O termo *parada glótica* não significa muito para grande parte dos leitores, pois é um som que falta nos fonemas da maioria das línguas europeias, incluindo o inglês. Mas ele é importante em pirahã. Em inglês, ocasionalmente se faz a parada glótica em interjeições, como *uh-uh* (não). Considerando que uma consoante como *t* interrompe o fluxo de ar que sai da boca logo atrás dos dentes e um *k* corta o ar com a parte de trás da língua levantada contra o palato, uma parada glótica é produzida fechando firmemente as pregas vocais e cortando o fluxo de ar antes que ele chegue à parte superior da garganta (a faringe).

Para avaliar o quanto é pequena a lista de sons dos Pirahãs, considere que o inglês tem aproximadamente 40 fonemas, dependendo do dialeto. E o inventário de fonemas do inglês não é de forma alguma excepcionalmente grande. Hmong do Vietnã tem 80. No outro extremo, apenas Rotokas (Nova Guiné) e o Havaiano competem com o pirahã pelo reduzido inventário fonêmico – ambos têm 11 fonemas, o mesmo número de fonemas dos homens Pirahãs.

Algumas pessoas me perguntaram se uma linguagem pode comunicar informações complexas com apenas 11 fonemas. Um cientista da computação sabe, no entanto, que os computadores podem comunicar qualquer coisa para a qual os programamos e fazem isso com apenas duas "letras" – 1 e 0, que podem ser consideradas fonemas. O código Morse também tem apenas duas "letras", longo e curto.

E isso é tudo que qualquer idioma precisa. Na verdade, uma linguagem poderia sobreviver com um único fonema. Nesse idioma, as palavras podem parecer como *a, aa, aaa, aaaa* e assim por diante. Não é surpreendente que não exista nenhum idioma conhecido com apenas um ou dois sons, pois, quanto menor o inventário fonêmico, mais longas as palavras devem ser para fornecer informações suficientes para que os falantes possam distinguir uma palavra de outra (caso contrário, soariam muito parecidas) e mais difícil seria para o nosso cérebro distinguir as palavras (palavras muito longas exigiriam muita memória para distinguir, entre outros problemas). Então, se existisse uma linguagem humana como a linguagem binária dos computadores, os humanos precisariam de cérebros semelhantes aos de um computador para usar e reconhecer as longas palavras que seriam necessárias. Imagine tentar dizer uma palavra de 50 ás consecutivos junto a uma palavra de 51 ás.

Há, portanto, uma tensão entre aprender um grande número de fonemas para manter as palavras com um tamanho mais gerenciável *versus* aprender menos fonemas deixando as palavras "crescerem" um pouco. Algumas línguas podem ser complicadas em ambos os sentidos. O alemão tem palavras longas e um grande conjunto de fonemas, por exemplo.

Alguns exemplos em inglês podem nos ajudar a ver como nós usamos os fonemas para distinguir palavras. Nas palavras *pin versus bin*, para a maioria dos falantes, a única maneira de distinguir qual palavra significa um fecho pequeno e pontiagudo e qual é um contêiner é que uma tem o fonema *p* e a outra tem o *b*; caso contrário, as palavras seriam idênticas. Isso significa que *p* e *b* são sons significativamente separados em inglês, ao contrário dos dois tipos de *p* em *pin* e *spin*.

Nestas últimas palavras, o *p* de *pin* (pino) é aspirado, o que significa que uma lufada de ar é emitida com sua pronúncia, enquanto o *p* de *spin* (rodar, girar) não é aspirado (você pode ver isso segurando um pedaço de papel de caderno a cerca de 7 centímetros de sua boca ao pronunciar essas palavras na voz normal. O papel se inclinará para frente com o vento da aspiração da primeira palavra, mas não com a segunda). Por essa razão, no alfabeto inglês, distinguimos entre *p* e *b*, uma distinção significativa, mas não entre os dois sons de *p* de *pin* (alfinete) e *spin* (rodar, girar), já que podemos reconhecer tais palavras com ou sem aspiração (Audrey Hepburn, influenciada pelo seu holandês nativo, tendia a não aspirar consoantes e a maioria das pessoas quase não percebia).

Essa distinção entre alguns sons de acordo com a sua posição na sílaba é importante para linguistas, mas não tem significado em inglês – qualquer falante de inglês entenderá *pin* e *spin* estando os pês aspirados ou não aspirados nas palavras.

Em *sheet* (folha) *versus shit* (merda), a diferença de som para um falante nativo do inglês é encontrada na tensão da língua ao produzir as vogais. No entanto, como a segunda palavra usa um som na vogal não encontrado nas línguas românicas, como o espanhol ou o português, falantes desses idiomas podem ter momentos constrangedores tentando distinguir tais palavras, já que os dois sons são fonemas separados em inglês, mas não em espanhol ou português.

Para um inventário do tamanho das palavras pirahãs, estas não necessitam ser tão longas quanto poderíamos esperar, no entanto, por causa de duas ferramentas adicionais: o contexto e os tons que mencionei anteriormente.

O contexto ajuda a distinguir significados em todas as línguas. Considere os homônimos em inglês *to versus two*. Se eu lhe perguntar: "Quanto você disse?" e você responde *tü* (escrito foneticamente), sabemos que apenas *two*, e não *to*, poderia ser entendido nesse contexto. Na verdade, a maioria das ambiguidades potenciais são evitadas pelo contexto.

Sentei-me um dia com Kóxoí à mesa sob meu telhado de palha para aprender mais sobre a estrutura sonora das palavras pirahãs. Keren apareceu com um copo de café. Ela gesticulou para Kóxoí para ver se ele também gostaria de uma xícara. Kóxoí sorriu e disse: "*Tí píai*", o que imediatamente imaginei que significasse "Eu também".

Para verificar isso, organizei algumas frases de elicitação para confirmar meu palpite, agindo e dizendo: "Kóxoí bebe café, Dan *píai*", "Kóxoí toma café, eu *píai*" e assim por diante.

Gravei exemplos e isolei as frases para *eu também, você também, ela também* e assim por diante. Então pedi a Kóxoí que as repetisse para mim para que eu pudesse verificar sua pronúncia.

O que ele me deu foi surpreendente e confuso.

Ele repetiu: "*Tí píai*".

Eu repeti.

Ele disse: "Certo, *ki píai*".

"O que você disse?", eu perguntei com frustração e surpresa. Por que ele estava mudando a pronúncia? Havia uma expressão mais simples do que a que eu tinha pensado?

"*Kí kíai*", ele repetiu.

Agora eu estava começando a questionar minha própria sanidade. Três diferentes pronúncias em três repetições. Eu tinha certeza de que o som *k*, o som *t* e o som *p* eram unidades significativas da fala – fonemas – dos Pirahãs. Os fonemas, há de se supor, não devem ser intercambiáveis! Mude Tim para Kim para Pim em inglês, por exemplo, e você não obtém apenas alternativas de pronúncias, você obtém palavras distintas.

"*Kí kíai*?", perguntei.

"Isso mesmo, *pí píai*" foi a resposta exasperante.

Em outras repetições, Kóxoí então deu pronunciações adicionais (novamente, o *x* representa a parada glótica dos Pirahãs): "*xí píai*", "*xí xíai*".

Fiquei me perguntando se a pronúncia de Kóxoí era apenas "desleixada" comparada a outros Pirahãs ou se algum princípio mais profundo da língua foi sendo ilustrado por essa variação. Pode ser que essa palavra estivesse mudando o significado de maneiras que eu não estava percebendo. Ou poderia ter sido apenas um exemplo de "variação livre" – uma diferença sem significado na pronúncia, como em minhas pronúncias alternativas do sul da Califórnia de *economia* como "*ee*conomia" e "*eh*conomia", sem diferenças intencionais de significado. Acabei concluindo que era de fato uma variação livre.

Observei vários outros exemplos dessa variação em muitos outros falantes Pirahãs. Algumas pessoas me deram muitas pronúncias para uma única palavra, como *xapapaí, kapapaí, papapaí, xaxaxaí e kakakaí* para a palavra-cabeça. Ou *xísiihoái, kísiihoái, písiihoái, píhiihoái e kíhiihoái* para combustível líquido (querosene, gasolina, butano etc.).

Vi que pirahã permite uma gama surpreendente de variações entre as consoantes. Isso me surpreendeu, especialmente em um idioma com tão poucos fonemas. Mas ao mesmo tempo descobri que pirahã faz um uso extensivo do tom, do acento do sotaque e do peso de suas sílabas de modo que a linguagem pode ser assobiada, cantarolada/murmurada, gritada ou cantada. Por exemplo, a frase *Káixihí xaoxaagá, gáihí* (tem uma paca ali) tem uma forma musical. E é essa forma musical que é assobiada, murmurada ou cantada.

As linhas verticais no exemplo indicam os limites das palavras. As notas entre as linhas são as representações musicais de uma palavra. O cursor (^) sob uma nota indica que a sílaba é mais alta do que outras sílabas na mesma palavra. Uma nota inteira (oval oca) representa o tipo de sílaba mais longa na língua (consoante + vogal + vogal) e uma semínima (oval preta) representa a sílaba mais curta da língua (consoante + vogal). As outras notas e pontos de comprimento representam sílabas de outros comprimentos – os Pirahãs têm cinco comprimentos de sílabas. A altura relativa das notas, ou seja, das sílabas, indica o tom. Uma nota mais alta é uma sílaba com tom agudo. A nota mais baixa é uma sílaba com tom baixo. Uma linha de ligação entre duas notas, um "empate" musical, indica que há um movimento de um tom baixo para um tom alto ou de um tom alto para um tom baixo, sem pausa entre os dois pontos finais. Na representação musical do *káixihí*, o primeiro grupo de notas tem uma queda do tom, seguido por um tom baixo e curto, com uma pausa anterior no apito (onde teria sido a parada glótica em *káixihí*), seguida de outra pausa curta (onde estaria o *h*) e um tom curto e agudo e assim por diante. A palavra, sem consoantes ou vogais, é acentuada (com ajuste de volume) de acordo com o peso da sílaba. Assim, os limites das sílabas são claramente presentes em canais de assobios, zumbidos e gritos, todos os quais figuram nessa representação musical mesmo que os próprios fonemas estejam ausentes.

Não há pauta na minha analogia musical porque os tons pirahãs não têm variações sonoras – *pitchs* – tão precisas como nas notas musicais (dó central em um teclado de piano produz ondas sonoras de 256 hertz), mas variações que são relativas. Um tom alto em pirahã ou qualquer outra linguagem tonal não é um número específico de hertz, mas é simplesmente feito com a frequência maior de vibrações nas cordas vocais do que um tom baixo.

Comecei a sentir que havia uma ligação entre o pequeno número de fonemas e a presença desses "canais do discurso". E levantei a hipótese que esses canais eram a chave para compreender tanto o pequeno número de consoantes e vogais em pirahã quanto a surpreendente variação entre as consoantes. Como todos esses canais dependem fundamentalmente do fato de as palavras pirahãs poderem ser representadas musicalmente, devemos tentar entender um pouco de onde deriva essa musicalidade.

Primeiro há os tons. Cada vogal em cada palavra tem um tom alto ou um tom baixo, de maneira semelhante ao chinês e outras línguas tonais.

Os tons linguísticos evoluem de uma propriedade onipresente do mundo das línguas, o *pitch*, frequência relativa de vibração das cordas vocais. Todas as línguas usam o *pitch* para distinguir significados. Em inglês, por exemplo, um *pitch* crescente no final de uma frase geralmente indica uma pergunta, enquanto a sua queda indica uma afirmação.

John está chegando. (Declaração, com tom decrescente).

John está chegando? (Pergunta, com tom crescente).

Na pontuação inglesa, um ponto final é usado para marcar a queda do tom, enquanto o ponto de interrogação indica o tom crescente. Quando o *pitch* é usado para distinguir os significados das frases dessa forma, é chamado de entonação. Existem muitas variações de entonação possíveis. Para ver apenas um vislumbre da complexidade no uso do *pitch* e do acento em inglês, considere um dos meus exemplos favoritos, conhecido entre os linguistas como "substituição de colisão acentual". Quando pronunciado sozinho, a palavra *thirteen* (treze) tem *pitch* mais alto na última sílaba – "thirTEEN". E a palavra *women* (mulheres) tem o *pitch* mais alto na primeira sílaba, "WOmen" (Mulheres). Mas coloque as duas palavras juntas e o que você ganha? Você não tem: "thirTEeN WOmen" (treZE Mulheres), mas sim: "THIRteen WOmen" (TREze Mulheres).

Por quê? Porque o inglês, como várias outras línguas, não gosta de duas sílabas agudas ou acentuadas próximas uma da outra. Elas preferem ter uma alternância de padrão – ACENTUADO não acentuado ACENTUADO não acentuado e assim por diante. Então, falantes do inglês mudam o acento em palavras como *thirteen* (treze) quando elas precedem e modificam outras palavras para obter o resultado da alternância dos acentos, enquanto, ao mesmo tempo, mantêm o acento na palavra principal da frase, nesse caso o substantivo mulheres no sintagma nominal THIRteen WOmen (treze mulheres). E nenhuma criança que fala inglês teve que aprender esse padrão de sotaque! Elas apenas o fazem. Descobrir como isso é possível é um dos enigmas que fazem parte da diversão linguística.

Todas as línguas, sejam elas faladas nos desertos da Austrália, nas ruas de Los Angeles, ou nas florestas do Brasil, usam entonação. Mas muitas línguas usam o *pitch* de outra maneira também. Embora use o *pitch* para mudar o significado nas sentenças, o inglês não usa o *pitch* para alterar o significado das palavras, com algumas exceções que podem nos ajudar a entender o que se passa numa língua tonal como o pirahã ou o chinês.

Considere o que diferencia pares de substantivos e verbos como CONtract (substantivo) *versus* conTRACT (verbo), PERmit (substantivo) *versus* perMIT (verbo) e CONstruct (substantivo) *versus* conSTRUCT (verbo). Nesses pares, o substantivo tem uma altura de *pitch* mais alta na primeira sílaba, enquanto o verbo tem um *pitch* mais alto na segunda sílaba. Mas, embora o inglês use o *pitch* para distinguir os significados de apenas alguns pares de palavras, em línguas tonais cada sílaba, vogal ou palavra carrega uma altura de *pitch* distinto, chamado *tom*.

Aprendi essa distinção pela primeira vez, assim como aprendi muitas coisas sobre a linguagem, cometendo um erro flagrante. Kóhoi e eu estávamos trabalhando alguns termos que pensei que poderiam ser necessários para a tradução da Bíblia, entre outras coisas.

Eu perguntei a ele: "Quando você gosta muito de alguém, como você o chama?"

"*Bagiái*", respondeu Kóhoi.

Tentei colocar a palavra em uso imediatamente. "Você é meu *bágiái*", eu disse, sorridente.

"Não!", ele respondeu, rindo.

"O quê", perguntei, "você não gosta de mim?"

"Eu gosto de você", disse ele, rindo um pouco. "Gosto de você. Você é meu *bagiái*". "Mas existem *bágiái*, e não gostamos deles", esclareceu.

Para me ajudar a entender o que ele estava dizendo, Kóhoi assobiou as palavras para mim, devagar. Então pela primeira vez ouvi a diferença! A palavra para *amigo* é *bagiái*, com um único tom agudo no último *a*: "ba-gi-Ai". Mas a palavra para *inimigo* tem dois tons altos, um em cada *a*: "bA-gi-Ai". Essa pequena diferença é o que separa o amigo do inimigo na língua pirahã. As palavras estão relacionadas para os Pirahãs porque *bagiái* (amigo) significa literalmente "ser tocado" – alguém que você toca afetuosamente – e *bágiái* (inimigo) significa "a causa para se fazer unido". Culturalmente, porém, *bágiái* tem um significado idiomático – um inimigo é alguém que causa a união das coisas que não são suas. Expressões como esta dependem de mais do que um significado literal das palavras, que podem, na verdade, ser irrelevantes, como a expressão inglesa *kick the bucket*, mas que significa "morrer", completamente desconectada do significado literal das palavras individuais da frase.

Claramente, tive que escrever os tons como parte da linguagem. Então adotei uma convenção linguística bastante comum e usei o acento agudo para marcar o tom alto. Quando não há marca acima de uma vogal, a vogal tem tom baixo. Aqui está outro conjunto de palavras pirahã, cada uma distinta das outras pelo *pitch* relativo das vogais:

xaoóí (aoOI): "pele"

xaoói (aoOi): "estrangeiro"

xáoói (AoOi): "orelha"

xaóoí (aOoI): "casca de castanha-do-pará"

Como pirahã usa o *pitch* tão amplamente, ele tem opções no canal de comunicação que faltam à maioria das línguas europeias. Eu os chamo de canais do discurso, seguindo o trabalho pioneiro do sociolinguista Dell Hymes. Existem cinco desses canais na língua pirahã, cada um com uma função cultural. Estes são a fala do assobio, a fala do zumbido, a fala musical, a fala gritada e a fala normal, isto é, a fala usando consoantes e vogais.

Para conhecer os Pirahãs é preciso conhecer esses canais e suas funções. Já tinha ouvido falar disso antes de ir para a aldeia. E eu sabia que outras línguas tinham modos de expressão semelhantes (como as línguas do tambor encontradas na África ou as falas do apito das Ilhas Canárias). Mas, quando ouvi um exemplo em pirahã pela primeira vez, foi uma nova experiência para mim.

Isso aconteceu uma tarde depois de eu ter separado algumas revistas antigas da *National Geographic* para os Pirahãs folhearem. Eles adoram fotos de animais e povos, sejam da Amazônia, sejam de outras partes do mundo. Xiooitaóhoagí (i-owi-taO-hoa-gI) sentou-se no chão, olhando a revista, com o bebê mamando no peito. Suas pernas esticadas na frente dela, vestido puxado até os joelhos, do tradicional jeito pirahã, ela cantarolava ritmicamente para a criança em seu colo enquanto a amamentava energicamente. Observei um pouco antes de perceber que o que ela estava cantarolando era uma descrição da baleia e dos esquimós cujas fotos ela estava examinando. O menino desviava o olhar do seio dela para a foto de vez em quando e ela apontava e murmurava cantarolando mais alto.

Como todos os verdadeiros canais de comunicação, a fala cantarolada pode "dizer" qualquer coisa que possa ser dita com consoantes e vogais. Mas também, como os outros canais, ela conta com um conjunto específico de funções. A fala cantarolada é usada para disfarçar, seja o que se está dizendo, seja a identidade de alguém. Isso acontece porque, mesmo para um indígena Pirahã que não está prestando muita atenção, fica difícil de acompanhar. E a fala cantarolada ou sussurrada é conduzida em volume muito baixo. Portanto, também é usada para privacidade, como o nosso murmurar. Os Pirahãs propriamente não sussurram ou murmuram, em vez disso cantarolam. Eu me perguntei sobre isso por um tempo, até que o linguista alemão Manfred Krifka me lembrou da razão óbvia para isso. Ao sussurrar, as cordas vocais são incapazes de produzir tons diferentes, então a fala pirahã se tornaria ininteligível. A fala cantarolada também é usada para falar quando a boca está cheia. Por fim, é frequentemente usada pelas mães quando conversam com os filhos.

A fala gritada é o uso da vogal *a* ou, ocasionalmente, das vogais originais das palavras faladas e uma das duas consoantes *k* ou *x* (parada glótica); gritar é a forma musical da fala, ou seja, seu tom, sílabas e acentos. A fala gritada é comumente usada em dias chuvosos, quando a chuva e os trovões são altos. É usada para se comunicar com Pirahãs a longas distâncias. Ela é tão alta quanto um grito, mas sem consoantes. Ocasionalmente podem estar em falsete.

Koobio mora em Xagiopai, uma viagem de canoa de sete dias rio acima do Posto Novo. Num dia chuvoso, quando eu o visitava, Koobio estava do outro lado do rio na casa de seu pai, Toitoi. Sua esposa, Xiáisoxái, estava de volta à casa de Koobio, prestes a cruzar para o lado do rio de Toitoi. Koobio começou a gritar deste modo:

"*Ká, Kaáakakáa, kaákaá.*"

Na fala normal dos Pirahãs seria: "*Kó Xiáisoxái. Baósaí*" (ei, Xiáisoxái. Roupa).

Surpreendentemente, embora a chuva abafasse a maioria dos sons, esse discurso foi transmitido de modo impressionante. Pouco depois ouvimos Xiáisoxái gritar de volta: "Ok, vou levar sua camisa quando eu for".

E, então, há a fala musical, um dos dois canais de comunicação para os quais os Pirahãs têm nomes especiais. Eles se referem às falas musicais como "mandíbula vindo" ou "mandíbula saindo". É produzido exagerando as diferenças relativas de *pitch* entre o tom alto e o tom baixo, mudando o ritmo de palavras e frases para produzir algo como uma melodia. Esse canal tem talvez o conjunto de funções mais interessante da linguagem. É usado para comunicar novas informações importantes e para comunicar-se com espíritos (e muitas vezes é usado pelos *kaoáíbógí*, ou espíritos, eles mesmos). Mas é usado principalmente quando as pessoas estão dançando. Curiosamente, embora não tenha explicação para esse fato, quando pergunto aos Pirahãs para repetir algo na fala musical, as mulheres o produzem de modo menos consciente do que os homens.

A fala de assobio, que os Pirahãs chamam de falar com "boca azeda" ou com a "boca enrugada" – a mesma descrição que usam da boca quando se chupa um limão –, é usada apenas por homens. Por alguma razão, essa restrição para os homens é própria para a maioria das outras línguas em que se usa a fala de assobio. Ela é usada para se comunicar durante a caça e em brincadeiras agressivas entre meninos.

Meu primeiro contato intenso com a fala de assobio ocorreu um dia, quando os Pirahãs me deram permissão para caçar com eles. Depois de estarmos caminhando por cerca de uma hora, eles decidiram que não estavam vendo nenhuma caça porque eu, com meus cantis e facões barulhentos e minha falta de jeito congênita, estava fazendo muito barulho.

"Você fica aqui e voltaremos para buscá-lo mais tarde", disse Xaikáibaí de modo gentil, mas com firmeza.

Observei os homens me deixarem. Eu estava parado perto de uma grande árvore e não fazia ideia de onde eu estava ou quando eles voltariam. A floresta estava escura em razão do clímax produzido pela sombra das árvores. Havia mosquitos zumbindo ao meu redor. Peguei meu facão para o caso de algum animal aparecer rondando. Questionei-me se os Pirahãs algum dia voltariam para me buscar. Se eles não tivessem retornado, meu esqueleto provavelmente estaria lá agora.

Enquanto tentava aproveitar ao máximo meu confinamento solitário, ouvi os homens assobiando um para o outro. Eles estavam dizendo: "Eu irei até lá; você vai nesse caminho" e outras conversas de caça. Mas claramente eles estavam se comunicando. Isso foi fascinante porque soava tão diferente de tudo que eu tinha ouvido antes. Os assobios soaram longos e claros na floresta. Pude ver imediatamente a importância e a utilidade desse canal, que imaginei também teria muito menor probabilidade de assustar a caça do que as frequências mais baixas das vozes normais dos homens.

Esses canais mostram como a cultura pode influenciar a linguagem. Se eu não conhecesse os canais do discurso, eu não poderia saber os caminhos culturais apropriados de comunicar os diferentes tipos de informações para as quais cada um desses canais é usado. Uma descrição completa da cultura pirahã tem de incluir uma discussão sobre como alguém comunica informações espirituais, informações íntimas e assim por diante. A função dos canais é cultural. Ou seja, os fatos linguísticos, o pequeno número de fonemas e a quantidade de livre variação entre as consoantes que quase me deixou louco no início do meu trabalho não podem ser explicados sem a informação cultural.

Simplificando, os Pirahãs podem ter tão poucos sons porque não precisam de mais nenhum. A importância que atribuem a esses diferentes canais faz com que consoantes e vogais sejam menos importantes para os Pirahãs do que para o inglês, francês, navajo, hausa, vietnamita e outros idiomas. Esses canais desafiam as teorias modernas da linguagem porque estas não esperam a entrada da cultura na estrutura sonora.

Alguns sugeriram uma alternativa ao meu relato acima, a saber, que o pequeno número de consoantes e vogais é o que facilita os canais que acabei de discutir. Isso viraria minha explicação de cabeça para baixo e significaria que é a língua que afeta a cultura, e não a cultura que afeta a linguagem neste caso. Porém, existem muitas línguas com diferentes canais, como a fala por assobio, mas que têm um número muito grande de consoantes e vogais. Duas dessas línguas são a *Lalana Chinantec* do sul do México e o *Iorubá* da África Ocidental. Uma razão pela qual essas duas línguas podem ter um grande número de consoantes e vogais e a fala por assobio é que consoantes e vogais parecem ser mais frequentemente usadas (mas são necessárias muito mais pesquisas sobre esse tipo de comparação de uma variedade de linguagens antes que possamos fazer tais afirmações com muita confiança) e, portanto, têm uma carga comunicativa maior do que as consoantes e vogais dos Pirahãs. Além disso, eles parecem usar poucos canais prosódicos (portanto, eles não têm canais como a fala cantarolada, a fala gritada ao lado da fala por assobio) do que os Pirahãs e os utilizam menos frequentemente. Há muita pesquisa a ser feita para entender a relação entre cultura e sistemas de sons, então duvido que minhas explicações sejam completamente remotas nesse ponto. Mas as explicações que estou propondo não são apenas promissoras, elas abordam um conjunto de fenômenos que a linguística chomskyana, por exemplo, ignora completamente.

Em 1984 publiquei meu primeiro artigo numa revista sobre a estrutura sonora do pirahã, um "fracasso" na revista *Linguistic Inquiry*. Ele fez, pensei, um pequeno ponto e corrigiu um erro teórico comum na literatura sobre a natureza dos sistemas de acentuação e da teoria da estrutura silábica. Quando o artigo apareceu, eu era pesquisador visitante no MIT, com um gabinete em frente ao de Chomsky, e fui apoiado por fomentos da National Science Foundation e da American Council of Learned Societies. Achei que tivesse "chegado" como um pesquisador.

Depois que o artigo foi publicado, recebi cartas inesperadamente emotivas (isto foi antes da existência do *e-mail*). Ellen Kaisse, professora da Universidade de Washington, enviou um cartão postal para dizer que o artigo a atingiu como uma "bomba" e que ela havia adiado o conteúdo planejado de suas conferências e palestras para, entretanto, discutir a estrutura sonora do pirahã com seus alunos.

Vários outros linguistas escreveram cartas. Uma dupla me disse que eu claramente não sabia do que eu estava falando – nenhum sistema de som poderia funcionar dessa maneira. A dupla foi encorajadora. Como esse foi meu primeiro artigo em um fórum internacional, eu não estava preparado para as reações. Eu pensei que ninguém leria esse pequeno texto e que ele simplesmente enfeitaria meu *curriculum vitae*.

Em 1995, depois de ter publicado extensivamente sobre a fonologia pirahã, o pirahã tornou-se bem conhecido e figurou em uma série de controvérsias teóricas sobre a natureza da estrutura sonora. No coração dessas controvérsias sobre os sons está o conflito entre dedução e indução. Os teóricos linguísticos acreditavam ter estabelecido com sucesso parâmetros dentro dos quais os sistemas sonoros das línguas humanas podiam variar – nenhuma variação ocorreria fora deles. Esses parâmetros, por sua vez, foram deduzidos de axiomas teóricos mais gerais e foram considerados elegantes e quase necessariamente verdadeiros. No entanto o trabalho indutivo sobre o pirahã revelou um sistema além dessas fronteiras, se meu trabalho estiver correto.

A polêmica atraiu a atenção de quem se tornaria o visitante mais importante que já recebi no Brasil, o professor Peter Ladefoged, da Universidade da Califórnia em Los Angeles (Ucla). Peter teve um grande apoio da National Science Foundation para documentar os sons das pequenas e ameaçadas línguas em todo o mundo. Ele perguntou se poderia vir aos Pirahãs comigo para ouvir por si mesmo o sistema de acentuação que eu tinha descrito em minhas publicações.

Eu já estava no Brasil e fui até o aeroporto de Porto Velho para encontrar o avião de Peter. No caminho, senti como se estivesse prestes a ser auditado pela Receita Federal. Eu tinha feito afirmações controversas sobre a estrutura sonora dos Pirahãs, e agora o maior foneticista do mundo estava chegando para verificar essas afirmações. Fiz o meu melhor, fui honesto e estava confiante de que eu estava certo. Mas eu ainda estava nervoso.

Peter, que morreu em 2006, era um homem alto e de aparência aristocrática. Ele tinha uma voz profunda, moldada por um dialeto inglês das classes altas conhecido como Received Pronunciation, ou RP, em inglês – o Inglês da Rainha. Ele tinha sido um consultor do filme *Minha bela dama* (*My Fair Lady*) (1964), o filme que ajudou a determinar minha escolha em me tornar um linguista depois de assisti-lo no Teatro Egípcio em Hollywood no ano em que foi lançado, 1962. É a voz de Peter que emerge dos gramofones no escritório de Henry Higgins (Rex Harrison) e é a caligrafia de Peter nos caderninhos que Higgins guarda e mostra desde as primeiras cenas em frente ao Covent Gardens de Londres para Eliza Doolittle (Audrey Hepburn).

Depois de recolher sua bagagem, Peter saiu da área de retirada de bagagem e acenou. Fui até ele e disse-lhe como estava satisfeito por ele ter vindo, tentando esconder a tensão em minha voz.

"Sou cético em relação às afirmações que você fez sobre o sistema de sons do pirahã" foram as primeiras palavras que saíram de sua boca. "Bruce e Donca também estão céticos e me pediram para verificar isso com cuidado", acrescentou Peter, referindo-se a dois colegas conhecidos dele na Ucla. Ao longo dos dias que passamos na aldeia, Peter fez gravações de alta qualidade do pirahã que acabaram apoiando minhas análises publicadas e contribuíram para o impacto que a língua pirahã teve em teorias e pesquisas sobre estrutura sonora.

Mas os experimentos ocasionalmente exigiam muita paciência dos Pirahãs. Para aferir bem as coisas, tivemos que montar um laboratório fonético movido a energia solar. Os Pirahãs tiveram que usar fones de ouvido com microfone a 5 centímetros de distância de suas bocas e, ocasionalmente, tolerar tubos em seus narizes para medir a pressão supraglótica (fluxo de ar acima das cordas vocais). Eles aceitaram isso com bom humor e ficaram quietos durante todos esses experimentos, o que é surpreendente. Mais uma vez, a ciência estava em dívida com eles.

As gravações que fizemos foram arquivadas no laboratório de fonética da Ucla e têm sido usadas por outros pesquisadores, como Matthew Gordon da Universidade da Califórnia em Santa Bárbara, para desenvolver ainda mais as teorias da estrutura sonora da fala humana. Devido a esse trabalho, qualquer pesquisador pode acessar os dados sonoros dos Pirahãs e não apenas verificar minha análise, mas usar os dados Pirahãs, como fez Gordon, para aprofundar nossa compreensão de fenômenos semelhantes de uma variedade de outras línguas.

12. Palavras pirahãs

O trabalho de campo exige atenção constante aos detalhes. E pode ser difícil, na floresta, continuar a prestar muita atenção, dia após dia, a qualquer coisa, seja a linguagem ou qualquer outra parte importante da vida. Cada dia requer uma rotina disciplinada.

Ao longo da estação chuvosa, ocorrem chuvas frequentes durante toda a noite. Aprendi que demora apenas algumas horas para que uma forte chuva afunde meu barco. Meu motor estava aparafusado na popa e pesava cerca de 68 quilos, então eu não conseguia retirá-lo ao fim de cada dia e colocá-lo em terra firme. O motor permanecia no barco. Mas, quando chovia, o peso do motor inclinava o barco, abaixando-o apenas o suficiente para que toda a água da chuva corresse para trás. Em uma tempestade amazônica, não demora muito para que água suficiente se acumule ali para empurrar a popa sob a água e afundar o barco – embora meu barco pudesse comportar uma tonelada de carga.

Então, quando ouvia a chuva chegar por volta da meia-noite, eu sabia que se fosse forte, uma chuva pesada, eu teria que acordar por volta das três da manhã e caminhar sob o aguaceiro em direção ao meu barco para retirar a água da popa. Isso implicava prestar atenção a cada detalhe, como parte da rotina disciplinada que tentei seguir. Mas era tão difícil sair de uma rede quentinha e confortável às 3h da manhã e ir para a chuva, preocupando-se com cobras e outros animais, inclusive cachorros pirahãs, e caminhar pela aldeia até o meu barco. Eu sabia que era necessário e sempre o fazia – exceto uma vez.

Estava chovendo torrencialmente, mas quando acordei não consegui andar até onde meu barco estava atracado, embora fosse apenas cerca de uns 30 metros de distância. Disse a mim mesmo que a chuva não estava tão ruim e que meu barco, afinal de contas, comportava mais de 450 litros de água antes de afundar.

Como sempre, por volta das 5h da manhã, levantei-me para começar a planejar meu dia. Notei um cheiro de gasolina. No fundo, acho que sabia que algo estava errado, mas não queria admitir isso para mim mesmo. Então continuei com as minhas atividades normalmente e, quando estava fazendo meu café, Xioitaóhoagí gritou: "Ei, Dan! Venha ver seu barco!" Saí correndo de casa e desci o caminho até o rio. Havia gasolina flutuando na superfície da água. Eu vi a corda de náilon com a qual atraquei meu barco bem esticada – em uma linha quase vertical na água. Caminhei até a borda e olhei para baixo. No fim da corda, cerca de 9 metros abaixo da água, pude ver meu barco, com o teto solar ainda levantado.

Eu estava a 160 quilômetros por água da Rodovia Transamazônica. Meu barco era minha única saída. Eu não tinha ideia se conseguiria tirá-lo da água, se conseguiria fazê-lo funcionar novamente ou o que faria se não conseguisse fazê-lo funcionar. Um grupo de homens e mulheres Pirahãs veio correndo ajudar. Consegui algumas tábuas de pau-ferro de 3,6 metros de comprimento, 2x4, que sobraram da construção da minha casa e pensei num plano.

Vários de nós puxamos o barco até que o subimos alguns metros até uma saliência submersa na margem. Então, com esforço e rostos vermelhos, nós puxamos o barco até uma área ainda mais rasa, que estava apenas alguns metros abaixo da superfície. Dei aos homens sarrafos de madeira e expliquei que precisávamos usá-los como alavancas para subir pouco a pouco o barco até a margem. Depois de algumas horas, trabalhamos até que as bordas do barco estivessem logo acima da superfície da água. Naquele momento, sem qualquer pedido da minha parte, as mulheres entraram em ação com cabaças e começaram a tirar a água.

Finalmente conseguimos retirar cerca de dois terços da água. Amarrei sua proa e popa à costa e inseri uma mangueira sifonada no tanque de combustível embutido. Consegui drenar a maior parte da água que entrou no tanque. Como a água é mais pesada que a gasolina, retirei a mistura leitosa de água e gasolina até que a gasolina pura começou a sair da mangueira. Sobrou-me cerca de um quarto da minha gasolina. Talvez fosse o suficiente para conseguir chegar até a estrada. Mas o problema urgente era ver se o motor funcionaria. Se não funcionasse, eu não precisaria da gasolina de qualquer maneira.

O primeiro passo foi retirar os dois carburadores e desmontá-los, secando-os e revestindo o interior com álcool isopropílico. Então removi e sequei as velas de ignição. Em seguida, peguei uma seringa e injetei 3 centímetros de álcool em cada um dos cilindros do motor. Finalmente, acionei o motor. O qual pegou na terceira puxada. Embora o álcool nos cilindros apresente um certo risco de explosão, pode realmente auxiliar na ignição da gasolina. Decolei e rapidamente acelerei a toda velocidade, tomando cuidado para ficar à vista da aldeia, caso o motor morresse. Assim que o motor esquentou eu sabia que ele iria secar e retirar a água restante. Eu estava muito orgulhoso de mim mesmo.

Exceto quando me lembrei que, se eu simplesmente tivesse me levantado para cerca de 15 minutos de trabalho leve durante a noite, nada disso teria sido necessário. Detalhes. Li biografias de exploradores e percebi que o sucesso dependia de muito trabalho, planejamento e atenção aos detalhes. Essa atenção aos detalhes era um desafio quando comecei o estudo das palavras pirahãs, uma tarefa muito mais exigente do que limpar alguns carburadores Johnson.

E a análise da linguagem era mais importante, embora não tão urgente naquele momento, do que consertar meu barco. A importância do pirahã para a nossa compreensão da linguagem humana vai muito além de seus sons. É na sua gramática que residem os desafios mais profundos à maioria das teorias modernas sobre a natureza, origem e uso da linguagem humana. Eu agora estava começando a perceber que a gramática pirahã era um osso duro de roer para a hipótese de Chomsky de que princípios gramaticais específicos são inatos, bem como para grande parte do relato de sua teoria sobre como os componentes da gramática funcionam e se encaixam. Dado que o que está em jogo nas nossas conclusões sobre essa questão é tão elevado para a nossa compreensão da linguagem humana e da mente humana, é importante trabalharmos tudo isso cuidadosamente.

O lugar para começar, pelo menos seguindo a tradição linguística na discussão da gramática de uma língua, é com as palavras. Sentenças são construídas a partir de palavras e as histórias são construídas a partir de sentenças. Portanto, os estudos linguísticos tendem a seguir essa ordem nas discussões das gramáticas de diferentes línguas.

Um dos primeiros grupos de palavras por que me interessei em gravar, em razão de sua utilidade e pelo que eu esperava ser a sua simplicidade, foi o conjunto de palavras para as partes do corpo: mão, braço, olho, pé, bumbum e assim por diante.

Como sempre, eu estava trabalhando com Kóhoibiíihíai.

"O que é isso?", perguntei, apontando para o meu nariz.

"*Xitaooí.*"

"*Xitaooí*", repeti, perfeitamente pensei.

"*Xaió, xitaopaí*", disse-me.

Argh, pensei. O que esse negócio de *-paí* está fazendo no fim da palavra?

Então, ingenuamente, perguntei: "Por que existem duas palavras para nariz?"

"Só existe uma palavra, *xitaopaí*", foi a resposta exasperante.

"Só *xitaopaí*?"

"Certo, *xitaooí*", ele disse.

Demorou muito para descobrir isso, mas o *-paí* no fim de uma palavra que é parte do corpo (e pode ocorrer em todas elas, mas em nenhuma outra palavra na linguagem, exceto palavras de partes do corpo) significa algo como "meu". Então *xitaooí* significa apenas "nariz", mas *xitaopaí* significa "meu próprio nariz". O Pirahã não poderia me dizer isso mais do que o falante médio de inglês poderia me dizer o que *to* significa em *I want to go* (eu quero ir). Por que não dizer apenas *I want go*? Os linguistas têm que descobrir esse tipo de coisa por si mesmos.

Além disso, os substantivos pirahãs são em sua maioria muito simples. Eles não têm outros prefixos ou sufixos, não apresentam formas plurais ou singulares e não contam com recursos complicados como formas irregulares e assim por diante.

A falta de número gramatical em pirahã é única entre as línguas, de acordo com o livro do linguista britânico Greville Corbett, o qual realizou o levantamento do número gramatical nas línguas do mundo, embora as línguas agora extintas e os estágios anteriores das línguas faladas pareçam ter a falta do número também. Assim, não há distinção entre cachorro e cachorros, homem e homens e assim por diante. É como se cada palavra pirahã fosse como as palavras inglesas *fish* (peixe) e *sheep* (ovelha), as quais não têm plural.

Portanto, uma sentença como *Hiaitíihí hi kaoáíbogi bai -aagá* é vaga em vários sentidos. Poderia significar "Os Pirahãs têm medo de espíritos malignos" ou "Um Pirahã tem medo de um espírito maligno" ou "Os Pirahãs têm medo de um espírito maligno" ou "Um Pirahã tem medo de espíritos malignos".

Essa falta única de número gramatical poderia decorrer do princípio do imediatismo da experiência, da mesma forma que a falta da contagem o é. O número implica uma violação do imediatismo da experiência em muitos de seus usos – como categoria, generaliza além do imediato, estabelecendo generalizações maiores.

Embora os substantivos pirahãs sejam simples, os verbos pirahãs são muito mais complicados. Cada verbo pode ter até 16 sufixos – isto é, até 16 sufixos seguidos. No entanto nem todos os sufixos são sempre obrigatórios. Como um sufixo pode estar presente ou ausente, isso nos dá duas possibilidades de cada um dos 16 sufixos – 2^{16}, ou seja, 65.536 formas possíveis para qualquer verbo pirahã. O número não é tão grande, na realidade, porque alguns dos significados de sufixos diferentes são incompatíveis e não podem aparecer ambos simultaneamente. Mas o número ainda é muitas vezes maior do que em qualquer língua europeia. O inglês só tem cerca de cinco formas para qualquer verbo – *sing, sang, sung, sings, singing.* Espanhol, português e algumas outras línguas românicas têm 40 ou 50 formas para cada verbo.

Talvez os sufixos mais interessantes, no entanto (embora estes não sejam exclusivos do pirahã), são os que os linguistas chamam de evidenciais, elementos que representam a avaliação do falante sobre seu conhecimento sobre o que ele ou ela está dizendo. Há três deles em pirahã: boato/rumor, observação e dedução.

Para ver o que eles fazem, vamos usar um exemplo em inglês. Se eu lhe perguntar: "*Did Joe go fishing?*" (Joe foi pescar?), você poderia responder: "*Yes, at least I heard that he did*" (sim, pelo menos ouvi dizer que ele fez isso) ou "*Yes, I know because I saw him leave*" (sim, eu sei porque o vi sair) ou "*Yes, at least I suppose he did because his boat is gone*" (sim, pelo menos suponho que sim, porque o barco dele desapareceu). A diferença entre o inglês e o pirahã é que o que inglês faz com frase, o pirahã faz com o sufixo verbal.

A colocação de todos os vários sufixos no verbo básico é uma característica da gramática. Existem 16 desses sufixos. O significado desempenha pelo menos um papel parcial na forma como são colocados. Assim, por exemplo, os evidenciais estão bem no fim porque representam um julgamento sobre todo o evento que está sendo descrito.

O papel de um verbo em uma frase é crucial. Portanto, a estrutura das palavras é importante para a estrutura da sentença. O significado de cada verbo determina a maior parte do que precisa estar em uma sentença simples. Pense no verbo inglês *die* (morrer). O significado deste verbo é o que faz a frase *John died Bill* (John morreu Bill) soar mal. "*To die*" (morrer) é algo que acontece a um único indivíduo. Se você sabe o que morrer significa em inglês, você sabe que há muitos substantivos em *John died Bill* (John morreu Bill), porque morrer não é algo que você faz a outra pessoa. Mas podemos dizer que "*John caused Bill to die*" (John causou a morte de Bill) ou, mais simplesmente, "*John killed Bill*" (John matou Bill), acrescentando ao significado de *die* (morrer) o significado de *cause* (causa). Assim John torna-se responsável pela morte de alguém na sentença pelo *kill* (matar) ou *cause to* (causar a) (ambas incluem a semântica da causa da morte), de modo que *John died Bill* (John morreu Bill) não é gramatical, mas *John killed Bill* (John matou Bill) é. Mudando a estrutura do significado, seja seguindo as opções em inglês de adicionar outras palavras, como *causar*, seja selecionando uma forma relacionada, mas não idêntica, como *matar*, altera-se o significado de toda a frase. À medida que estudamos mais o papel dos verbos na formação de sentenças, vemos que a maior parte da sintaxe de uma sentença é um pouco mais do que uma projeção do significado do verbo (algumas teorias fazem disso uma parte explícita de seu aparato teórico).

Embora eu inicialmente tenha incorporado minhas discussões sobre a gramática pirahã desde a gramática gerativa de Chomsky, tornou-se cada vez mais claro ao longo dos anos que essa teoria realmente tinha pouca capacidade de esclarecimento acerca da língua pirahã, especialmente quanto ao papel que a cultura parece desempenhar sobre a gramática. De acordo com a teoria de Chomsky, o que diferencia os humanos de todas as outras formas de vida terrestres é a habilidade de usar a gramática. Não é a capacidade de comunicar, já que Chomsky reconhece que muitas outras espécies são capazes de se comunicar.

Certamente temos que saber formar sentenças e calcular os significados das sentenças que ouvimos ou falamos – algum conhecimento gramatical é, portanto, vital para a fala humana. Mas, como os humanos não são somente criaturas que se comunicam, a gramática não pode ser crucial para comunicação *per se*. Viver é comunicar. Todas as coisas vivas, plantas e animais e bactérias, se comunicam.

O que torna o dar e o receber informações dentro e entre as espécies possíveis? Ou seja, o que torna a comunicação possível? Há uma resposta de duas palavras: significado e forma. Isso é essencialmente o que o linguista suíço Ferdinand de Saussure ressaltou com seu conceito de signo linguístico – as unidades linguísticas são compostas por forma e significado.

Uma abelha comunica o significado de que o alimento está próximo na forma de uma dança. Uma formiga comunica o significado de que um piquenique está em andamento (embora possa não usar esse termo) secretando produtos químicos, a forma de comunicação da formiga. Um cachorro comunica a falta de agressão por meio de formas específicas – abanando o rabo, latindo, lambendo e assim por diante. E os humanos comunicam significados pelas formas de fazer sons ou gestos.

Mas a forma não é tudo o que existe na comunicação humana. Certamente a comunicação humana difere daquela de outras espécies por mais do que um conjunto maior de sons, gestos ou palavras. Deve haver mais para a comunicação humana ser o que é. Somos capazes de discutir assuntos muito mais complexos e uma gama muito mais ampla de assuntos do que qualquer outra espécie. Como fazemos isso? Dois caminhos. O primeiro e mais óbvio modo é que somos mais inteligentes do que as outras espécies. Os cérebros humanos são os mais complexos da natureza do ponto de vista cognitivo neste planeta, até onde sabemos. A expressão dessa maior complexidade do pensamento e da comunicação humanos exige ferramentas que vão além das ferramentas disponíveis para outras espécies. Os linguistas variam quanto ao que pensam que são essas ferramentas, embora haja um amplo consenso sobre várias delas. Meu voto na ferramenta mais importante vai para a que o falecido linguista Charles Hockett (1959) chamou de "dualidade de padronização". Existem diferentes maneiras de conceber isso. Mas basicamente os humanos organizam os seus sons em padrões e depois organizam esses padrões sonoros em padrões gramaticais por meio de palavras e frases. Essa organização em camadas da fala humana é o que permite nos comunicar muito mais do que quaisquer outras espécies, dados nossos cérebros maiores, mas ainda finitos.

Podemos ilustrar a organização dos sons olhando para um exemplo semelhante (mas não idêntico) a um que já vimos, usando simples palavras como *pin*, *pan*, *bin* e *spin*. *Pin* é formado pela sequência *p* + *i* + *n*. Pense em cada uma dessas três posições de letras como *ranhuras* (*slots*) e as letras elas próprias (*p, i, n*) como *enchimentos* (*fillers*). As ranhuras representam a organização horizontal, ou linear, da palavra da esquerda para a direita na página ou da primeira para a última conforme sons falados emergem da boca. Os enchimentos são a organização vertical da palavra. Se adicionarmos uma unidade à organização linear, obtemos uma palavra mais longa, como *spin*, adicionando *s* na frente de *pin* (alfinete). Se mudarmos as coisas ao redor na organização vertical, obtemos palavras diferentes do mesmo tamanho, como *pan* de *pin*, quando substituímos um *a* por um *i* no *pin* e assim por diante.

Isso é mais complexo do que pode parecer, porque não é qualquer enchimento ou extensão de uma palavra que é possível. Podemos adicionar um *s* ao *pin* para obter *spin* (rotação), por exemplo, mas não podemos adicionar *t* para obter *tpin*. Podemos substituir *i* por *e* para chegar a *pen* (caneta), mas não podemos colocar um *s* para chegar a *psn*, pelo menos não se quisermos formar palavras em inglês. Essa organização da língua baseada no som é chamada de fonologia. A natureza física dos sons individuais usados na organização é, *grosso modo*, chamada de fonética. Essa é a primeira parte da dualidade – a organização dos sons em palavras.

Devo acrescentar imediatamente, no entanto, que os seres humanos são engenhosos e que se por algum motivo eles não puderem ou optarem por não usar sons da fala, ou outro canal de comunicação, a linguagem de sinais, está disponível. Numa língua de sinais, as formas correspondentes aos sons na linguagem falada são os gestos ou sinais. Os linguistas descobriram que embora a natureza física dos gestos seja obviamente diferente da natureza física dos sons, a organização desses elementos em palavras e unidades maiores, como frases e sentenças, segue princípios semelhantes. Assim podemos ter uma concepção de fonologia que inclui gestos e sons.

Quer usemos gestos ou sons, precisamos de mais do que apenas palavras para ter uma gramática. Como a gramática é essencial para a comunicação humana, falantes de todas as línguas humanas organizam as palavras em unidades maiores – frases, sentenças, histórias, conversas e assim por diante. Essa forma de composicionalidade é chamada de gramática por alguns e sintaxe por outros. Nenhuma outra espécie tem algo remotamente parecido com a dualidade de padrões ou composicionalidade. No entanto, *todos* os humanos têm isso.

Os Pirahãs certamente sim. Então considere a frase pirahã *Kóhoi kabatií kohóaipí* (Kóhoi come a anta). Os Pirahãs colocam o objeto antes do verbo, um padrão que encontramos em muitas línguas, então *kabatií* significa "anta" e *kohóaipí* significa "comer".

Isso nos mostra que pirahã organiza seus fonemas em palavras e suas palavras em frases. Então a língua pirahã tem a dualidade de padronização e composicionalidade. É difícil imaginar uma linguagem humana sem esses elementos.

O componente mais crucial da linguagem para o meu modo de pensar, porém, é o significado. O significado é o giroscópio da gramática. Eu gosto dessa metáfora do giroscópio porque expressa a crença de um grande número de linguistas, incluindo-me, que uma ligeira diferença de significado, como o leve movimento de um giroscópio, pode levar a uma grande diferença na atitude do foguete ou da forma da sentença.

Em outras palavras, a linguagem tem a ver com significado. Começamos com um significado e nós o encerramos na gramática. Toda a gramática é guiada pelo significado. Mas, o que é significado? Essa questão tem incomodado os pensadores há milênios. Correndo o risco de dar um passo maior do que a perna, aqui está meu esboço das partes principais.

Filósofos e linguistas falam sobre o significado em termos de suas duas partes: *sentido e referência*. Referência é o uso da linguagem pelo falante e pelo ouvinte em concordância sobre um objeto específico sobre o qual se está falando. Então, quando duas pessoas conversando usam, digamos, os substantivos *garoto*, *Bill* e *você*, essas palavras se referem a entidades do mundo real. Conhecemos o menino ou a pessoa chamada Bill ou quem é "você" quando conversamos (ou haverá graves problemas de comunicação até que tanto o ouvinte quanto o falante concordem sobre a quem ou a o que eles estão se referindo).

Por outro lado, existem substantivos que não se referem a nada. Quando eu digo que "John montou o unicórnio", fica bem claro que *unicórnio* não se refere a qualquer coisa no mundo real. Da mesma forma, se eu disser que "vou manter as guias (*tabs*) sobre vocês" (tal como no português, vou ficar de olho em você), *tabs*, na verdade, não se refere a nenhum objeto nesta expressão – faz parte de um idioma.

E há outras coisas além dos substantivos que se referem a coisas; por exemplo, em *eu construí uma casa*, *construí* inclui uma referência a um ponto de conclusão do passado. Em *a casa é amarela*, *amarelo* refere-se à qualidade de uma cor específica. Há desacordo sobre o que significa referir-se às coisas (alguns linguistas negam que verbos e adjetivos possam referir) ou quanto é importante essa propriedade para definição de partes da fala.

O outro componente básico do significado é o sentido. Podemos entender o sentido como tendo duas subpartes. Primeiro, inclui a maneira como os falantes pensam sobre as entidades, ações e qualidades – todas aquelas coisas que usamos em nosso discurso. O que que tenho em mente quando digo "grande", por exemplo, em *borboleta grande versus perda grande* ou *elefante grande*? Em segundo lugar, o sentido diz respeito às relações entre as palavras e as maneiras como elas são usadas.

Pense no que significa *quebrar* (*break*) em exemplos como *John quebrou o braço*, *John quebrou o gelo na conversa frígida*, *John quebrou a frase para mim*, ou *John quebrou (invadiu) a casa*, por exemplo. A única maneira que podemos saber o que significa *quebrar* (*break*) é saber como ele é usado. E usar uma palavra significa selecionar um contexto específico, um conjunto de suposições básicas compartilhadas pelo falante e ouvinte, incluindo como palavras específicas devem ser usadas, e as outras palavras com as quais a palavra em questão é usada.

Em poucas palavras, o significado é: a maneira como uma palavra ou frase é usada, como ela se relaciona com outras palavras e frases e o que os falantes concordam que uma palavra ou frase aponta no mundo. E os Pirahãs, como todos os seres humanos, representam coisas quando falam. Mas isso não significa que todos nós usamos os mesmos significados. Como todos os humanos, o que os Pirahãs querem dizer quando falam é severamente circunscrito por seus valores e crenças.

Aprendemos, portanto, quando estudamos palavras de qualquer língua, que devemos compreender cada palavra em vários níveis simultaneamente. Devemos compreender a relevância e o uso cultural de uma palavra. Devemos compreender a sua estrutura sonora. E devemos entender como a palavra é usada no contexto, em frases e histórias específicas. A maioria dos linguistas concorda com esses três níveis de entendimento da palavra. Mas, o pirahã também nos ensinou outra coisa. O pirahã nos ensinou que não apenas o significado de palavras individuais pode ser o resultado da cultura, como as palavras intimamente relacionadas a amigo e a inimigo, mas que os próprios sons das palavras, sejam elas assobiadas, cantaroladas e assim por diante, podem elas próprias serem determinadas pela cultura – e essa última lição, que é abundantemente ilustrada em outras línguas, não foi muito discutida na literatura linguística. Pirahã nos dá um exemplo extremamente claro para futuras investigações linguísticas.

13. De quanta gramática as pessoas precisam?

Em *Uma babá quase perfeita* (1993), o personagem de Robin Williams telefona para a personagem de Sally Field e diz, em referência a um anúncio: "Eu [...] sou [...] emprego?" (Uma babá..., 1993). Além de ser engraçado no contexto do filme, tanto os personagens do filme quanto o público sabem imediatamente que o que o orador quer dizer é "Eu quero o emprego que você anunciou".

Como o público sabe disso? Não está nas palavras ou na maneira como elas são reunidas na frase, pelo menos não completamente. O significado relevante de que alguém quer um emprego vem do contexto, em um filme ou na vida, e da cultura em que a frase é falada. Isto é, a gramática é um componente da comunicação, mas não é tudo o que há para fazer na comunicação. No exemplo de *Uma babá quase perfeita*, a gramática está quase toda errada e ainda assim o significado correto é comunicado.

Quando aprendemos a transmitir o significado em outro idioma, nosso primeiro passo, como o de Robin Williams, não é a gramática, mas a cultura. Para apreciar como a cultura pode afetar a linguagem (até mesmo afetá-la ocasionalmente), pense sobre o processo de aprendizagem de outro idioma.

O que essa tarefa implica? Se você aprender a pronunciar vogais francesas perfeitamente e chegar a compreender e controlar completamente o significado de cada palavra francesa, você pode afirmar com razão que fala francês? Seria a pronúncia e o conhecimento das palavras suficientes para lhe dizer a frase apropriada para usar em um ambiente social específico? Será que esse conhecimento é suficiente para ler Voltaire no original como um intelectual francês? A resposta a essas perguntas é não. A linguagem não é apenas mais do que a soma de suas partes (palavras, sons e sentenças) – e é por si só insuficiente para a comunicação e a compreensão completa se não se somar a essas partes o conhecimento envolvente da própria cultura.

A cultura nos guia nos significados que percebemos no mundo que nos rodeia, e a linguagem faz parte desse mundo que nos rodeia. Um americano provavelmente não será capaz de falar sobre o comportamento do cachorro-vinagre (*Speothos venaticus*) – esses cães são desconhecidos para a maioria dos americanos. Isto é um modo óbvio como a cultura e a experiência restringem nosso "universo do discurso", acerca das coisas sobre as quais falamos. Mas muitas vezes há aspectos menos óbvios, formas mais interessantes pelas quais a cultura afeta nossa língua. No conteúdo de nossas histórias, a cultura desempenha o papel principal na compreensão.

Por exemplo, comparando os Pirahãs com os americanos, os americanos costumam falar sobre ver fantasmas apenas na ficção. Isso não é porque a maioria dos americanos nunca ouviram falar de fantasmas, mas porque não acreditam neles. E até mesmo entre os americanos que afirmam acreditar em fantasmas, poucos afirmam ter realmente visto um fantasma. Isso é bastante recente na história do inglês. Nos tempos coloniais, os americanos falavam frequentemente sobre eventos sobrenaturais que eles testemunharam – como revelam as transcrições dos julgamentos das bruxas. A cultura afeta a maneira como falamos em alguns casos. A maioria de nós concorda com isso.

Assim como os americanos, os Pirahãs restringem sua conversação para se adequar às suas experiências e valores culturais.

Um desses valores é a não importação de material externo para conversações. Os Pirahãs, por exemplo, não vão discutir como construir uma casa de tijolos, porque Pirahãs não constroem casas de tijolos. Eles podem descrever bem uma casa de tijolos que eles viram, em resposta a uma pergunta de alguém de fora ou a uma pergunta de outro Pirahã logo após sua chegada de volta da cidade. Mas, depois disso, não surgiria uma casa de tijolos espontaneamente em sua conversa.

Em geral, os Pirahãs não importam pensamentos, filosofias ou tecnologia. Eles gostam de usar dispositivos que economizam trabalho, como moedores de mandioca e pequenos motores de popa para suas canoas, mas eles veem essas coisas como elementos "coletados" de pessoas de fora, com pessoas de fora sendo responsáveis pelo combustível, cuidados e substituição necessários. Eles rejeitaram no passado qualquer dispositivo que exigisse mudanças em seus conhecimentos ou em suas práticas. Se tais dispositivos não puderem ser simplesmente anexados aos modos tradicionais Pirahãs de fazer as coisas, eles são rejeitados.

Por exemplo, um motor pode ser usado se for facilmente acoplado a uma canoa e auxiliar os Pirahãs a continuarem as atividades tradicionais, porque eles têm visto motores sendo usados pelos caboclos. E os Pirahãs consideram a cultura cabocla como sendo um subconjunto próprio; caboclos são apenas mais uma parte do mundo ao redor deles. Uma vara de pescar, por outro lado, não seria usada porque exige uma forma de pescar que os Pirahãs também não observam entre si ou entre os caboclos. Os verbos Pirahãs para pescar significam literalmente "arpoar peixe" e "puxar o peixe com a mão". Não há palavra para retirar o peixe com uma vara. Eles não estão interessados em habilidades demonstradas apenas por americanos. Os americanos não fazem parte do seu ambiente normal. Eles têm conhecimento de apenas seis americanos, todos missionários, e um punhado de visitantes de muito curta duração, nos últimos 50 anos. Você pode ouvir Pirahãs falando sobre como instalar um motor que lhes foi dado, por exemplo: "O estrangeiro disse para colocar a hélice depois que o motor estiver encaixado na canoa". Mas, você não os ouvirá falar sobre como usar vara e molinete, embora os americanos tenham lhes dado esses dispositivos e lhes mostrado como usá-los.

Falar sobre coisas que não têm lugar na própria cultura, como outros deuses, ideias ocidentais sobre germes e assim por diante, exigiria que os Pirahãs adotassem uma mudança na vida e no pensamento. Então eles evitam esse tipo de conversa. Há algumas exceções aparentes. Por exemplo, os Pirahãs falam ocasionalmente sobre crenças caboclas – mas essas crenças há muito fazem parte de seu próprio ambiente, já que os caboclos conversam frequentemente com eles sobre suas crenças. Tais crenças tornaram-se assuntos de conversa depois de séculos de contato, gradualmente integrando o ambiente dos Pirahãs.

Nesse sentido, o discurso dos Pirahãs é mais esotérico do que exotérico, mais direcionado a temas que não desafiam a visão dos Pirahãs. Claro, todos os povos são assim até certo ponto. E até que ponto isso que é imposto entre os Pirahãs é o que os diferencia, digamos, das sociedades ocidentais, nas quais a discussão de novas ideias e formas estrangeiras também não são geralmente tão valorizadas[2].

Não há um único exemplo que ilustre a comunicação esotérica *versus* a exotérica. Em vez disso, a comunicação esotérica é um produto de uma estreita gama de modos de fala culturalmente

2. O conceito de comunicação esotérica vem do trabalho de George Grace e Alison Wray (2007). A sua relevância para a análise dos Pirahãs foi sugerida pela primeira vez na pesquisa de Jeanette Sakel e Eugenie Stapert, da Universidade de Manchester, Inglaterra. Comunicação esotérica é a comunicação usada no interior, e parcialmente o define, de um grupo bem definido. A comunicação esotérica facilita a compreensão porque os ouvintes provavelmente anteciparão o que os falantes dirão em diferentes situações. A linguagem não se limita a informações antigas ou previsíveis, mas esse é o padrão. Na verdade, em Pirahã existe um canal especial, como vimos, a fala musical, que é usado para novas informações. Isto pode explicar a relativa riqueza de ambos, prosódia e fonemas na fala musical – novas informações podem requerer uma taxa mais lenta de informação e maior perceptibilidade em um grupo esotérico no sentido pretendido aqui. O linguista Tom Givon refere-se a um conceito semelhante à comunicação esotérica em sua frase acerca da *sociedade dos íntimos*. Com essa feliz expressão, Givon refere-se a pequenos grupos de pessoas que conversam frequentemente e formam um grupo de cultura juntos. Esses grupos compartilham uma quantidade maior de informações do que outros grupos, mesmo outros grupos que falam a mesma linguagem.

aceitáveis e tópicos para falar. A informação transmitida é nova, mas não nova, no sentido de que se adapta às expectativas. Um americano pode dizer no rádio: "Os marcianos estão pousando na rua" e outros americanos podem reagir em choque a essa ameaça inteiramente nova.

Mas os americanos não só podem dizer que os marcianos estão para chegar, como também dizer todo tipo de coisas assim, todos os dias. Os Pirahãs poderiam dizer que os marcianos estão chegando, se é que viram algum, mas não virão, a menos que o façam. Pirahãs falam sobre pesca, caça, outros Pirahãs, espíritos que viram, e assim por diante – sobre experiências que vivem diariamente. Isso não é porque eles não são criativos, mas porque é um valor cultural. É uma cultura muito conservadora.

O que a gramática implica, em última análise, além da cultura, da inteligência humana em geral? E do significado? De quanta gramática alguém necessita? Uma parte significativa da gramática, uma vez mais, é projetar o significado de um verbo em uma frase. Por outro lado, formar frases é mais complicado do que apenas preencher o significado do verbo da frase. Um dos dispositivos adicionais a que muitas gramáticas recorrem é a modificação.

A modificação restringe o significado de uma palavra ou uma frase. Isso complica o significado e a forma pela adição de palavras e significados que não são exigidos pelo verbo. Assim, posso dizer: "John deu o livro para o menino" ou "John deu o livro ao menino *gordo*" ou "*Ontem*, John deu o livro ao menino" ou "John deu o livro para o menino *no clube*".

As partes em itálico das frases não são exigidas pelo significado do verbo. Elas apenas limitam ainda mais o significado do que está sendo falado sobre. Essa é uma modificação em sua essência mais breve.

Outro aspecto da linguagem que pode afetar a gramática é o que Chomsky muitas vezes chama de deslocamento, proferir uma frase que é gramatical, mas cujas palavras não estão na ordem esperada – em vez disso, estão em diferentes lugares na frase para efeito pragmático, isto é, para alterar a relação entre informações novas e antigas ou importantes *versus* pano de fundo ou informações menos importantes em uma história.

Se olharmos algumas frases em inglês, podemos ter uma ideia sobre o deslocamento e suas funções. Se eu disser "John viu Bill", uso a ordem que esperamos como falantes do inglês. O sujeito, John, vem primeiro, seguido pelo verbo, depois pelo objeto direto, Bill. Se eu disser, porém, que "Bill foi visto por John", o verbo *ver* não tem objeto direto. *Bill* é o sujeito nesta sentença, e o primeiro sujeito, John, é o objeto da preposição *por*. O contraste entre a primeira frase, na voz ativa, e a segunda frase, na voz passiva, está relacionado, segundo a maioria dos estudos, à função das duas frases em histórias em inglês. Por exemplo, poderíamos usar a voz passiva quando Bill é o tema da nossa história e a voz ativa quando John é o tema.

Outro exemplo de deslocamento é encontrado nos diferentes modos de uma sentença, como declarativa, interrogativa e imperativa. Se eu disser: "O homem está na sala", a ordem é novamente o que esperamos para esse tipo de frase. Mas, se eu fizer disso uma pergunta, o verbo *ser* é deslocado para o início da frase, como em: "Está o homem na sala?" Nesse tipo de pergunta, o verbo precede o sujeito, enquanto o verbo normalmente segue o sujeito. Ou podemos transformar isso em um tipo diferente de pergunta, que pede mais informações, e dizer: "Onde está o homem?" Nesse tipo de pergunta tanto o verbo quanto a coisa que está sendo questionada precedem o sujeito – eles são deslocados de suas posições normais.

Na maior parte de sua carreira como pesquisador, Chomsky esteve preocupado em compreender como os constituintes da frase podem ser deslocados nesse percurso. Ele nunca se interessou em saber por que eles estão deslocados (exceto para dizer que é por "razões pragmáticas" ou algo assim), apenas na mecânica de como funciona o deslocamento.

Mas, em sociedades esotéricas de íntimos como a sociedade dos Pirahãs, o deslocamento pode ser raro ou inexistente. Não há nenhum ou quase nenhum no pirahã. A história e o contexto comunicam os tipos de coisas que fazem as alças de deslocamento em inglês. E muitas outras línguas são iguais.

Uma possibilidade, explorada extensamente na teoria de Chomsky, é que quando não ouvimos o deslocamento, ele ainda está lá, em um nível abstrato de gramática que Chomsky chama de "forma lógica", e que a gramática de tal idioma não é diferente do inglês, exceto que você pode ouvir o deslocamento em inglês, mas não, digamos, em pirahã. Todavia podemos legitimamente criticar a teoria de Chomsky a esse respeito por ser mais barroca do que o necessário. Se existe uma maneira de entender sentenças sem deslocamento em qualquer nível, abstrato ou não, então talvez a gramática seja menos importante do que imaginávamos.

E de fato existem muitas teorias que podem aceitar línguas como pirahã, línguas sem deslocamento e com pouquíssimas modificações, pelo valor nominal, sem necessidade de "forma lógica" e outras abstrações semelhantes. Sugiro que continuemos com a nossa discussão sobre pirahã sem a suposição de níveis abstratos e sem um senso inflado da importância da gramática na linguagem e na cognição e vejamos até onde isso vai nos levar.

Afinal, talvez não precisemos de muita gramática em uma cultura esotérica. Se isso fosse verdade, então teríamos uma maneira de entender melhor a relativa simplicidade da gramática pirahã. Se minhas sugestões culturais forem plausíveis, então não há nada de primitivo nas habilidades cognitivas dos Pirahãs. Não há nada de bizarro neles ou em sua linguagem. Em vez disso, sua linguagem e sua gramática se adaptam perfeitamente à sua cultura esotérica. E se estivermos no caminho certo, começamos a ver a necessidade de uma nova e refrescada abordagem para a compreensão da gramática humana.

Nessa abordagem, a gramática não seria tão necessária nem tão autônoma como Chomsky tem afirmado. Para citar um exemplo, Robert Van Valin, da Universidade de Düsseldorf, desenvolveu uma alternativa à teoria de Chomsky, na qual a gramática, independentemente de seu significado, desempenha um papel muito reduzido no contexto geral da compreensão da linguagem humana e na qual é impulsionada em grande parte pelo significado. Ele chama sua teoria de "gramática de função e referência" (Valin, 1980). Existe um lugar natural na teoria de Van Valin para usar a cultura explicando aspectos da gramática. Portanto, embora isso ainda não tenha sido desenvolvido, a teoria pode fornecer um lar confortável para as ideias que estou propondo aqui.

Van Valin não é o único a desenvolver uma alternativa bem articulada para a gramática universal. William Croft, da Universidade do Novo México, desenvolveu uma teoria na qual se afirma que todas as semelhanças entre as línguas humanas são realmente pontos comuns da cognição humana por meio de toda a nossa espécie e não exigem nada tão barroco quanto uma gramática universal chomskyana. Croft (2008) se refere à sua teoria como gramática de construção radical.

Um estudo sobre o pirahã apoia essas abordagens alternativas, mesmo quando sugere que elas não estão totalmente completas. À medida que examinamos mais línguas como a pirahã, deveríamos ser capazes de desenvolver uma teoria mais forte, baseada na base dessas importantes obras pioneiras. Tal teoria poderia fornecer uma fonte mais provável para a gramática humana do que a gramática universal de Chomsky (que Pinker (1994) chama de "instinto de linguagem"). A hipótese da gramática universal/instinto de linguagem simplesmente não tem nada de interessante para nos dizer acerca de como a cultura e a gramática interagem, o que agora parece ser vital para qualquer compreensão completa da linguagem.

14. Valores e diálogo: a parceria entre linguagem e cultura

Uma das conversas mais interessantes que tive sobre comida foi com um Pirahã. Isso aconteceu quando comi pela primeira vez uma salada na aldeia.

Arroz, feijão, peixe e caça selvagem, mergulhados em grandes quantidades de molho de tabasco, podem manter o desejo culinário satisfeito até certo ponto. Mas, se você gosta da crocância da alface fresca, então, depois de alguns meses, você pode começar a sonhar que está comendo uma salada.

O avião missionário nos visitava a cada oito semanas na floresta para trazer o correio e os suprimentos. Era nosso único contato com o mundo externo aos Pirahãs. Numa viagem, enviei um bilhete a um colega missionário e perguntei se ele me faria o tremendo favor de enviar alguns ingredientes para uma salada no próximo voo. Dois meses depois, nossa salada chegou.

Naquela noite, sentei-me para provar pela primeira vez alface, tomate e repolho em seis meses. Xahóápati se aproximou para me ver comer. Ele olhava confuso.

"Por que você está comendo folhas?", ele perguntou. "Você não tem carne?"

Os Pirahãs são muito exigentes com a alimentação e acreditam, como nós também em alguma medida acreditamos, que os alimentos que você ingere determinam a pessoa que você se torna. "Sim, tenho muita carne enlatada", assegurei-lhe. "Mas eu gosto dessas folhas! Faz muitas luas que não as como". Meu amigo Pirahã olhou para mim, então para as folhas, depois para mim. "Pirahãs não comem folhas", ele me informou. "É por isso que você não fala bem a nossa língua. Nós Pirahãs falamos bem a nossa língua e não comemos folhas".

Ele foi embora, aparentemente pensando que tinha acabado de me dar a chave do aprendizado de sua língua. Mas eu encontrei a insondável correlação entre comer alface e falar pirahã. Mas que diabos ele quis dizer? Qual a conexão que há entre o que comi e a língua que falei? Que ridículo. As palavras continuaram a me incomodar, como se as observações de Xahóápati tivessem algo de útil, se ao menos eu pudesse alcançá-las.

Então notei outro fato intrigante. Os Pirahãs conversavam comigo e depois voltavam uns para os outros, na minha presença, para falar de mim, como se eu nem estivesse lá.

"Diga, Dan, você poderia me dar alguns fósforos?", Xipoógi me perguntou um dia na presença de outras pessoas.

"Ok, claro."

"Ok, ele está nos dando dois fósforos. Agora irei perguntar por um pano."

Porque eles falariam de mim na minha frente desse modo, como se eu não pudesse compreendê-los? Eu tinha acabado de demonstrar que poderia entendê-los respondendo à pergunta sobre os fósforos. O que eu não estava alcançando?

Sua língua, na visão deles, emerge de suas vidas como Pirahãs e das suas relações com outros Pirahãs. Se eu pudesse dar respostas apropriadas às suas questões e perguntas, isso não seria uma evidência de que eu falava a sua língua, assim como uma mensagem gravada não seria, para mim, uma evidência de que meu telefone é um falante nativo de inglês. Eu era como uma das fantásticas araras e papagaios tão abundantes ao longo do Maici. Meu "falar" era apenas um truque fofo para alguns deles. Não estava realmente *falando*.

Embora eu não esteja afirmando que os Pirahãs tenham nem que eles não tenham uma teoria da relação entre língua e cultura, suas perguntas e ações serviam como um catalisador para me fazer pensar sobre essa relação.

Como a maioria das coisas inusitadas que observei ou ouvi entre os Pirahãs, finalmente percebi que Xahóápati estava me contando mais do que eu era capaz de alcançar: que falar a sua língua é viver a sua cultura. Alguns linguistas na atualidade, no seio da tradição dos pioneiros do início do século XX, Edward Sapir (1969; 1980) e Franz Boas (2010), também acreditam que a cultura interfere na gramática e na linguagem de modos não triviais. Mas as minhas razões são diferentes das da maioria, e mesmo das dessa minoria. Minha dificuldade em traduzir a Bíblia com sucesso deveu-se em grande parte ao fato de que a sociedade e a língua pirahã estão interligadas de uma forma que fazem até mesmo a compreensão da gramática, um subcomponente da linguagem, impossível de alcançar sem estudar a língua e a cultura simultaneamente. E acredito que isso é verdade para todas as línguas e sociedades. A linguagem é o produto da sinergia entre os valores de uma sociedade, a teoria da comunicação, a biologia, a fisiologia, a física (das limitações inerentes de nossos cérebros bem como da nossa fonética) e do pensamento humano. Creio que isso também se aplica ao motor da linguagem: a gramática.

Tanto a linguística moderna como a maior parte da filosofia da linguagem têm escolhido separar a língua da cultura em suas buscas para compreender a comunicação humana. Mas com esse movimento eles não conseguem enfrentar a linguagem como um "fenômeno natural", para usar as palavras do filósofo John Searle. Muitos linguistas e filósofos desde 1950 caracterizaram a linguagem quase exclusivamente em termos de lógica matemática. É quase como se o fato da linguagem ter significado e ser falada por seres humanos fosse irrelevante para o empreendimento de compreendê-la.

A linguagem é talvez a nossa maior conquista como espécie. Uma vez que as pessoas estabeleceram uma língua, elas têm uma série de acordos sobre como rotular, caracterizar e categorizar o mundo ao seu redor, como Searle também apontou. Esses acordos servem então de base para todos os outros acordos na sociedade. O contrato social de Rousseau não é a primeira fundação contratual da sociedade humana, pelo menos não como ele pensou nisso. A linguagem é. A linguagem, por outro lado, não é a única fonte de valores sociais. A tradição e a biologia desempenham um forte e não linguístico papel nesse processo também. Muitos valores da sociedade são transmitidos sem linguagem.

Biólogos como Edward Osborne Wilson mostraram que alguns dos nossos valores surgem da nossa biologia como primatas e entidades biológicas. Nossa necessidade de companheirismo, nossa necessidade de comida, roupas, abrigo e assim por diante estão significativamente relacionadas à nossa biologia.

Outros valores surgem de tradições pessoais, familiares ou culturais. Como exemplo, tomemos a propensão de ser um viciado em televisão (TV). Algumas pessoas gostam de sentar no sofá, comendo comida gordurosa, e assistir TV, principalmente canal de comida. Isso não é saudável. Ainda assim, alguns gostam. Por quê? Bem, parte disso é biológico. Aparentemente, nossas papilas gustativas adoram a sensação e o sabor dos alimentos gordurosos (como batatas fritas e molho de feijão), nossos corpos gostam de conservar energia (o apelo de um sofá macio) e nossas mentes gostam de estimulação sensorial (homens perseguindo uma bola, mulheres desfilando de biquíni, a amplitude das imagens do deserto ou a mais recente criação do célebre chef Emeril Lagasse).

Mas a explicação para tal comportamento insalubre não é exclusivamente biológica. Afinal, nem todo mundo é viciado em televisão. Então por que algumas pessoas satisfazem suas propensões biológicas de uma maneira, enquanto outras satisfazem seus impulsos de maneiras diferentes, talvez até saudáveis? Esse tipo de comportamento não é aprendido por meio da linguagem. Em vez disso, é adquirido pelo exemplo de indivíduos, famílias ou outros grupos.

A vida de um viciado em televisão é apenas um dos muitos exemplos de aprendizagem de valores culturais sem linguagem. Valores específicos como esse, juntamente a valores diretamente biológicos (como abrigo, roupas, alimentação e saúde), agem em conjunto para produzir um todo integrado de língua e cultura, por meio do qual nós interpretamos e falamos sobre o mundo. Muitas vezes pensamos que os nossos valores e maneiras de falar sobre eles são completamente "naturais", mas não são. Eles são parcialmente um acidente do nosso nascimento em uma determinada cultura e sociedade.

Os Pirahãs frequentemente permitem que seus cães comam em suas tigelas ou pratos enquanto eles próprios ainda estão comendo. Algumas pessoas ficam enojadas com isso, mas outros acham que está tudo bem. Comer com cachorros não é algo que eu normalmente faço. Eu alimento meu cachorro com lanches à mão e às vezes, quando esqueço, como sem lavar as mãos. Mas isso é o mais próximo que consigo. Eu sei que algumas pessoas deixam seus cachorros lamberem seus pratos, supondo que a máquina de lavar louça irá esterilizar tudo. Mas eu não permitiria que meu cachorro sentasse comigo e compartilhasse meu prato.

Não quero dividir meu prato com meu cachorro porque acredito em germes, que eu acho que podem me deixar doente. Por outro lado, não tenho evidências diretas para os germes. Não tenho certeza se saberia como provar a alguém que os germes existem ou quais são as suas propriedades. Mas eu acredito neles, porque o conhecimento dos germes e sua conexão com as doenças é um produto da minha cultura. Se os germes dos cães poderiam algum dia fazer um homem adoecer, não sei. Mas o meu medo culturalmente inspirado dos germes faz com que a perspectiva de comer com cães não seja atraente, no entanto.

Como muitos outros povos ao redor do mundo, os Pirahãs não acreditam nos germes. Portanto, eles não têm aversão a deixar seus cães comerem no mesmo prato que eles. Seus cães são seus aliados na luta pela sobrevivência na floresta e eles amam seus cães. Então, sem acreditar nos germes, os Pirahãs não acham nem um pouco repugnante dividir um prato de comida com seus cães.

Os linguistas sabem dessas coisas, é claro. O mesmo acontece com os antropólogos, psicólogos, filósofos e muitos outros. Até agora, portanto, o que eu disse sobre os valores culturais e a linguagem não pretende ser novo. Mas eu perdi o significado de grande parte disso até a conversa sobre salada com Xahóápati.

Como sabemos hoje, os Pirahãs valorizam muito a experiência direta e a observação. No sentido desse conceito, os Pirahãs são como as pessoas do Missouri, o estado do "mostre-me". Porém, não só concordariam em "ver para crer", mas em "acreditando para ver". Se você quiser contar alguma coisa aos Pirahãs, eles vão querer saber como você chegou ao seu conhecimento. E, especialmente, vão querer saber se você tem evidências de contato direto para sua afirmação.

Como para esse povo os espíritos e os sonhos são experiências imediatas, frequentemente falam sobre eles. Falar do espiritual para os Pirahãs não é falar de ficção, mas falar de eventos reais. Pelo princípio do imediatismo da experiência ter um papel explicativo na vida espiritual pirahã, é uma condição crucial que eles acreditam que veem os espíritos de que falam. E essa condição é facilmente satisfeita.

O que se segue é um breve relato de um sonho originalmente registrado por Steve Sheldon. Não há nada de particularmente especial nele. Os Pirahãs não atribuem nenhum significado místico aos seus sonhos. São experiências como todas as outras, embora estas possam envolver experiências em outros lugares que não o Maici ou o "limite" inferior, ou *bigí*.

Os sonhos de Casimiro

Informante: Kaboibagi

Gravado e transcrito por Steve Sheldon

Sinopse: Esse é um texto sobre um sonho que o narrador da história teve. Ele está sonhando com uma brasileira que morava perto da aldeia, uma mulher muito grande.

1. *Ti xaogií xaipipaábahoagaíhíai kai.*

Sonhei com a esposa dele.

2. *Ti xaí xaogií xaixaagá apipaábahoagaí.*

Eu então sonhei com uma mulher brasileira.

3. *Xao gáxaiaiao xapipaába xao hi gía xabaáti.*

Ela falou no sonho. Você vai ficar com o homem brasileiro.

4. *Gíxa hi xaoabikoí.*

Você vai ficar com ele.

5. *Ti xaigía xao xogígió ai hi xahápita.*

Com relação a mim, portanto, a grande brasileira desapareceu.

6. *Xaipipaá kagahaoogí poogíhiai.*

A seguir sonhei com mamão e banana.

A falta de transição entre as primeiras cinco linhas e a sexta linha poderia ser curiosa se abordarmos esse sonho como uma simples história. Mas ele é apenas uma recordação do que o falante fez. Não é que os Pirahãs confundam o estar sonhando com as atividades diárias. Mas eles classificam os dois aproximadamente da mesma forma: como sendo apenas tipos de experiências que temos e testemunhamos. Eles exemplificam o princípio do imediatismo da experiência.

Agora, a cultura e a língua estão interligadas para todas as sociedades e pessoas de múltiplas maneiras. O fato de a cultura ser capaz de afetar a gramática, por exemplo, não é incompatível com a ideia de que a gramática também pode afetar a cultura. Na verdade, separar os diferentes tipos de relações entre cultura e gramática é uma prioridade de investigação útil para a linguística e para a antropologia em geral.

Os efeitos da gramática na cultura são variados. Às vezes, eles podem ser tão óbvios quanto a sua mão direita, tal como descobri em um dos inúmeros dias que passei trabalhando com Kóhoi no gabinete.

"Ok. Esta mão é aquela que os americanos chamam de '*left hand*'. Os brasileiros a chamam de *mão esquerda*. Como a chamam os Pirahãs?"

"Mão."

"Sim, eu sei que é uma mão. Mas como se diz mão esquerda?"

"Sua mão."

"Não, olhe. Aqui está sua mão esquerda. Aqui está sua mão direita. Aqui está a minha mão esquerda. Aqui está minha mão direita. Como você diz *isso*?"

"Esta é a minha mão. Essa é a sua mão. Esta é a minha outra mão. Esta é a sua outra mão."

Pedir aos informantes que me dissessem como distinguiam uma mão de outra na língua deles claramente não estava funcionando. Eu simplesmente não conseguia entender por que era tão difícil conseguir os nomes da mão esquerda e da mão direita.

Decidi que precisava de um biscoito. Fiz uma pausa e meu professor de línguas e eu tomamos um café instantâneo com biscoitos. Planejei pedir a Kóhoi para trabalhar comigo nisso de novo. Se ele não pudesse ajudar dessa segunda vez, eu precisaria elaborar um plano muito diferente. Como vou traduzir a Bíblia para o pirahã, pensei, se eu não conseguir nem descobrir termos tão simples como *mão esquerda* e *mão direita*? *Arghh*. Eu estava exasperado. Pelo menos Kóhoi concordou em trabalhar mais comigo nisso. Então eu passei pela minha rotina novamente.

"*Mão esquerda.*"

Ele respondeu: "A mão está rio acima".

O que diabos está acontecendo? Eu pensei, completamente frustrado. Então agora ele está tirando sarro de mim?

Apontei para sua mão direita.

"A mão está rio abaixo."

Desisto, decidi. Mudei para outra coisa. Mas por dias me senti totalmente incompetente como linguista.

Uma semana depois, fui caçar com um grupo de homens. Chegamos a uma bifurcação no caminho a cerca de 3 quilômetros da aldeia. Kaaxaóoi gritou perto do fim da nossa fila: "Ei, Kóhoi, suba o rio".

Kóhoi virou à direita. Kaaxaóoi não disse vire à direita, mas ele virou à direita. Como caminhamos mais, nossa orientação mudou. Outra pessoa falou com Kóhoi, ainda na liderança: "Vire rio acima!" Nesse momento ele virou para a esquerda, não para a direita, em resposta ao mesmo comando para virar rio acima.

Durante o resto da nossa caçada, notei que as instruções eram dadas em termos do rio (rio acima, rio abaixo, até o rio) ou da selva (na selva). Os Pirahãs sabiam onde ficava o rio (eu não sabia, estava completamente desorientado). Todos pareciam orientar-se pela geografia e não por seus corpos, como fazemos quando usamos a *mão esquerda* e a *mão direita* para obter instruções.

Eu não estava entendendo isso. Eu nunca tinha encontrado as palavras para *mão esquerda* e *mão direita*. A descoberta do uso do rio pelos Pirahãs para dar instruções explicou, no entanto, por que quando os Pirahãs visitaram cidades comigo, uma de suas primeiras perguntas foi "Onde fica o rio?" Eles precisavam conhecê-lo para saber se orientar no mundo!

Só anos depois li a fascinante pesquisa vinda do Instituto Max Planck de Psicolinguística, em Nijmegen, Holanda, sob a direção do Dr. Stephen C. Levinson. Em estudos de diferentes culturas e línguas, a equipe de Levinson descobriu duas grandes divisões nas formas das culturas e das línguas fornecerem orientações locais. Muitas culturas são como as culturas americanas e europeias e se orientam em termos relativos, dependente da orientação do corpo, como esquerda e direita. Isso é chamado por alguns de orientação endocêntrica. Outros, como os Pirahãs, orientam--se por objetos externos ao seu corpo, o que alguns chamam de orientação exocêntrica.

É evidente que o modo pirahã de dar orientações é muito diferente daquele do americano médio. Mas mesmo em inglês podemos usar um sistema direcional "absoluto" semelhante ao dos Pirahãs. Por exemplo, poderíamos naturalmente dizer: "Os Estados Unidos estão ao norte do México". Ou podemos dizer: "Quando você chegar ao sinal de pare, vire para oeste". As instruções baseadas na bússola são semelhantes às direções fluviais dos Pirahãs na medida em que estão ancoradas no mundo externo ao falante. Mas em inglês e em muitas outras línguas, ao contrário do pirahã, também existe um sistema de direções orientado por nosso corpo. Então dizemos coisas como "vire à esquerda", "siga em frente", "vire à direita" e assim por diante, com termos baseados na orientação corporal.

Esse sistema pode ser útil, mas exige que o ouvinte saiba onde o falante está e como seu corpo é orientado antes que o ouvinte possa seguir as instruções. Isso é mais difícil do que parece em muitos casos. Imagine um falante voltado para você. Então a esquerda dele é a sua direita, estar à frente dele é estar às suas costas e assim por diante. Ou imagine um falante ao telefone ou de qualquer outra forma fora de seu campo de visão, cuja orientação de seu corpo é desconhecida. Esse "relativo" sistema de direções orientado para o corpo pode funcionar em algumas situações, mas é inerentemente impreciso e às vezes confuso.

Assim, o inglês tem tanto um sistema eficiente e ancorado externamente por coordenadas direcionais quanto um sistema orientado para o corpo, ocasionalmente confuso. São em grande parte fatos da história e da cultura da língua inglesa que são os responsáveis pela persistência dos dois sistemas. Os Pirahãs carecem de um sistema de orientação corporal, tendo apenas o sistema não ambíguo e ancorado externamente (decerto, têm a vantagem de estarem sempre próximos ao rio, com respeito ao qual se orientam). Então precisam pensar mais explícita e consistentemente sobre a sua localização no mundo do que nós. Isso, por sua vez, significa que sua língua os obriga a pensar diferente sobre o mundo.

A implicação dessa descoberta é que a língua e a cultura não são cognitivamente isoladas uma da outra. Ao mesmo tempo, devemos nos guardar de tirar conclusões injustificadas disso. Nós não gostaríamos de concluir, por exemplo, que brasileiros e mexicanos pensam que a Coca-Cola® é feminino só porque a atribuem o gênero feminino em suas gramáticas. Também não queremos dizer que os Pirahãs não têm condições de atuar em tarefas relacionadas à contagem, como contar nos dedos das mãos ou dos pés, porque a eles faltam palavras numéricas. Isso poderia ser uma aplicação errada da ideia de que a linguagem molda o pensamento.

Essa ideia sempre foi controversa. É conhecida por vários nomes – determinismo linguístico, relatividade linguística, hipótese de Whorf, hipótese de Sapir-Whorf, entre outras –, embora a hipótese seja principalmente associada a Benjamin Lee Whorf atualmente, porque ele foi um dos primeiros linguistas a escrever extensivamente sobre exemplos específicos da linguagem moldando o pensamento.

Mas Edward Sapir também continua associado à ideia de que a linguagem pode afetar profundamente a cultura. Sapir foi um dos fundadores da linguística americana. Ele também foi estudante, com Ruth Benedict, Margaret Mead e outros antropólogos americanos, de Franz Boas, um físico que se tornou antropólogo na Universidade de Columbia, considerado por alguns como o pai da antropologia americana. Conclusões e propostas de Sapir na interface língua-cultura-cognição foram baseadas em sua vasta experiência de campo, nos seus estudos de línguas da América do Norte, suas estruturas, suas culturas, suas histórias e a relação entre culturas e línguas. Um famoso artigo de Sapir afirma:

> Os seres humanos não vivem sozinhos no mundo objetivo, nem sozinhos no mundo da atividade social como normalmente entendido, mas estão muito à mercê da linguagem particular que se tornou o meio de expressão para sua sociedade. É uma grande ilusão imaginar que ajustamo-nos à realidade essencialmente sem o uso da linguagem e que a linguagem é apenas um meio incidental de resolver problemas específicos de comunicação ou reflexão [...]. Nunca há duas línguas suficientemente semelhantes para serem considerados como representando a mesma realidade. Os mundos em que vivem diferentes sociedades são mundos distintos, não apenas os mesmos mundos com rótulos diferentes anexados (Sapir, 1929, p. 209).

Segundo Sapir, nossa linguagem afeta a forma como percebemos as coisas. No seu modo de ver, o que vemos e ouvimos no nosso dia a dia estrutura o modo como falamos sobre o mundo. Isso pode certamente nos ajudar a entender como é que ao caminhar com os Pirahãs pela floresta posso dizer que vi um galho se mover e eles podem me dizer que viram um espírito mover o galho. Sapir chega ao ponto de afirmar que a nossa visão de mundo é construída pelas nossas línguas, e que não existe um "mundo real" que possamos realmente perceber sem o filtro da linguagem nos dizendo o que estamos vendo e o que isso significa.

Se Sapir e Whorf estiverem corretos, as implicações para a filosofia, linguística, antropologia e psicologia, entre outros campos de estudo, são vastas. Whorf chegou ao ponto de afirmar que a ciência ocidental é em grande parte o resultado das limitações gramaticais das línguas ocidentais. Poderiam as categorias *a priori* de moralidade de Kant ser um artefato de distribuição de substantivos e verbos na gramática do alemão? Poderia a teoria da relatividade de Einstein? Por mais improváveis que tais hipóteses pareçam, elas são levantadas pelas sugestões de Whorf.

Para a linguística e a antropologia, a hipótese Sapir-Whorf sugere questões de pesquisa para investigação de como nossas línguas nos fazem pensar diferente sobre o mundo.

A visão Sapir-Whorf implica uma simbiose entre a linguagem e o pensamento. Na versão extrema dessa visão (o determinismo linguístico), que praticamente ninguém aceita, o pensamento não pode escapar dos limites da linguagem. Falar uma determinada língua pode dar ao nosso pensamento uma vantagem ou desvantagem imutável, dependendo da tarefa e do idioma envolvido.

Uma versão mais amplamente aceita é que, embora possamos pensar "fora da caixa de linguagem", normalmente não o fazemos porque nem percebemos como a linguagem afeta a maneira como pensamos. Essa versão é até observada na prática entre pessoas que podem rejeitar explicitamente a hipótese Sapir-Whorf.

Como exemplo de como as pessoas inteligentes podem estar "em conflito" sobre a ideia de que a maneira como falamos pode afetar a maneira como pensamos, considere os pontos de vista de membros da Sociedade Linguística da América (LSA). A LSA tem rigorosas diretrizes contra a linguagem sexista. Isso significa que pelo menos alguns membros da LSA pensam que a forma como falamos afeta a forma como pensamos de modo idêntico ou pelo menos relacionado a uma forma branda da hipótese Sapir-Whorf.

No entanto outros membros da LSA rejeitam quase todas as versões dessa hipótese. O que me fascina é que ambos os grupos concordam que a LSA deve promover o uso de uma linguagem neutra em termos de gênero. Um membro, por exemplo, poderia simultaneamente apresentar um artigo contra a hipótese da relatividade linguística, tendo muito cuidado ao usar apenas *eles/elas* ou formas como *ele/ela* em seu texto, em vez de usar *ele* para ambos os gêneros, como em "Se alguém quiser este trabalho, *eles/elas* podem tê-lo" *versus* "Se alguém quiser esse emprego, *ele* pode ficar com ele."

Isso não está acontecendo simplesmente porque a linguagem neutra em termos de gênero é mais adequada do que a linguagem específica de gênero. A pressão para mudar o inglês, nesse caso, surgiu porque as pessoas acreditam que a forma como falamos, seja a ofensa conscientemente intencional, seja se a educação está ou não em jogo afeta a maneira como pensamos sobre os outros.

Tenho visto um número suficiente de estudos psicolinguísticos e tenho ouvido evidências anedóticas suficientes dos efeitos da linguagem sob o pensamento para concluirmos que essa versão mais fraca da hipótese Sapir-Whorf não é uma ideia irracional.

Ao mesmo tempo, não creio que a hipótese faça o trabalho que algumas pessoas queriam que ela fizesse. Na explicação da falta de contagem em pirahã, por exemplo, ela parece inútil. Se a hipótese Sapir-Whorf fosse adotada, como explicaríamos a falta de contagem dos Pirahãs (eles não contam porque faltam palavras numéricas), vários fatos ficariam sem explicação.

Por exemplo, muitos outros grupos em todo o mundo tiveram frágeis sistemas numéricos, mas eles tiveram a contagem e os numerais emprestados de línguas vizinhas como pressão socioeconômica constituída para poder usar números no comércio. Os Warlpiri da Austrália são um exemplo. E os Pirahãs têm negociado com os brasileiros há mais de dois séculos. No entanto, não têm tomado emprestado nenhum número para facilitar o seu comércio. Sob uma abordagem whorfiana da contagem dos Pirahãs, há poucos motivos para emprestar palavras para expressar conceitos que se tornem úteis, porque os conceitos não poderiam se tornar úteis sem as palavras, para começar. Esse relato preveria, erroneamente, que sem as palavras não seria possível o conceito. Na verdade, essa forte explicação whorfiana é incompatível com a ciência, porque a ciência trata em grande parte da descoberta de conceitos para os quais anteriormente não tínhamos palavras!

A hipótese Sapir-Whorf não oferece qualquer explicação unificada de uma série de fatos inusitados sobre a cultura e a língua pirahã, como a ausência de palavras para cores, quantificadores ou numerais, o sistema de parentesco simples e assim por diante.

Nossa busca por um relato da interação da língua e da cultura pirahã precisa ser colocada no contexto do território intelectual a ser percorrido. Precisamos mapear algumas das diferentes relações entre gramática, cognição e cultura que foram propostas ao longo dos anos. Eu resumo as ideias principais na tabela a seguir:

Cognição, gramática, conexões culturais

Relação limitadora	Teoria representativa
1. cognição → gramática	Gramática universal de Chomsky
2. gramática → cognição	Relatividade linguística (Whorf)
3. cognição → cultura	O trabalho de Brent Berlin e Paul Kay sobre termos para as cores
4. gramática → cultura	O trabalho de Greg Urban sobre a cultura centrada no discurso
5. cultura → cognição	Efeitos de longo prazo no pensamento da restrição cultural em certos comportamentos
6. cultura → gramática	Etnogramática; formas individuais estruturadas pela cultura

Todos sabemos que, em toda e qualquer tentativa de compreensão, a cultura, a cognição e a gramática, interagem e afetam umas às outras, devendo-se evitar soluções simplistas para a compreensão do que molda a "experiência humana". Ao mesmo tempo, é útil e necessário começar com alguma idealização ou deliberada simplificação pela qual podemos concentrar a nossa atenção em pontos importantes de conexão entre esses três domínios, ignorando outros momentaneamente. Essa é uma maneira útil de lidar com materiais tão complexos.

A primeira linha da tabela acima expressa o caso em que a cognição, com o que quero dizer vagamente como as estruturas cerebrais ou mentais necessárias para o pensamento ou o próprio pensamento, exercem controle sobre a gramática. Noam Chomsky concentrou-se, nesse sentido, exclusivamente nos efeitos da cognição sobre gramática há várias décadas, propondo a ideia de uma gramática universal como sua ideia do modo por meio do qual a cognição limita a gramática humana.

A gramática universal (GU) afirma que existe, na verdade, apenas uma gramática para todas as línguas do mundo, com variação permitida por um número relativamente pequeno de "princípios e parâmetros". A experiência de crescer em um ambiente e ouvir um determinado idioma falado mudará a capacidade de comutação que evoca esta ou aquela propriedade gramatical na emergente gramática da criança. Então suponha que você nasceu no Brasil e cresceu ouvindo português. De acordo com a linha de raciocínio da GU, quando criança você adotou um parâmetro denominado de parâmetro "sem sujeito", o fato de que as sentenças não precisam ter assuntos abertamente expressos. Então em português o equivalente a "me viu ontem" (*Saw me yesterday*) é gramatical, enquanto em inglês é agramatical. E o português terá mais informações em seus verbos sobre a natureza do assunto (pelo menos pessoa e número) do que o inglês. E assim por diante. Essa foi facilmente a mais influente de todas as tradições de pesquisas que examinaram a relação entre gramática e cognição.

A segunda linha da tabela simboliza a tradição de pesquisas Sapir-Whorf, que analisa a interface gramática-cognição por meio da perspectiva de como a gramática, isto é, a forma como nossas línguas são estruturadas, pode afetar a forma como nós pensamos.

Para a terceira linha, os nomes que vêm à mente são Brent Berlin e Paul Kay (1969), ambos professores eméritos da Universidade da Califórnia em Berkeley. Seu trabalho pretende mostrar que em todas as culturas a classificação de cores segue restrições impostas pelas limitações físicas do cérebro humano para reconhecer matizes, tonalidades e o brilho relativo das cores. Essa limitação cerebral-cognitiva impõe restrições à classificação das cores em todas as culturas.

A linha quatro representa a perspectiva dos antropólogos linguísticos como Greg Urban, da Universidade da Pensilvânia. O trabalho de Urban defende que a linguagem pode afetar a cultura de maneiras interessantes e sutis. Um dos exemplos que ele discute diz respeito ao efeito das construções gramaticais na voz passiva (como *John foi visto por Bill*) *versus* as construções gramaticais na voz ativa (*Bill viu John*) no conceito de herói em diferentes sociedades.

Urban afirma que em algumas línguas a proporção de orações passivas pode ser muito maior no discurso natural oral ou escrito do que as orações ativas, enquanto em outras línguas, sentenças ativas podem ocorrer com muito maior frequência. Ele ainda argumenta que quando as orações passivas são as mais naturais e o tipo de construção mais frequente, os heróis retratados nos discursos serão percebidos mais naturalmente como se fizessem coisas, em vez de iniciar ações. Esses heróis serão percebidos como tendo personalidades mais passivas do que os heróis das línguas cujas sentenças ativas predominam.

No caso de uma linguagem sem construções passivas, teríamos de encontrar frases como: *o homem matou a onça* e *a onça matou o homem*, mas não *o homem foi morto pela onça*. Quando uma ação é realizada, aquele que realiza a ação é central para contar a história.

Por outro lado, numa linguagem que privilegia construções passivas, aquele que realiza a ação é menos central para a história. Por exemplo, se compararmos de perto o contraste ativa *versus* passiva de exemplos como: *o homem matou a onça* e *a onça foi morta pelo homem* (ou, ainda mais provavelmente, em uma construção passiva, *a onça foi morta*) ocorrendo repetidamente nas histórias, logo perceberíamos que na voz passiva a centralidade do papel do "homem" é reduzida. O que passa a ser central é o objeto da ação, aqui "a onça", e não o sujeito ou executor da ação. Tais contrastes podem trabalhar de mãos dadas com a cultura para produzir heróis que sejam centrais à narração de histórias ou histórias nas quais os executores da ação não são tão cruciais, não são tão centrais e, portanto, não são tão heroicos.

Como o pirahã carece de construções passivas, seus personagens principais nas histórias, como a história da pantera, são iniciadores ativos de ações e muito mais heroicos do que suas contrapartes em línguas que favorecem a voz passiva (eu não vou dar um exemplo desta última, já que estou apenas oferecendo um simples resumo da teoria de Urban. Na verdade, acho que exemplos de linguagens como essa poderiam ser mais complicados do que esta teoria pressupõe). Em qualquer caso, isso sublinha o quanto é crucial estudar língua e cultura juntas, e não isoladas. Tal como o meu próprio trabalho – embora na direção oposta –, essa teoria vai contra as tradições da linguística moderna e de grande parte da antropologia moderna.

A linha cinco representa a pesquisa que investiga como a cultura pode afetar a cognição. O caso pirahã é um bom exemplo. A falta de contagem dos Pirahãs é um resultado de restrições culturais, como discutimos anteriormente. Mas esse subproduto cultural tem efeitos cognitivos – os adultos Pirahãs acham quase impossível aprender a contar depois de uma vida inteira passada em um ambiente incontável. Finalmente, a última linha da tabela representa a pesquisa que outros, inclusive eu, estamos fazendo sobre os efeitos locais e globais dos valores culturais acerca da formação de sentenças, estrutura das palavras e estrutura sonora. Esse é um trabalho igualmente controverso e também vai contra muito do conhecimento recebido desde a linguística. É o que o princípio do imediatismo da experiência, por exemplo, está tentando obter.

15. Recursão:
a linguagem como uma boneca matrioska

As teorias afetam nossas percepções. Elas fazem parte da informação cultural que restringe a maneira como vemos o mundo ao nosso redor. Existem muitos exemplos de conexões de cultura-percepção que não envolvem ciência, mas ilustram meu ponto de vista, como a vez em que confundi uma sucuri com um tronco flutuante. Minha cultura me disse para procurar troncos ao viajar de barco (conselho universalmente bom!). E isso me deu informações que troncos flutuantes aparecem num rio. Mas não tinha nada para me dizer sobre o fato de que sucuris muito grandes parecem nadar em sua direção.

Estávamos saindo da aldeia em nosso próprio barco até Humaitá para pegar o ônibus para Porto Velho. Keren fez sanduíches de atum com pão caseiro e bebemos Ki-suco. Enquanto eu pilotava o barco descendo o Maici e depois o Marmelos, todos estavam relaxados. Shannon estava lendo a história em quadrinhos brasileira da *Turma da Mônica*, enquanto os outros cochilavam ou observavam a paisagem passar.

Chegamos à minha parte favorita de toda a viagem, o encontro das águas, onde a água verde-escuro dos Marmelos se encontra com a água achocolatada do Madeira. Gritei para todo mundo olhar e todos nós observamos enquanto as duas cores de água corriam um pouco lado a lado, então vimos redemoinhos de água barrenta na água verde e, então, finalmente a água verde foi absorvida cerca de 500 metros além da foz.

Voltei minha atenção rio acima, enquanto contornávamos a ilha que fica na foz do Marmelos, seguindo em direção à Auxiliadora, onde iríamos passar a noite. O Rio Madeira tem esse nome devido às árvores que são levadas de suas margens lamacentas e que flutuam em direção ao Amazonas. Há enormes troncos e galhos no rio, especialmente perigosos quando flutuam invisivelmente logo abaixo da superfície. Cerca de 200 metros rio acima, eu vi um tronco flutuando na correnteza rápida. Ele estava distorcido. Quando comecei a viajar pelo sistema amazônico, esperava ver coisas novas nesse novo mundo, então confundia cada tronco do rio com uma cobra, porque a água faz a madeira parecer ondular. Esse tronco parecia ondular também, embora por ora eu soubesse o suficiente para não o confundir com uma cobra. E eu também sabia que as cobras não eram tão grandes quanto os troncos. Esse, conforme observei mais de perto, teria talvez 12 metros de comprimento e uns 90 centímetros de espessura.

Mudei de posição para olhar para duas araras voando e gritando no alto. Então olhei novamente para o "tronco". Estava mais perto de nós agora. Estranho, pensei, ele está flutuando em direção à margem, perpendicular à corrente.

Então, à medida que se aproximava, vi que era realmente ondulante. De repente veio direto para a minha extremidade do barco. Isso não era um tronco. Essa foi a maior sucuri que eu já vi. Sua cabeça era maior que a minha. Seu corpo era muito mais grosso que o meu e tinha mais de 10 metros de comprimento. Ela abriu a boca larga e nadou em minha direção. Eu desviei bruscamente para o lado, jogando minha família no chão, e consegui acertar a cobra com a hélice do meu motor de popa de 15 CV de potência enquanto mergulhava sob o barco. *Bumm*. Um golpe sólido. Eu pensei ter acertado na cabeça, mas não tinha certeza.

A cobra desapareceu. Então, um segundo depois, todo o corpo da cobra ficou saindo da água, elevando-se acima do barco, mas recuando para trás à medida que avançávamos, a cerca de 16 quilômetros por hora. Eu olhei para toda a extensão da barriga esbranquiçada da cobra quando ela se lançou para trás com um grande e alto mergulho no Rio Madeira. Eu não sabia que sucuris podiam fazer isso, pensei. Essa maldita coisa poderia ter pulado no nosso barco!

Eu estava apenas olhando. Shannon ergueu os olhos dos quadrinhos e disse: "Uau!"

Essa experiência de percepção equivocada me ensinou o que os psicólogos já sabem há muito tempo: a percepção é aprendida. Percebemos o mundo tanto como teóricos quanto como cidadãos do universo, de acordo com nossas experiências e expectativas, nem sempre, talvez nunca, de acordo com a forma como o mundo realmente é.

À medida que me tornei mais fluente em pirahã, comecei a suspeitar que as pessoas estavam mantendo seu discurso de modo simples por minha causa. Quando eles falavam comigo, as frases pareciam curtas, com apenas um verbo cada. Então eu decidi que valeria a pena ouvir com maior atenção como eles falavam para os outros, em vez de basear as minhas conclusões na forma como falavam comigo. Minha melhor oportunidade, eu sabia, viria de Báígipóhóái, esposa de Xahoábisi. Todas as manhãs ela falava alto, começando por volta das 5h, sentando-se em sua cabana no escuro, com Xahoábisi acendendo o fogo, a apenas alguns metros do meu quarto. Ela falava para toda a aldeia sobre o que ela tinha sonhado. Perguntava às pessoas pelo nome o que elas fariam naquele dia. Dizia aos homens que saíam em canoas que tipo de peixe pescar, onde estavam os melhores, quais eram os locais para pescar, qual a melhor forma de evitar os estrangeiros e assim por diante. Ela era o arauto da aldeia e a fofoca reunida em uma só pessoa. Era divertida de se ouvir. Havia um certo talento artístico em seu discurso, com sua voz profunda, uma gama de entonação em sua fala (de muito baixo a muito alto e para baixo novamente), a maneira estilisticamente diferente como ela pronunciava suas palavras – como se a respiração estivesse entrando em seus pulmões e boca em vez de sair. Se já houve um orador que falasse pirahã para pirahãs e não para mim, o linguista Báígi era isso. Importante para mim, quando gravava e transcrevia suas sentenças, elas eram estruturadas de maneira idêntica às sentenças faladas comigo por Kóhoi e outros professores – com apenas um verbo cada.

Isso foi especialmente desafiador, pois, na minha análise da gramática pirahã, eu tentei coletar muitos exemplos em que uma frase ou sentença ocorria dentro de outra, como faria qualquer linguista, uma vez que tais estruturas supostamente revelariam a gramática melhor do que as frases simples que eu estava coletando. Comecei procurando frases como: *o homem que pegou o peixe está na casa*, em que ocorre uma cláusula relativa semelhante a uma frase (*quem pegou o peixe*) dentro de um sintagma nominal (*o homem*), que ocorre dentro de outra frase (*o homem está em casa*). Na época, eu acreditava que as cláusulas relativas existiam em todas as línguas.

Ao tentar descobrir se pirahã tinha ou não cláusulas relativas, um dia decidi perguntar a Kóhoi se eu estava "falando bonito" quando disse: "O homem entrou em casa. Ele era alto". Essas são duas simples frases. Em inglês, porém, preferiríamos colocar a segunda frase dentro da primeira para obter uma cláusula relativa – "O homem que era alto veio para dentro de casa". Quando perguntava aos Pirahãs se meu discurso era bonito ou não, geralmente diziam que sim para evitar grosseria. Mas então, se eu de fato tivesse me expressado mal, eles repetiriam a frase que eu tinha mutilado me devolvendo no pirahã correto, sem nunca me dizer que eu estava errado. Por isso, quando fiz essa pergunta específica, esperava que Kóhoi proferisse uma frase correta e dissesse algo como "O homem que é alto entrou na casa". Mas não, Kóhoi apenas disse que eu estava falando bonito e repetiu as frases depois de mim exatamente como eu as havia dito originalmente, algo que os Pirahãs raramente fazem se a gramática estiver incorreta.

Experimentei várias frases usando vários professores Pirahãs. Todos respondiam que eu estava falando bonito ou diziam "*Xaió!*" (correto!).

Então, em um rascunho da minha gramática pirahã sobre orações relativas, escrevi que não havia nenhuma na língua. Mas então um dia Kóhoi estava fazendo uma flecha de pesca e precisava de um prego para a ponta.

Ele falou para o filho, Paitá: "*Ko Paitá, tapoá xigaboopaáti. Xoogiai hi goo tapoá xoáboi. Xaisigíai*" (ei, Paitá, traga alguns pregos. Dan comprou aqueles pregos. Eles são os mesmos).

Eu ouvi isso, o que me parou no meio do caminho. Percebi que essas frases funcionavam juntas como uma única frase com uma cláusula relativa e que elas poderiam até ser traduzidas como a tal frase em inglês, mas essa sua forma era significativamente diferente. Eram três frases separadas, não uma frase com outra frase dentro dela, como em inglês. Essa construção pirahã carecia, portanto, de cláusula relativa no sentido que os linguistas geralmente querem significar. Crucialmente, a última frase, Xaisigíai (eles são os mesmos), igualou a palavra pregos das duas primeiras frases. Em inglês nós diríamos: "Traga de volta *os pregos que Dan comprou*" (coloquei em itálico a parte da cláusula relativa). Eu estava vendo as cláusulas separadas interpretadas juntas, embora não fizessem parte da mesma frase. Então houve uma forma de produzir algo como uma cláusula relativa em significado, mesmo que não houvesse cláusulas relativas propriamente ditas.

Uma sentença para a maioria dos linguistas é a expressão em palavras de uma proposição, uma unidade tácita de significado que representa um único pensamento, como *eu comi*, *John viu Bill*, ou um único estado, como *a bola é vermelha*, *eu tenho um martelo* e assim por diante. A maioria das línguas não tem apenas frases simples como essas, embora elas também tenham uma maneira de colocar uma sentença ou frase dentro de outra. Essa característica da boneca matrioska é conhecida como recursão por cientistas da computação, linguistas, psicólogos e filósofos. Esse problema está pondo atualmente a linguística, a filosofia da linguagem, a antropologia e a psicologia em chamas, em um debate sobre a potencial significação da gramática pirahã para a compreensão dos humanos e de suas línguas.

A esse respeito, as evidências que estava coletando começavam a construir o apoio para duas ideias que mais tarde tive sobre a estrutura das sentenças pirahãs. A primeira foi que as sentenças do pirahã não tinham recursividade. A segunda ideia era de que essa recursão não era tão importante – aparentemente, tudo o que você pudesse dizer com recursão em um idioma, você poderia dizer sem recursão em outro. Os linguistas há muito acreditam, embora nem sempre usam a mesma terminologia, que a recursão é muito importante na linguagem. E então eu sabia que qualquer evidência que o pirahã pudesse trazer sobre a questão seria importante.

Chomsky foi um dos primeiros a se perguntar como os humanos poderiam produzir tantas sentenças, em um número ilimitado, tendo cérebros finitos. Deve haver alguma ferramenta disponível para nos permitir fazer, como diz um dito linguístico comum, o "uso infinito de meios finitos" (embora eu não ache que qualquer linguista poderia realmente fornecer uma história coerente do que essa expressão realmente significa em termos científicos). Chomsky afirmou que a ferramenta fundamental subjacente a toda essa criatividade da linguagem humana é a recursão.

A recursão tem sido tradicionalmente definida como a capacidade de colocar um item dentro de outro do mesmo tipo (para os mais inclinados à matemática, é uma função com um procedimento ou uma sub-rotina cuja implementação faz referência a si mesmo). Uma forma visual de recursão ocorre quando você segura um espelho diante de outro espelho e vê uma regressão infinita de espelhos no reflexo. E uma forma auditiva de recursão é o *feedback*, o ruído de um amplificador captando e continuando a amplificar sua própria saída continuamente.

Essas são as definições padrão de recursão. Na sintaxe, novamente, isso se traduziria em colocar uma unidade dentro de outra unidade do mesmo tipo. Pegue uma frase como: *filho do irmão de John*, que contém os sintagmas nominais *John, seu irmão* e *seu filho*. E uma frase como: *eu disse que vocês são feios* contém a frase: *você é feio*.

Em 2002, na revista *Science*, Marc Hauser, Noam Chomsky e Tecumseh Fitch puseram um grande fardo na recursão ao rotulá-la de a única componente da linguagem humana. Eles alegaram que a recursão é a chave para a criatividade da linguagem, e, na medida em que uma gramática conta com esse dispositivo formal, ela pode produzir um número infinito de sentenças de comprimento ilimitado.

No entanto, à medida que chegou ao mundo científico, a notícia de minha descoberta de que o pirahã carece de recursão no sentido matemático, tal como uma boneca matrioska, fez uma curiosa coisa acontecer. A definição de recursão mudou entre alguns seguidores de Chomsky. Em certo sentido, esse é um exemplo de algo que o filósofo Richmond Thomason (comunicação pessoal) costumava dizer das pessoas que mudavam seus pensamentos acerca de alguns assuntos: "Se no início você não tiver sucesso, redefina o sucesso".

A mais nova definição de recursão surgida na escola de Chomsky faz da recursão uma forma de composicionalidade. Simplificando, afirma-se que você pode juntar as peças para fazer algo novo e você pode fazer isso indefinidamente. Sob essa nova perspectiva de recursão, que não é aceita por nenhum linguista matemático ou cientistas da computação que eu conheço, pode-se colocar palavras juntas para formar uma frase, isso é recursão, e se eu puder colocar frases juntas para formar uma história, isso é recursão.

Minha própria reação a isso é que se erra por confundir raciocínio com linguagem. As pessoas claramente conseguem juntar sentenças e depois interpretá-las como uma história completa. Mas essa é a mesma habilidade que os investigadores da cena do crime usam quando interpretam evidências aparentemente díspares e as reúnem para contar uma história de como o crime foi cometido. Isso não é linguagem, é raciocínio. No entanto o maior apelo da teoria chomskyana para a maioria dos cientistas é que ela separou raciocínio e linguagem e, em particular, que Chomsky distinguiu a estrutura das histórias da estrutura das sentenças e frases. Ele afirmou muitas vezes que histórias e sentenças são compostas por princípios muito diferentes. Então, não conseguindo explicitar essa distinção nessa nova noção de recursão essa nova explicação é, ironicamente, inconsistente com a própria teoria de Chomsky, mas consistente com a minha.

Se estou certo de que o pirahã não tem recursão, Chomsky e outros pesquisadores têm de ficar com a pulga atrás da orelha. Eles precisam sugerir como uma linguagem sem recursão pode se encaixar em uma teoria na qual a recursão é o componente crucial da linguagem.

Uma resposta que Chomsky e outros deram à minha afirmação de que o pirahã não tem recursão é que a recursão é uma ferramenta disponibilizada pelo cérebro, mas não precisa ser usada. Mas então isso é muito difícil de conciliar com a ideia de que é uma propriedade essencial da linguagem humana, porque se a recursão não precisa aparecer em uma determinada linguagem, então, em princípio, ela não precisa aparecer em nenhuma linguagem. Isso os coloca na posição nada invejável de afirmar que a propriedade única da linguagem humana não precisa realmente ser encontrada em nenhuma linguagem humana.

Na verdade, não é tão difícil dizer se a recursão funciona para definir a gramática de uma linguagem específica. Muito simplesmente, a questão é dúplice. Primeiro, a gramática que você escreve sem recursão pode lidar com a linguagem que você está estudando de modo mais simples do que uma gramática com recursão? Segundo, quais tipos de frases você esperaria encontrar se a gramática de fato tivesse recursão? Uma linguagem sem recursão parecerá diferente de uma linguagem que tem recursão. A principal forma é que não haverá frases dentro de outras frases. Se você encontrar uma frase dentro de uma frase, a linguagem tem recursão, ponto-final. Se não a encontrar, talvez não tenha, embora mais dados sejam precisos. A primeira questão, portanto, é se existem frases dentro de frases em pirahã. A resposta é que não existem, seguindo o padrão de argumentação usado na linguística teórica para estabelecer isso: falta-lhe a marcação de altura, palavras ou tamanho de frase de um idioma com recursão.

As gramáticas das línguas do mundo empregam vários marcadores para indicar que uma determinada estrutura é recursiva, ou seja, que uma frase está dentro de outra. Essa marcação não é obrigatória, mas é muito comum. Alguns desses marcadores são palavras independentes. Em inglês, assim como em português, dizemos coisas como *eu disse que ele estava vindo*. Nessa sentença, a frase *ele estava vindo* está localizada dentro da frase *eu disse* [...]; *ele estava vindo* é o conteúdo do que foi dito. Em inglês, como no português, o *que* é frequentemente usado como um "complementador" para marcar a recursão. Se olharmos para o complexo oracional relativo que Kóhoi me deu, vemos três sentenças independentes, interpretadas em conjunto, sem qualquer indício de que uma frase está dentro de outra.

Outro marcador comum da recursão é a entonação, o uso do *pitch* para marcar diferentes significados e relações estruturais entre as sentenças e suas partes. As locuções verbais das orações principais, por exemplo, muitas vezes recebem um *pitch* mais alto em inglês do que as frases verbais das orações subordinadas. Por exemplo, na pronúncia mais comum da sentença: *The man that you saw yesterday is here* (o homem que você viu ontem está aqui), *is here* (está aqui) fica com um tom mais alto do que *saw yesterday* (vi ontem). Isso ocorre porque *saw yesterday* (viu ontem) é o verbo subordinado ou incorporado, e a frase *is here* (é aqui) é a frase verbal principal. Mas Robert Van Valin e eu, em um período de três anos, no Projeto da *National Science Foundation* dedicado ao estudo da entonação e sua relação com a sintaxe em cinco línguas amazônicas, não encontramos evidências de que o pirahã usa a entonação como marcador alternativo de recursão. Agora, a entonação pirahã agrupa conjuntos de sentenças em parágrafos e histórias, mas isso não é recursão na gramática propriamente dita, pelo menos não de acordo com toda a história da gramática chomskyana (embora muitos linguistas discordem de Chomsky e coloquem histórias na gramática – eu não tenho nenhuma disputa com essas outras escolas linguísticas nesse sentido). Isso é a recursão no raciocínio. Na verdade, muitos especialistas acerca do papel da entonação na fala humana acreditam que seria ingênuo tentar vincular a entonação diretamente à estrutura das frases, e não aos significados das frases e como elas são usadas nas histórias. Se isso estiver correto, então a entonação não tem nada conclusivo a dizer sobre se uma linguagem tem recursão ou não.

Confundir linguagem e raciocínio é algo que já vimos ser um erro grave. É fácil confundir os dois, porque o raciocínio envolve muitas das operações cognitivas que alguns linguistas associam à linguagem, incluindo a recursão. O clássico artigo de Herbert Simon, de 1962, "A arquitetura da complexidade", dá um exemplo fascinante de recursão fora da linguagem. O exemplo de Simon mostra até como a recursão pode ajudar seus negócios! Vale a pena citar seu exemplo na íntegra:

> Era uma vez dois relojoeiros, chamados Hora e Tempus, que fabricavam relógios muito finos. Ambos eram altamente reconhecidos, e os telefones das suas oficinas tocavam com frequência. Novos clientes estavam constantemente ligando para eles. No entanto, Hora prosperou enquanto Tempus ficou cada vez mais pobre e finalmente perdeu sua loja. Qual foi a razão?
>
> Os relógios que os homens fabricavam consistiam em cerca de mil peças cada um. Tempus construía o seu de tal forma que se ele tivesse um parcialmente montado e tivesse que largá-lo para atender o telefone, digamos; ele imediatamente se desmontava, caindo em pedaços, e tinha que ser remontado por meio dos seus elementos. Quanto mais os clientes gostavam de seus relógios, quanto mais lhe telefonavam, mais difícil se tornava para ele encontrar tempo ininterrupto suficiente para terminar um relógio.
>
> Os relógios que Hora manejava não eram menos complexos que os de Tempus, mas ele os projetou para poder montar subconjuntos de cerca de dez elementos cada. Dez dessas submontagens, novamente, poderiam ser reunidas em um subconjunto maior e um sistema de dez destes últimos constituíam o relógio inteiro. Portanto, quando Hora tinha que largar um relógio parcialmente montado para atender o telefone, ele perdia apenas uma pequena parte de seu trabalho e montava seus relógios em apenas uma fração das horas de trabalho que o Tempus levava (Simon, 1962).

Esse exemplo da relojoaria não tem nada a ver com a linguagem. Então por esse exemplo, e muitos outros, sabemos que o raciocínio humano é recursivo. De fato, sabemos que muitas coisas no mundo, além dos humanos, são recursivas (mesmo os átomos manifestam hierarquias semelhantes à recursividade em sua construção a partir de partículas subatômicas). As conhecidas bonecas russas matrioskas ilustram outro tipo de recursão, conhecida como nidificação, em que uma boneca é colocada dentro de outra do mesmo tipo, e esse par em outra do mesmo tipo e assim por diante.

Uma inferência importante da presença da recursão é esta: se uma linguagem tem recursão, então não deve haver a sentença mais longa nessa linguagem. Por exemplo, em inglês ou português, qualquer frase que alguém pronuncie pode desta ser feita uma mais longa. *O gato que comeu o rato está bem* pode ser estendida para *o gato que comeu o rato que comeu o queijo está bem* e assim por diante.

De modo crucial, *nenhum desses diversos tipos de evidências da recursão é encontrado em pirahã*. A história da pantera que Kaaboogí me contou é típica. Não há evidências de qualquer uma dessas dimensões encontradas naquele ou em outros textos pirahãs para recursão na gramática.

Mais interessante, talvez, para ilustrar meu ponto contra a recursão é uma sentença como a seguinte, porque não há uma maneira óbvia de torná-la mais longa em pirahã: *Xahoapióxio xigihí toioxaagá hi kabatií xogií xi mahaháíhiigí xiboítopí piohoaó, hoíhio* (outro dia um velho lentamente abateu grandes antas à beira da água, duas delas). Qualquer coisa a mais adicionada a ela, como a palavra *marrom* em *grandes antas marrons*, tornaria a sentença agramatical. As frases podem ter um único modificador (frases que são encontradas em histórias naturais – tenho alguns exemplos artificiais em que consegui que alguns Pirahãs colocassem mais modificadores na frase, mas eles não gostaram e nunca usam mais de um em uma frase em histórias naturais). Um segundo pode ocasionalmente ser inserido no fim da sentença como uma reflexão tardia –

como o *duas delas* no fim dessa sentença pirahã acerca das antas. Se isso estiver correto, então pirahã é finito e não pode ser recursivo.

Devo descartar uma última evidência potencial de recursão em pirahã, e isso me foi sugerido por vários linguistas. O primeiro linguista a fazer isso foi o professor Ian Roberts (2006), chefe de linguística da Universidade de Cambridge, durante um debate comigo no programa de rádio *Material World* da *British Broadcasting Company* (BBC). Ele afirmou que o Pirahã deve ter recursão se puder adicionar ou repetir palavras ou frases após frases, porque, como ele disse, "A iteração é uma forma de recursão". Logicamente isso está correto. Colocar uma frase dentro de outra no fim de uma frase é matematicamente idêntico à repetição de elementos após uma frase ou sentença.

Se eu digo: "John diz que ele está vindo", a frase *que ele está vindo* é colocada dentro da frase que *John diz* [...] no fim. Isso é conhecido como "recursão de cauda". Matemática ou logicamente, isso é equivalente a dizer: "John corre, ele faz", em que a sentença *ele faz* é apenas uma sentença repetida após outra frase. Pirahã pode, e deve mesmo, ter uma sentença que segue outra sentença, como em *"Kóxoí soxóá kahapii. Hi xaoxai hiaba"* (Kóxoí já saiu. Ele não está aqui). Mas, se a mera repetição, iteração, de uma sentença após a outra satisfaz a definição de Hauser, Chomsky e Fitch de recursão (como alguns de seus seguidores me disseram que aconteceria), então ela é encontrada em outras espécies além do *Homo sapiens*.

Nosso cão *rhodesian ridgeback*, Bentley, é uma alma emocional. Entre as coisas que o deixa emocionado estão os outros cachorros passando por nossa casa – ele quer comê-los ou atacá-los. Ele sempre late quando eles passam. Eu por acaso não penso que seus latidos sejam desprovidos de conteúdo. Eu acho que ele está se comunicando com seus latidos algo como "dê o fora do meu quintal". Mas não importa o que exatamente ele está comunicando – ele está comunicando *algo* com seus latidos.

Agora, às vezes, Bentley late uma ou duas vezes e depois para. Isso ocorre porque o cachorro para quem ele está latindo saiu do gramado. Outras vezes ele late repetidamente, ou seja, ele repete seus latidos, e isso indica sua ascensão de raiva/desejo de que o cachorro saia do nosso quintal (ou o que isso significa para ele). O que significa seu latido repetido? Bem, se a iteração é apenas uma forma de recursão, significa que Bentley tem latidos recursivos. Mas Bentley não é um ser humano. Portanto, a recursão não se limita aos humanos. Ou, mais sensatamente, a iteração não deve ser considerada como recursão.

Contudo, as razões que me levam a afirmar que o pirahã carece de recursão não são meramente negativas. Dizer que uma linguagem não apresenta recursão constitui afirmar algo sobre como será a gramática dessa linguagem. Queremos olhar para aquelas previsões e ver como elas se saem em relação ao pirahã.

O princípio generalizado do imediatismo da experiência (PIE) poderia explicar por que o pirahã não tem sentenças embutidas. Considere novamente as cláusulas relativas, como em: *o homem que é alto está no caminho*. Essa frase em inglês, assim como em português, é composta por duas sentenças menores: a sentença principal, *o homem está no caminho*, e a sentença subordinada ou embutida, *que é alto*. A nova informação, ou o que os linguistas chamam de asserção, é encontrada na frase principal, *o homem está no caminho*. A frase embutida apenas adiciona algumas informações antigas compartilhadas pelo ouvinte e pelo falante – há um homem alto que ambos conhecemos – e chama a atenção para um homem em particular, a fim de ajudar o ouvinte a saber quem é o homem no caminho. Isso não é uma afirmação. Frases embutidas raramente, ou nunca, são usadas para fazer asserções. Então o PIE prevê que pirahã não terá sentenças embutidas porque diz que enunciados declarativos podem conter apenas afirmações. Conter uma cláusula embutida seria conter uma não afirmação, em violação do PIE.

Outro exemplo vem de frases como: *a ponta do rabo do cachorro está quebrada*. Isso é algo que os Pirahãs diziam regularmente, já que uma grande proporção de seus cães tem caudas danificadas. Uma noite notei um cachorro na aldeia com a ponta da cauda faltando. Eu disse: "*Giopaí xígatoi xaóxio baábikoi*", foi assim que pensei que deveria dizer: "A ponta do rabo do cachorro está malformada". Isso significa literalmente: "O rabo do cachorro no fim está ruim". Os Pirahãs responderam: "*Xígatoi xaóxio baábikoi*" (a ponta do rabo está mal). Não pensei nada sobre a omissão inicialmente porque as omissões são comuns em qualquer idioma quando os falantes compartilham informações em comum – não há necessidade de reafirmar que estamos falando sobre um cachorro; todos nós já sabíamos disso.

Mas, conforme investiguei mais a fundo, a única maneira de conseguir algo como: *a ponta do rabo do cachorro está quebrada* é "*Giopaí xígatoi baábikoi, xaóxio*" (a cauda do cachorro está ruim, na ponta). O que descobri é que apenas um possuidor pode ocorrer em uma dada frase (o *cachorro* é o possuidor do *rabo*, por exemplo). Se não há recursão na linguagem, isso faz sentido. Você pode ter um possuidor sem recursão, simplesmente tendo um conhecimento cultural ou entendimento linguístico compartilhado pelos falantes de que, quando dois substantivos estão próximos um do outro, o primeiro é interpretado como o possuidor. Mas, se você tiver dois possuidores na cláusula, um deles deve estar em uma frase que esteja dentro de outra frase.

O pirahã carece dessas estruturas. É difícil para muitos linguistas ver como a cultura pode ser responsável por isso. E concordo que a rota desde uma restrição cultural a sintagmas nominais complexos pode parecer um pouco tortuosa. Começando pelas orações subordinadas, a primeira coisa a lembrar é que, de acordo com o PIE, a cláusula embutida não é permitida porque não é uma afirmação. A questão que isso levanta é como a gramática dos Pirahãs poderia eliminar as cláusulas embutidas indesejadas, a fim de obedecer a um tabu cultural.

Existem três maneiras de poder fazer isso. Primeiro, a gramática poderia proibir o surgimento de regras que criam estruturas recursivas – regras que são tecnicamente expressas como A → AB. Se a gramática não contiver essa regra, ela não pode colocar uma frase ou sentença imediatamente dentro de outra frase ou sentença do mesmo tipo.

Em segundo lugar, a gramática poderia não ter evoluído a partir da recursão. Existe um consenso crescente entre os linguistas de que gramáticas sem recursão precedem evolutivamente gramáticas com recursão e que, mesmo nas gramáticas com recursão, estruturas não recursivas são usadas na maioria dos ambientes. Uma última possibilidade é que a gramática pirahã simplesmente não consiga fornecer estruturas nas sentenças. Não haveria recursão porque, na verdade, não haveria frases, apenas palavras colocadas lado a lado e interpretadas como uma sentença.

Sem sintaxe, a gramática pirahã não teria sintagmas verbais, sintagmas nominais, sentenças embutidas e assim por diante. Na verdade, parece possível interpretar todas as sentenças pirahãs como contas em um cordão, sem a necessidade de uma estrutura mais complexa do tipo que as estruturas frasais previriam. A sentença seria simplesmente a lista de palavras necessárias para completar o significado de um verbo, mais um mínimo de modificação, geralmente não mais do que um modificador semelhante a um adjetivo ou advérbio por sentença. Pirahã não teria sintaxe, na minha opinião bastante extrema, para garantir que as não afirmações não apareçam dentro de sentenças declarativas, em violação ao PIE. O PIE permite cláusulas declarativas para conter apenas asserções. Portanto, o PIE restringe a gramática pirahã.

Veja a sequência da cláusula relativa original que ouvi de Kóhoi: "Ei, Paitá, traga alguns pregos. Dan comprou aqueles pregos. Eles são os mesmos". Há duas afirmações aqui: *Dan comprou os pregos* e *os pregos são os mesmos*. Mas, no caso relativo em inglês *os pregos que Dan comprou*, não há uma asserção. Portanto, o princípio do imediatismo da experiência é violado.

Se meu raciocínio aqui estiver no caminho certo, quais outras previsões ele fará sobre a gramática pirahã? Exatamente as certas, ao que parece.

Prevê que faltará coordenação em pirahã, porque isso também envolve a propriedade geral da recursão, algo que foi eliminado da gramática pirahã, como já discutimos, a fim de evitar não asserções embutidas em asserções declarativas. Estruturas coordenadas são obviamente comuns no inglês e em muitos outros idiomas. Sua recursão é mostrada em exemplos como: *John e Bill chegaram à cidade ontem*, cujo substantivo *John* e o substantivo *Bill* ocorrem no sintagma nominal mais longo *John e Bill*. A coordenação de verbos e frases também é descartada, então pirahã não tem frases como: *Bill correu e Sue assistiu* ou *Sue correu e comeu*.

A restrição do PIE contra a recursão também prevê corretamente que na língua pirahã faltará a disjunção, como em: *ou Bob ou Bill virá, eu tinha alguma carne branca, frango ou porco* e assim por diante. Pirahã carece de disjunção porque, tal como a coordenação, requer colocar frases dentro de outras frases – recursão. Os Pirahãs diriam, por exemplo, em vez de "Ou Bob ou Bill virão", algo como "Bob virá. Bill virá. Hum. Eu não sei".

Estas não esgotam as consequências previsíveis da falta de recursão na língua pirahã. Outras previsões estão sendo testadas agora por uma série de psicólogos e antropólogos. Isso é interessante porque o fato de que existem previsões testáveis do princípio do imediatismo da experiência mostra que não se trata apenas de uma afirmação negativa sobre o que falta na língua pirahã, mas uma afirmação positiva sobre a natureza da gramática pirahã e como essa gramática difere de muitas gramáticas conhecidas.

A afirmação é positiva porque pirahã impõe e faz valer um valor cultural em sua gramática. Isso não é, novamente, apenas porque pirahã acidentalmente não tenha recursão. Ela não quer isso; não a permite por causa de um princípio cultural.

Além da gramática dos Pirahãs, o PIE ajuda a dar conta de outras lacunas na linguagem que já discutimos, como a ausência de números e numerais, a ausência de palavras para cores, a simplicidade do sistema de parentesco e assim por diante.

A proibição contra abstrações e generalizações oriunda do princípio do imediatismo da experiência é uma proibição muito restrita. Não significa de jeito algum que a cultura pirahã proíba o pensamento abstrato. Também não é uma proibição contra todas as abstrações ou generalizações na linguagem. Por exemplo, os Pirahãs têm palavras para designar os tipos ou as categorias de coisas, pois todas as línguas fazem essa designação, e essas palavras, geralmente substantivos, são por definição um tipo de abstração. Como essa aparente contradição é tolerada na língua pirahã?

A gramática já me parece complicada demais para derivar de qualquer propriedade geral da cognição humana. Parecia clamar por um componente especializado do cérebro, ou o que alguns linguistas chamam de órgão da linguagem ou instinto. Mas tal órgão torna-se implausível se pudermos mostrar que ele não é necessário porque existem outras forças que podem explicar a linguagem como o fato ontogenético e filogenético.

Como a maioria dos linguistas hoje, certa vez acreditei que a cultura e a língua eram em grande parte independentes. Mas, se estou certo de que a cultura pode exercer grandes efeitos na gramática, então a teoria com a qual dediquei a maior parte da minha carreira de pesquisa – a teoria de que a gramática faz parte do genoma humano e que as variações nas gramáticas das línguas do mundo são em grande parte insignificantes – está completamente errada. Não é necessário que haja uma capacidade genética específica para a gramática; a base biológica da gramática também poderia ser a base da culinária *gourmet*, do raciocínio matemático e dos avanços médicos. Em outras palavras, poderia ser apenas o raciocínio humano.

Sobre a evolução da gramática, por exemplo, muitos pesquisadores têm ressaltado o fato de que nossos ancestrais tinham que falar sobre coisas e acontecimentos, sobre quantidades relativas e sobre o conteúdo das mentes dos seus colegas membros de sua espécie, entre outras coisas. Se você não pode falar sobre as coisas e o que acontece com elas (eventos) ou como elas são (estados), você não pode falar sobre qualquer coisa. Portanto, todas as línguas precisam de verbos e substantivos. Mas eu estive convencido pela pesquisa de outros, bem como pela minha, de que, se uma linguagem tem esses elementos, então o esqueleto básico da gramática segue em grande parte. Os significados dos verbos requerem um certo número de substantivos, e esses substantivos mais o verbo formam sentenças simples, ordenadas de maneira logicamente restrita. Outras permutações dessa gramática fundacional decorrem da cultura, da proeminência do contexto e da modificação de substantivos e verbos. Há outros componentes da gramática, mas não tantos. Colocado assim, comecei a ver as coisas, e realmente não parece haver muita necessidade de uma gramática adequada para fazer parte do genoma humano, por assim dizer. Talvez haja ainda muito menos necessidade da gramática como uma entidade independente do que poderíamos ter pensado.

Embora uma língua possa ter uma forte restrição cultural, como o princípio do imediatismo da experiência presente no pirahã, tais restrições não podem anular as forças gerais e os resultados da evolução, nem a natureza do que ela pretende comunicar. Substantivos e certos tipos de generalizações fazem parte da nossa herança evolutiva e os princípios culturais não podem substituí-los, mesmo que mostrem que a cultura e a gramática estão intimamente conectadas.

Por outro lado, a pesquisa está em andamento. A questão de saber se o pirahã tem ou não tem recursão está longe de ser resolvido. Mas a evidência que vem sendo recolhida e interpretada por investigadores independentes é consistente com as minhas conclusões.

Um fenômeno que atraiu minha atenção desde o início da minha reflexão sobre as possíveis conexões entre gramática e cultura é que as teorias, independentemente de quão úteis sejam, em muitos aspectos podem impedir um novo modo de pensar. Nossas teorias são como culturas. Assim como existem lacunas na cultura pirahã para contar, palavras para cores e assim por diante, algumas teorias podem ter lacunas onde outras teorias poderiam ter mecanismos explicativos robustos. Nesse sentido, tanto as teorias quanto as culturas moldam a capacidade de nossas mentes de perceber o mundo, às vezes positivamente e às vezes não tão positivamente, dependendo de quais objetivos estabeleceram para si mesmas.

Quais são as implicações para a gramática pirahã se ela não tiver recursão? Primeiro de tudo, a falta de recursão em sua gramática significaria que sua gramática não é infinita – haveria um limite superior para o número de sentenças geradas por ela. Mas isso não significaria que a linguagem seja finita, porque a recursão é encontrada nas histórias em pirahã – partes das histórias são construídas assim, com subtramas, personagens, eventos e todos os tipos de relacionamentos entre todos eles. Isso é interessante porque significa que o papel da gramática na infinitude de uma linguagem não é tão importante – você pode ter uma linguagem com uma gramática finita, algo que a recente teoria de Chomsky sobre a importância da recursão não pode nem acomodar, nem elucidar. Isso também implica que você pode especificar o maior tamanho de uma sentença particular nessa linguagem, embora não o tamanho superior de um discurso. Isso parece excêntrico para uma língua. Alguns linguistas e cientistas cognitivos poderiam até saltar para a conclusão de que a ausência de recursão poderia tornar uma linguagem deficiente de algum modo. Mas isso não seria correto.

Mesmo se a gramática de uma língua é finita, isso não significa, entretanto, que a gramática não seja rica ou interessante. Pense em algo como o xadrez, que também tem um número finito de movimentos. Essa finitude dos movimentos do xadrez não tem muito efeito prático, no entanto. O xadrez é um enorme jogo produtivo que pode e tem sido jogado há séculos. O fato de que o xadrez é finito nos diz muito pouco sobre sua riqueza ou importância. O discurso dos Pirahãs é rico, artístico e capaz de expressar tudo o que eles querem dizer dentro de seus parâmetros autoimpostos.

Portanto, se houvesse uma gramática finita, isso não significaria que a gramática fosse falada por humanos anormais, nem significaria que fosse uma fonte pobre de comunicação. Isso nem significaria que a linguagem com essa gramática seja finita. Se existissem tais línguas, entretanto, onde e sob que condições poderíamos esperar encontrá-las?

Se você incorporar na base da sua teoria a restrição de que todas as gramáticas são infinitas e que devem, portanto, ser recursivas, a ausência de recursão irá escapar-lhe. Sua teoria lhe terá atrapalhado, assim como a falta de experiência da minha cultura com animais perigosos fora de zoológicos poderiam me tornar uma presa fácil de jacarés.

Por outro lado, se a nossa teoria não exige que a recursão seja um componente crucial da linguagem, de onde vem a recursão? Ninguém pode contestar que seja encontrada na maioria das línguas humanas. Nem ninguém pode seriamente duvidar que seja encontrada em todo o pensamento humano. Minha opinião é que a recursão vem dos poderes cognitivos gerais do cérebro. Faz parte de como todos os humanos pensam – mesmo quando não faz parte das estruturas de suas línguas. Os humanos têm recursão porque são mais inteligentes que as espécies sem ela, embora a recursão poderia ser uma causa ou um efeito dessa inteligência maior – ninguém sabe até agora, independentemente de quais afirmações sejam encontradas na literatura.

Na verdade, como vimos anteriormente, Herbert Simon afirmou quase exatamente isso em "A arquitetura da complexidade". Como observei, nesse artigo ele argumentou que as estruturas recursivas são fundamentais para o processamento de informações e que nós as usamos não apenas na linguagem, mas também na economia e na resolução de problemas.

E a recursão é crucial em quase todas as histórias que contamos. Surpreendentemente, os discursos humanos nunca foram objeto das pesquisas chomskyanas. Mas, como acabamos de ver, esse é um grande descuido, já que a recursão pode ser encontrada fora da gramática, reduzindo tremendamente a importância da gramática na compreensão da natureza da linguagem e da comunicação. Os discursos são propositalmente ignorados por Chomsky como sociais ou pelo menos como construtos não linguísticos. No entanto, quando examinamos as histórias que os Pirahãs nos contam, encontramos recursão, não em sentenças individuais, mas no fato de que ideias são construídas dentro de outras ideias – algumas partes da história estão subordinadas a outras partes da história. Tal recursão não faz parte da sintaxe propriamente dita, mas faz parte da maneira como eles contam suas histórias.

Poderíamos propor, seguindo Simon, que a recursão é absolutamente essencial para o cérebro humano e que deriva do fato de que os humanos têm cérebros maiores ou cérebros com mais circunvoluções do que outras espécies. Em última análise, porém, não está claro se a recursão é exclusiva dos humanos. E mais certamente não está claro se a recursão faz parte da gramática, tendo entrado nas línguas porque é uma ferramenta cognitiva útil e preexistente.

A aplicação crucial da proposta de Simon para os estudos da linguagem é que as estruturas hierárquicas encontradas nas línguas que há tanto tempo tem sido o foco da pesquisa chomskyana são propriedades "emergentes", em vez de propriedades básicas da linguagem. Isto é, elas aparecem nas línguas em resposta à interação da capacidade do cérebro de pensar recursivamente e os problemas ou situações na cultura ou sociedade que são comunicadas de forma mais eficiente recursivamente.

Se a recursão é proposta para ser, como Chomsky e muitos de seus seguidores querem, a faculdade central da capacidade da linguagem humana, e se a recursão está ausente em uma ou mais línguas, então a proposta chomskyana está falsa. Mas se a recursão não é a faculdade central, então o pirahã sugere que o tipo de teoria da linguagem que precisamos não é aquela em que a linguagem é um instinto. Em vez disso, poderíamos ser mais bem atendidos observando a sintaxe, juntamente aos outros componentes da linguagem, como parte da solução para o problema de comunicação, ou seja, a necessidade de se comunicar adequadamente em um ambiente específico.

Duvido que o pirahã seja a única língua que desafiará nosso pensamento sobre a recursão, linguagem humana e interação de cultura e gramática. Se olhamos para outros grupos – grupos na Nova Guiné, Austrália e África –, é provável que encontremos casos semelhantes de comunicação esotérica e sociedades de íntimos que poderiam levar à falta de recursão. Comunicação esotérica poderia muito bem contribuir para a nossa explicação de alguns dos aspectos mais polêmicos da gramática pirahã.

A utilidade do conceito de comunicação esotérica para a compreensão do pirahã é demonstrada em parte por meio das atuais pesquisas dos psicólogos Thomas Roeper, da Universidade de Massachusetts, e Bart Hollebrandse, da Universidade de Groningen. Essa pesquisa sugere que a recursão pode ser um dispositivo útil para anexar sentenças com maior informação em sociedades com muita comunicação exotérica, em que informações mais complexas são a regra, como nas modernas sociedades industrializadas. Mas, numa sociedade como a dos Pirahãs, a natureza esotérica de sua comunicação torna a recursão menos útil, dado que o princípio do imediatismo da experiência é incompatível com ela.

O que precisamos procurar são os grupos que foram isolados, por várias razões, de culturas maiores. O isolamento dos Pirahãs se deve a seu forte sentimento de superioridade e desdém por outras culturas. Longe de pensarem em si mesmos como inferiores porque lhes falta qualquer coisa encontrada em outras línguas e culturas, consideram que o seu modo de vida é o melhor possível da vida. Eles não estão interessados em assimilar outros valores. Então vemos pouca infiltração de outras culturas ou línguas nos Pirahãs. E esses são os tipos de pares cultura-linguagem que precisamos estudar.

Uma maneira de descrever o uso criativo da linguagem é que a linguagem humana, sem referência à recursão, está livre do controle do ambiente e não se restringe às funções meramente "práticas". O linguista americano Charles Hockett (1959) chamou isso de "produtividade" da linguagem. Nós podemos conversar sobre qualquer coisa, a princípio, de acordo com a sabedoria recebida.

Claro, na prática isso é falso. Não podemos falar sobre qualquer coisa. Ignoramos a maioria das coisas que há para falar. Nós nem sabemos que elas existem. Além disso, muitas coisas que fazemos ou encontramos todos os dias, como os rostos das pessoas que vimos, direções para um restaurante conhecido e assim por diante, podem ser muito difíceis de falar sobre. É por isso que fotos e mapas e outros recursos visuais são tão úteis.

No entanto a ideia de criatividade na linguagem tem sido corretamente influente por quase quatro séculos. Há um apelo óbvio à noção de que os humanos são especiais e que são, pelo menos em suas mentes, livres das limitações que assolam o resto do reino animal. O filósofo francês René Descartes, que Chomsky popularizou entre os linguistas, acreditava haver uma essência mental e criativa separada que distingue os humanos dos animais. Pairando sobre essa ideia está a visão concomitante de que o homem tem uma essência espiritual ao lado de sua estrutura física. Esse dualismo tem um cheiro de "sopro de Deus", ou seja, que a linguagem humana é profundamente "especial", a ideia de que algo anima a forma física do homem, a mera poeira que faz morada à nossa consciência.

Em vez desse dualismo quase religioso e um tanto místico que está subjacente a grande parte do trabalho de Descartes e, em algumas leituras, do trabalho de Chomsky, eu proporia uma compreensão mais concreta da linguagem. A linguagem é um subproduto das propriedades gerais da cognição humana, em vez de uma gramática universal especial, em conjunção com as restrições sobre a comunicação que são comuns aos primatas evoluídos (como a necessidade das palavras aparecerem na boca em uma determinada ordem, a necessidade de unidades como palavras para coisas e eventos, e assim por diante), e as restrições abrangentes específicas das culturas humanas sob as línguas e que evoluem a partir delas.

Está claro que as circunstâncias culturais originais podem ser perdidas. Por exemplo, um Pirahã que se mudasse e se adaptasse à vida em Los Angeles perderia muitas das restrições culturais dos Pirahãs que vivem ao longo do Maici. Sua linguagem poderia mudar. Mas se assim não fosse, pelo menos inicialmente, isso nos mostraria que as línguas podem de fato ser separadas das culturas.

O que estou sugerindo aqui é tentar compreender a linguagem em uma situação tão próxima quanto possível do contexto cultural original. Se isso estiver no caminho correto, não se pode fazer pesquisas linguísticas de campo à parte desses aspectos e desses contextos culturais – então eu não poderia realmente esperar entender pirahã estudando um falante Pirahã em Los Angeles, ou Navajo estudando um falante Navajo em Tucson. Eu precisaria estudar uma língua em seu contexto cultural. Eu posso estudar um idioma fora de seu contexto cultural, é claro, e ainda descobrir muitas coisas interessantes. Mas as peças fundamentais do jogo de sua gramática seriam perdidas.

16. Cabeças tortas e cabeças retas: perspectivas sobre linguagem e verdade

A língua e a cultura dos Pirahãs começaram a atrair a atenção de alguns antropólogos brasileiros pouco depois de minha viagem com agentes da Funai para mapear a reserva pirahã. Um jovem pesquisador do Rio de Janeiro entrou em contato comigo para ajudá-lo em um trabalho com os Pirahãs. Ele queria que eu ajudasse auxiliando-o em seus esforços para se estabelecer entre eles. Gravei uma fita em pirahã, apresentando-o ao povo, dizendo-lhes que ele queria aprender sua língua e pedindo-lhes que construíssem uma casa para ele. Os Pirahãs ouviram minha voz saindo de seu gravador e presumiram que era como um rádio bidirecional, um dispositivo com o qual eles estão familiarizados.

Depois de fazê-los escutar minha fita e iniciar suas investigações, ele perguntou-lhes sobre a criação do mundo. Voltando da aldeia para a cidade, ele me visitou um dia em São Paulo para me mostrar seus resultados. Nós nos sentamos para uns *cafezinhos* e para ouvir a fita.

"Você estava errado, Daniel", ele deixou escapar, incapaz de se conter por mais tempo, mesmo antes de começarmos a ouvir.

Parei de tomar meu cafezinho. "O que você quer dizer com eu estava errado?"

"Quero dizer, eu encontrei um mito da criação", disse-me com um sorriso. "Você disse que lá não havia nenhum, mas eu achei um. Você pode ouvir minha fita e me ajudar a traduzir o texto?" Parte da razão pela qual esse aluno escolheu fazer sua pesquisa de pós-graduação sobre os Pirahãs foi que ele ouviu falar da minha afirmação de que os Pirahãs não têm mitos de criação, isto é, nenhuma história sobre seu passado – de onde eles vêm, como o mundo foi criado e assim por diante.

"Ok, vamos ouvir", respondi profundamente curioso.

Então colocamos a fita. Tudo começou com a voz do estudante de antropologia, conversando com um Pirahã perto do gravador, em português. O estudante não sabia mais do que algumas palavras pirahãs, então foi obrigado a conduzir sua entrevista em português, embora poucos Pirahãs falassem mais do que algumas palavras em português.

Estudante: "Quem fez o mundo?"

Homem Pirahã: "O mundo […]", repetindo apenas as duas últimas palavras da pergunta.

Estudante: "Como o mundo foi feito?"

Homem Pirahã: "Mundo feito […]".

Estudante: "O que foi primeiro? Primeiro?"

Longo silêncio.

Voz pirahã ao fundo, repetida rapidamente pelo homem ao lado do microfone: "Bananas!"

Estudante: "E então? Segundo?"

Voz pirahã ao fundo: "Mamão […]".

Pirahã próximo do microfone: "Mamão". Depois, em voz alta, trocando de assunto: "Ei, Dan! Você está me ouvindo? Eu quero fósforos! Eu quero roupas. Meu bebê está doente. Ele precisa de remédio".

Os Pirahãs passaram a falar comigo na fita sobre a aldeia, dizendo quem estava lá, o que eles queriam, quando eu voltaria e assim por diante. O estudante pensou que essa parte da fita, que era claramente fluente e animada, era o seu mito de criação. Mas os Pirahãs sabiam que eu poderia ouvi-los diretamente em alguns dispositivos que eles viram, como telefones e rádios, então eles presumiram que a comunicação em qualquer dispositivo eletrônico, como um gravador, funcionava da mesma maneira. Eles estavam falando comigo agora, não respondendo às perguntas do estudante. Ele recebeu a notícia aparentemente de bom grado, embora com considerável espanto por poder ter se equivocado (muitas vezes encontramos o que procuramos mesmo quando não existe). Por isso, de qualquer forma, ele percebeu que, na verdade, não iria passar tempo suficiente com os Pirahãs para aprender a língua deles e que essa pesquisa seria uma luta maior do que inicialmente supôs.

O problema que meu amigo enfrentou foi que ele falava "cabeça torta" (português) e estava tentando se comunicar com os "cabeças retas". Mas esse não é verdadeiramente o problema que todos enfrentamos na comunicação, ir além das restrições de nossas próprias convenções comunicacionais e tentar ver as coisas da perspectiva de outro conjunto de convenções? Esse problema é encontrado na ciência; em nossa vida profissional e pessoal; entre maridos e esposas; pais e filhos; patrões e empregados. Muitas vezes pensamos que sabemos o que o nosso interlocutor está falando, apenas para descobrirmos quando examinamos nossa conversa mais de perto que não entendemos uma grande parte dela.

O que esses tipos de mal-entendido nos dizem sobre a natureza de nossas mentes, de nossa língua e sobre quem somos como *Homo sapiens*? Para descobrir, nós precisamos nos desviar brevemente para uma discussão sobre a natureza do conhecimento e dos seres humanos, para as quais essa falsa história do mito de criação é o catalisador. O objetivo desse desvio é preparar o terreno para questões maiores que o estudo dos Pirahãs levanta para nós.

Falamos diante de um pano de fundo de suposições que formam a tapeçaria da nossa cultura. Quando meu amigo me diz para virar à esquerda no cruzamento, ele não precisa acrescentar: "Pare logo atrás da linha branca e espere o semáforo ficar verde". Ele sabe que eu sei disso como membro da minha cultura. Da mesma forma, quando um pai Pirahã manda seu filho atirar em um peixe no rio, ele não precisa mandá-lo ficar sentado imóvel em uma canoa por horas ou atirar abaixo do peixe para compensar a refração da luz – ficar parado e ajustar-se para a refração são habilidades adquiridas culturalmente e são conhecidas implicitamente pelos Pirahãs; elas não precisam ser declaradas explicitamente.

Para os Pirahãs, como para todos nós, o conhecimento é a experiência interpretada por meio da cultura e da psique individual. Conhecimento requer testemunho ocular para os Pirahãs, mas eles não submetem esse testemunho à "análise dos pares". Se eu entrasse na aldeia para relatar ter visto um morcego com 6 metros de envergadura, a maioria não acreditaria imediatamente em mim. Mas eles poderiam olhar por si só para conferir. E se eu relatasse ter visto uma onça transformar-se num homem, eles perguntariam onde, quando e como isso aconteceu. A princípio, não existe autoridade superior ao relato de uma testemunha ocular. Mentir é comum entre os Pirahãs, francamente, assim como em todas as sociedades, afinal, tem funções evolutivas úteis, como proteger a si mesmo e a sua família. Contudo o conhecimento é a explicação por alguém de suas próprias experiências, a explicação que alguém considera muito útil.

Nesse sentido, a atitude dos Pirahãs em relação ao conhecimento, à verdade e a Deus é semelhante à filosofia do pragmatismo que emerge dos escritos de William James, Charles Sanders Peirce e outros – eles próprios influenciados pelo conceito de tolerância das diferenças físicas e culturais dos povos indígenas norte-americanos. Os Pirahãs e o pragmatismo compartilham a ideia de que o teste do conhecimento não é sobre se isso é verdadeiro, mas se isso é útil. Eles querem saber o que necessitam saber a fim de agir. E o conhecimento para agir é baseado principalmente em concepções culturais de ações úteis, das quais as teorias fazem parte. Portanto, a cultura é útil para nós quando estamos no local onde a cultura é desenvolvida.

Quando estamos em um novo território, porém, para os quais nossa cultura não nos preparou, sejam lugares da mente ou do corpo, nossa cultura pode vir a ser um impedimento. Como um exemplo de quão mal minha cultura me preparou para alguns ambientes, lembro de uma noitada passeando com um adolescente Pirahã, Kaioá. Estávamos caminhando à noite, da cabana dele até minha casa, num percurso de aproximadamente 100 metros num caminho estreito na floresta, que passava por um pântano raso. Eu estava conversando alto com Kaioá e me guiando pelo caminho com minha lanterna. Kaioá estava um pouco atrás de mim, sem lanterna. De repente, ele interrompeu o fluxo do meu palavreado e disse baixinho: "Olha o jacaré lá na frente!"

Direcionei o facho da minha lanterna para o caminho. Eu não vi nada.

"Desligue esse facho de luz que você tem na mão", sugeriu Kaioá, "e olhe no escuro".

Eu segui suas instruções. Agora eu realmente não via absolutamente nada.

"De que você está falando?", eu perguntei, começando a sentir que ele estava brincando comigo. "Não há nada à frente".

"Não! Olhe!" Kaioá deu uma risadinha. Minha incapacidade de ver além do meu nariz era uma fonte de alegria constante entre os Pirahãs. "Veja aqueles dois olhos com cor de sangue lá em cima!"

Forcei meus próprios olhos e então, com certeza, consegui distinguir dois pontos vermelhos cerca de 30 metros à frente. Kaioá disse que esses eram os olhos de um pequeno jacaré. Ele pegou um pedaço de pau pesado do chão escuro da floresta e correu na minha frente. Depois de alguns segundos eu pude ouvir o graveto batendo em alguma coisa, mas não consegui ver nada. Pouco depois, Kaioá voltou em minha direção rindo e carregando pela cauda um jacaré de 1 metro, espancado até ficar inconsciente, mas ainda não morto. O pequeno jacaré aparentemente saiu do pântano para caçar sapos e cobras no mato ao redor. Isso dificilmente era uma ameaça à vida. Ainda assim, poderia ter arrancado um dedo do pé ou machucado severamente minha perna desprotegida, se eu tivesse continuado minha conversa e andando descuidado.

Pessoas urbanas como eu procuram carros, bicicletas e pedestres no caminho, não répteis pré-históricos. Eu não sabia o que procurar ao caminhar rapidamente por uma trilha na floresta. Essa foi mais uma lição sobre cognição e cultura, embora eu não reconhecesse isso na época. Todos nós percebemos o mundo da forma como as nossas culturas nos ensinaram. Se as nossas percepções limitadas pela cultura nos impedem, no entanto, para um ambiente específico, nossas culturas reduzem nossas percepções do mundo e nos colocam em desvantagem.

Outro dia eu estava nadando com meu professor de pirahã, Kóhoibíihíai, no rio bem em frente à minha casa. Estávamos conversando e nos refrescando, completamente relaxados, quando algumas mulheres chegaram ao rio um pouco mais abaixo de nós. Elas tinham um macaco morto que acabara de ser chamuscado no fogo, seu pelo queimou e sua pele escureceu. Suas patas e pés já haviam sido retirados para as crianças lancharem. Colocado o primata carbonizado na margem do rio, uma mulher começou a cortá-lo da virilha até o peito e sem cerimônia começou a arrancar suas entranhas com as mãos. Quando terminou de estripá-lo, ela cortou os braços e as pernas e limpou o sangue das partes dele no rio. Ela então jogou a pilha cinzenta relativa aos intestinos na água e começou a subir a margem do rio. Notei logo depois que a água estava começando a espumar.

"O que é isso?", perguntei a Kóhoi.

"*Baixoó*" (piranhas), ele respondeu. "Elas gostam de comer sangue e vísceras."

Eu estava preocupado. Eu teria que nadar perto daquela água espumosa para conseguir sair do rio. E se as piranhas começassem a procurar comida perto de mim, carne branca, por exemplo?

"Eles não vão tentar nos comer?", perguntei.

"Não. Só as tripas do macaco", respondeu Kóhoi enquanto respingava contentemente ao meu lado. Ele logo anunciou que estava saindo da água.

"Eu também!", disse, ficando tão perto dele quanto pude, contente por conseguir subir a margem do rio.

Minha cultura do sul da Califórnia me preparou para ter uma imagem das piranhas, embora não seja particularmente precisa. Mas isso não me preparou para reconhecê-las pelos seus sinais na natureza. E isso não me preparou para ficar calmo perto delas, e a calma diante da vida na selva pode significar a diferença entre a vida e a morte.

Assim como as sociedades urbanas e alfabetizadas não conseguem preparar os seus membros para a vida na floresta, a cultura dos Pirahãs baseada na floresta não os prepara bem para as demandas da vida urbana. Os Pirahãs não conseguem perceber algumas coisas que até as crianças da cultura ocidental percebem. Por um lado, Pirahãs não conseguem distinguir objetos bidimensionais muito bem, como em desenhos e fotografias. Muitas vezes, eles seguram as fotos de lado ou de cabeça para baixo e me perguntam o que é que eles deveriam estar vendo. Eles estão melhores hoje em dia, pois foram expostos a muitas fotos, mas, ainda assim, isso não é algo fácil para eles.

Recentemente, uma equipe do MIT e da Universidade de Stanford realizou experimentos sobre a percepção dos Pirahãs acerca das representações bidimensionais. Esses experimentos envolviam o reconhecimento de fotos nítidas e fotos degradadas de vários modos. A equipe na sequência relatou suas descobertas:

> Enquanto os Pirahãs conseguiram interpretar as fotos não transformadas perfeitamente, eles tiveram dificuldade em interpretar as imagens transformadas, mesmo quando estavam lado a lado com a foto de origem (um resultado notavelmente diferente do padrão mostrado por estudos de controle com participantes americanos). Embora preliminar, este estudo fornece evidência sugestiva de dificuldade (ou inexperiência) de abstração visual (Yoon *et al.*, 2014, p. 1).

A cultura é, portanto, importante mesmo em algo aparentemente tão universal e simples, como reconhecer fotografias. Quão importante pode ser em tarefas mais gerais? Dei alguns exemplos anteriormente da importância da cultura em tarefas gerais a partir da minha própria experiência. Mas também há muitos exemplos de sua importância nas tarefas gerais dos Pirahãs.

Em 1979, enquanto Keren se recuperava da malária, eu levei dois homens Pirahãs a Porto Velho para me ensinarem mais sua língua, já que não poderia estar na aldeia. Eles só tinham um único par de *shorts* de ginástica cada e estavam constrangidos no meio dos brasileiros que moravam nas cidades. Na floresta, os brasileiros que os Pirahãs viam eram principalmente comerciantes fluviais, que geralmente usavam apenas *shorts* de ginástica e chinelos, pelo menos enquanto trabalhavam. Mas na cidade os trajes eram muito mais elaborados – especialmente os vestidos de cores vivas e as blusas das mulheres brasileiras.

Indo para a cidade comigo, Xipoógi e Xahoábisi me perguntaram muitas coisas sobre aquelas mulheres. Então eles me perguntaram se eu poderia comprar para eles sapatos, calças compridas e camisas de colarinho para que pudessem se sentir um pouco melhor na cidade. Então subimos a rua principal de Porto Velho, a Rua Sete de Setembro, e fomos às compras de roupas. Conversamos enquanto caminhávamos. Eles me fizeram muitas perguntas sobre os carros ("Quem fez essas casas? Elas andam rápido!"), sobre os edifícios ("Quem fez isso? Os brasileiros com certeza sabem como construir casas!"), sobre as calçadas ("O que é esse chão preto e duro?") e sobre os brasileiros em geral ("Onde eles caçam sua comida?" "Quem fabrica os produtos que estamos vendo?").

Os transeuntes olhavam para esses indígenas descalços e com os peitos nus. Os Pirahãs olhavam de volta. Xipoógi e Xahoábisi acharam o ambiente limpo, cheiroso e as mulheres brasileiras vestidas de maneira colorida e linda. Eles se perguntaram se essas mulheres poderiam fazer sexo com eles. Eu respondi que duvidava seriamente, porque elas não conheciam os Pirahãs.

Entramos em uma loja e uma linda jovem de pele negra, com pulseiras, e longos cabelos pretos, roupas justas, sandálias e de um sorriso bonito veio nos auxiliar, cheirando levemente a um perfume agradável. Os Pirahãs sorriram.

Com a ajuda dela encontramos calças, sapatos e camisas para eles. Como todos os homens Pirahãs, mediam cerca de um 1,75 m, pesavam 55 quilos e usavam calças com cintura de 70 centímetros. A vendedora fazia muitas perguntas para os Pirahãs, que as traduzi devidamente. Os Pirahãs também lhe fizeram algumas perguntas. Eles vestiram suas roupas novas e saímos para comprar escovas de dente, desodorante, pentes e loção pós-barba – coisas de que tinham ouvido falar e que consideravam vitais para a vida na cidade. Seus corpos musculosos e esbeltos pareciam muito atraentes em roupas ocidentais.

Achei que tudo estava indo muito bem. Não há problema em trazer, afinal, os Pirahãs para a cidade. Eu me perguntei com o que eu estava preocupado. É verdade, achei curiosa a insistência dos Pirahãs em andar em fila indiana pela cidade, assim como faziam pela floresta.

Enquanto caminhávamos pelas calçadas da cidade, Xipoógi caminhava atrás de mim, com Xahoábisi atrás dele. Diminuí a velocidade para alcançá-los. Eles também desaceleraram. Eu diminuí mais a velocidade, eles do mesmo modo diminuíram. Eu parei. Eles pararam. Eles simplesmente não andavam ao meu lado, nem mesmo quando eu pedia. Isso faz sentido em um caminho estreito na floresta. Não há espaço, a menos que você dobre o trabalho cansativo de abrir caminho na floresta, fazendo um caminho largo o suficiente para dois caminharem lado a lado. E não seria seguro fazer isso de qualquer modo. Pessoas andando lado a lado são um alvo maior para predadores e oferecem uns aos outros menor proteção contra cobras e outros perigos. Na cidade, porém, caminhar lado a lado, embora espacialmente ineficiente, permite que os caminhantes conversem com maior facilidade e sejam percebidos como um grupo. Eu sorri sobre o nosso modo de caminhar e esperei pela luz verde do semáforo para atravessar para o outro lado da rua, a mais movimentada de Porto Velho.

Eu disse a Xipoógi e Xahoábisi enquanto ia na frente: "Sigam-me. Iremos àquela loja ali", apontando para um supermercado do outro lado da rua.

A três quartos do outro lado da rua, olhei para trás e Xipoógi e Xahoábisi ficaram paralisados de medo, olhando para os carros que estavam perpendiculares a eles na rua, esperando no semáforo, acelerando seus motores. Comecei a voltar em direção a eles, mas a luz do semáforo mudou. Os carros começaram a avançar e buzinar vigorosamente para os dois Pirahãs, agora visivelmente assustados. Eles estavam claramente à beira de entrar em pânico e fugir pelo trânsito, incapazes de prever os movimentos dos carros, tão diferentes de qualquer animal selvagem que já tivessem encontrado. Eu cheguei até eles e peguei em suas mãos, levando-os de volta para o meu lado da rua. Chegamos à calçada.

"Essas coisas nos assustam", exclamaram, ainda sem superar a tensão.

"Eles também me assustam", concordei.

"São piores que as onças", concluiu Xipoógi.

O debate que se trava em torno de pirahã, mais uma vez, nos obriga a repensar as principais teorias sobre a linguagem e a cultura. Chomsky, fundador da mais famosa e influente das teorias modernas da linguagem, afirma que as linguagens com as propriedades que descrevi para pirahã não existem – que pirahã é praticamente como qualquer outra linguagem. Mas, para entender por que sua própria teoria o leva a esse estado de negação, precisamos saber mais sobre essa teoria.

A perspectiva de Chomsky é a de que ele está buscando descobrir a verdadeira teoria da gramática universal, em que esta é proposta como sendo um componente específico da linguagem oriundo de nossa dotação biológica. Não está claro o que Chomsky entende por "teoria verdadeira", mas presumo que ele se refira àquela que corresponde completamente à realidade (é difícil saber o que a maioria dos cientistas e filósofos querem dizer quando usam a palavra "verdadeiro", então esse problema dificilmente é exclusivo de Chomsky). Vale a pena pensar nisso com maior cuidado. Em um nível, a gramática universal parece ser quase um conceito necessário, afinal, nem as plantas ou as pedras, nem os cães falam, apenas os humanos o fazem.

Todos nós concordamos que há algo na biologia humana que está subjacente à linguagem. Nesse sentido, Chomsky está trivialmente certo. Mas a verdadeira questão é o quanto é específica essa dotação para a linguagem (em oposição, digamos, à proposta de que nossa capacidade para a linguagem decorre apenas de propriedades cognitivas gerais) e até que ponto, qualquer que seja essa dotação biológica, determina a forma final da gramática de qualquer linguagem humana específica. E uma questão relacionada, uma que pode inicialmente parecer tangencial, é como nós, como cientistas, chegamos ao conhecimento para testar nossas hipóteses.

Existem dois locais típicos de pesquisa na ciência – o laboratório e o campo. As chamadas "*hard sciences*" (ciências duras), tais quais a física e a química, bem como a maioria das ciências sociais são feitas em ambientes climatizados, em salas confortáveis, mobiliadas com os equipamentos de que o pesquisador necessita para seu trabalho. Tal como adotado em países ricos como os Estados Unidos, Alemanha, Inglaterra, ou França, a ciência é feita por alguns poucos privilegiados para a sociedade como um todo. Pelo menos no papel, os seus patrocinadores esperam que os resultados beneficiem a maior parte da sociedade na qual a ciência é apoiada e na qual ela ocorre. Jovens cientistas trabalham sob o guarda-chuva e proteção de um líder estabelecido em sua área. Na linguística, Chomsky é uma figura tal como Daniel Boone, e a maioria dos linguistas são colonos em suas terras.

A linguística tem mudado ao longo das décadas. Houve uma época em que era mais parecida com as "ciências de campo", aqueles ramos de investigação como a geologia, antropologia e biologia, em que aprender implica deixar o laboratório e ir para o mundo difícil do trabalho de campo. É claro que muitos linguistas continuam a fazer pesquisa de campo sobre línguas e linguagens ao redor do mundo.

Mas o crescimento explosivo da linguística após as teorias de Chomsky na década de 1950 alterou profundamente o *ethos* da disciplina de muitos modos. A atração de Chomsky para muitos linguistas, incluindo-me, é a elegância de sua teoria, não a pesquisa de campo. Os lemas e os axiomas dados pela primeira vez em seu trabalho inovador, *A estrutura lógica da teoria linguística* (1955), escrito quando ele tinha 20 e poucos anos, e os livros subsequentes, como *Estruturas sintáticas* (1957), *Aspectos da teoria da sintaxe* (1965), *Palestras sobre governo e vinculação* (1981) e *O programa minimalista* (1992) convenceram gerações de linguistas que a teoria de Chomsky provavelmente levaria a resultados significativos. Como muitos outros, li todos esses livros de cabo a rabo. E dei cursos na pós-graduação sobre a maioria deles.

A cultura da linguística chomskyana também se espalhou porque seu departamento no MIT atraiu alguns dos melhores estudantes do mundo. Essa nova cultura linguística trouxe enormes mudanças na metodologia linguística, bem como quanto aos objetivos, outra característica definidora do grupo de Chomsky. Antes de Chomsky, para ser um linguista americano isso implicava quase que obrigatoriamente um ou dois anos de vivência numa comunidade de línguas minoritárias e a escrita de uma gramática de sua língua. Isso foi quase um rito de passagem na linguística da América do Norte. Mas, como o próprio Chomsky não fez nenhuma pesquisa de campo e aparentemente tenha aprendido coisas mais interessantes sobre a linguagem do que qualquer pesquisador de campo, muitos estudantes e novos professores, trabalhando sob a influência das suposições de Chomsky, acreditavam, compreensivelmente, que a melhor maneira de fazer pesquisa seria trabalhar dedutivamente em vez de indutivamente – desde a instituição, e não desde a aldeia, começando com uma teoria elegante e predeterminando onde os fatos melhor se ajustam.

Aqui está minha compreensão dessas ideias. Uma abordagem indutiva para o estudo da linguagem permitiria que cada linguagem "falasse por si mesma". Nós poderíamos fazer isso catalogando as observações da linguagem feitas pelo pesquisador de campo e, em seguida, elaborar uma narrativa de quais são os elementos dessa linguagem (suas palavras, frases, sentenças, textos, ou como o pesquisador de campo quiser rotulá-los – o que ele ou ela achar mais útil ao discutir essa linguagem específica) e, então, como esses elementos se encaixam juntos, por exemplo, como os falantes dessa língua formam sentenças ou parágrafos ou quaisquer unidades que eles formem, e como eles as usam para construir conversas, histórias e outras formas de interação sociolinguística.

Uma abordagem dedutiva, por outro lado, começa com teorias – tal caixas pré-rotuladas – e encaixa aspectos da linguagem nela. Novas caixas podem ser feitas, mas isso é em geral desaprovado. Grande parte do debate em teorias dedutivas trata dos aspectos e limites dessas caixas. Os valores culturais que dominaram a linguística, parcialmente como resultado da abordagem dedutiva de Chomsky ao estudo da língua, não devem ser ignorados. Eles incluem pelo menos os seguintes: a pesquisa de campo é desnecessária para ser um bom linguista; pode ser tão importante estudar alguma língua nativa como estudar línguas anteriormente não estudadas no campo; a gramática é um sistema formal independente da cultura.

No século XXI, o nosso conhecimento da forma e do significado de partes da linguagem é reivindicado por alguns como excedendo em muito o conhecimento anterior. Isso decorre do conceito de progresso científico e da noção de que construímos "preceito sobre preceito", com base no conhecimento de nossos predecessores, no que Mortimer Adler, em sua introdução aos *Grandes livros do mundo ocidental*, refere-se como a "grande conversação" da vida.

Mas há um conceito concorrente em que muitos cientistas acreditam simultaneamente: a noção de revolução científica. Conforme desenvolvido na obra do filósofo Thomas Kuhn (2013), essa é a ideia de que as teorias científicas podem ficar encurraladas e que os cientistas ficarão aprisionados, a menos que alguém faça uma abertura no edifício e proclame liberdade para se fazer ciência fora dos limites da abordagem anterior. Essa explosão ocorre à medida que fatos recalcitrantes começam a se acumular, fatos que uma determinada teoria só pode lidar com muitos retalhos, rasgos e esforços, o que Kuhn chama de "hipóteses auxiliares". O pirahã apresenta inúmeros fatos recalcitrantes, assim como línguas semelhantes – e não tenho dúvidas de que mais virá a ser descoberto. Esses fatos exigem um bom furo na parede que conduza a um novo edifício teórico. Isso é o que o pirahã me diz sobre a situação da teoria prevalecente.

Nossas tentativas de estudar outros seres humanos podem ser tão influenciadas culturalmente como minha tentativa de fazer com que os Pirahãs caminhassem lado a lado comigo pela cidade. E a cultura não afeta apenas o cientista-observador, mas também o sujeito sob estudo como tal. Compreender as teorias sobre as línguas humanas exige considerar a influência da cultura na construção da teoria, bem como o papel da cultura na formação do objeto em estudo.

Esse é um ponto controverso. Em um livro bem conhecido, *O instinto da linguagem*, Steven Pinker (1994) atribui pouca importância à cultura na formação da gramática humana. É verdade que Pinker admite que a cultura tem significativas responsabilidades pelas coisas sobre as quais falamos, portanto, americanos de uma certa idade podem comparar Marlon Brando e Elvis Presley com relação à sensualidade ou estrelato, ou a influência do Google na pesquisa na sociedade americana moderna; os Pirahãs, por outro lado, são mais propensos a falar sobre encontros com espíritos da floresta ou a melhor maneira de pescar. E as culturas também determinam vocabulários. Na Escócia, encontramos a palavra *haggis*. Os ingredientes do *haggis* são (geralmente) "tirados" da ovelha (coração, fígado e pulmões), picados com cebola, aveia, especiarias, sebo e sal, misturado com caldo e tradicionalmente fervido no estômago do animal por aproximadamente três horas. Eu gosto disso. Mas isso não é para todos. E é apenas um prato tradicional na Escócia. Nós não ficamos surpresos que os escoceses tenham uma palavra para essa parte tradicional da sua cultura.

Outro exemplo é a palavra brasileira jeito (*ZHAY-tu*), que literalmente significa "mentir" ou "resolver" e refere-se a um conceito propriamente brasileiro tal como ter um talento ou habilidade especial para solucionar problemas. É comum ouvir os brasileiros dizerem, por exemplo, "Nos brasileiros somos muito jeitosos". Essa habilidade de falar sobre isso entre os brasileiros é um valor cultural. Isso é claramente expresso com uma única palavra pelos membros da cultura brasileira – a cultura na qual falar sobre o conceito é tão importante. É, portanto, mais um exemplo de cultura e linguagem trabalhando de mãos dadas.

E, claro, os Pirahãs têm palavras como *kaoáíbógí* (boca rápida) para um tipo de espírito único para eles.

Mas não há nenhum papel atribuído ou mesmo permitido à cultura na formação da gramática propriamente dita na maioria das teorias linguísticas. É por isso que é importante estudar línguas como o pirahã, em que a cultura parece moldar a gramática de modos que poucos teóricos imaginam ser possível.

Podemos começar a apreciar a relevância da língua pirahã para a nossa compreensão da natureza da linguagem humana, considerando uma das principais preocupações de Chomsky, a explicação de semelhanças entre as línguas. Quando olhamos para as línguas do mundo, vemos muitas semelhanças; então muitas e tão recorrentes são de fato essas semelhanças que sabemos que elas não podem ser mera coincidência. Somos obrigados, como cientistas na tradição da cultura ocidental, a oferecer uma explicação para elas.

Chomsky incitou-nos a situar o *locus* explicativo para essas semelhanças na genética, e esse é um lugar razoável para procurar explicações. Afinal, é o nosso genoma comum que une o *Homo sapiens* em uma única espécie e produz outras semelhanças entre nós, incluindo muitas de nossas necessidades, desejos, experiências comuns e emoções.

Portanto, os pigmeus e os holandeses podem parecer muito diferentes, mas as suas semelhanças superam em muito suas diferenças, porque eles, como todos os humanos, provêm da mesma base genética. Sem uma compreensão da evolução e das explicações genéticas, a natureza da nossa espécie nos escaparia. Então vale a pena pensar acerca de algumas das semelhanças entre as línguas que a genética pode explicar.

Primeiro, poderia explicar por que todas as línguas têm classes gramaticais semelhantes (verbos, substantivos, preposições, conjunções etc.). Pode acontecer que nem todas as línguas tenham cada uma todo o conjunto das classes gramaticais possíveis, mas o que qualquer língua tem, até onde vimos, é tais quais as categorias das outras línguas.

Ou pode explicar por que as línguas têm restrições psicolinguísticas semelhantes acerca do processamento de sentenças (é por isso que em qualquer idioma uma sentença perfeitamente gramatical com a estrutura de: *Ostras comem ostras, ostras comem* podem ser difíceis de entender). O problema desse exemplo é que ele tem "incorporação central" – uma cláusula (a cláusula relativa *comer ostras*) presa no meio de outra cláusula (a cláusula principal *ostras comem ostras*). Podemos tornar o exemplo mais fácil de entender inserindo um marcador para nos mostrar onde a cláusula embutida começa, como neste exemplo, muito mais fácil: *Ostras que as ostras comem, comem ostras.*

E as línguas partilham restrições semelhantes em termos de significado. Por exemplo, não há verbo em qualquer idioma que conhecemos que admita mais de três substantivos para completar seu significado (algumas teorias dizem não mais do que quatro substantivos). A linguagem pode permitir que verbos apareçam sem substantivos, ou apenas substantivos que não se referem a qualquer coisa, uma espécie de substantivo de espaço reservado. Um exemplo é o *It* em *It rains*, ou seja, o caso em inglês para dizer *chove*. Ou pode haver verbos que aparecem com apenas um substantivo, como em *John corre*; ou com dois substantivos, como em *Bill beijou Mary*; ou mesmo com três substantivos, como em *Peter colocou o livro na estante*. Mas não mais. *John deu a Bill o livro Susan* não é possível. Para dizer algo com quatro ou mais substantivos precisamos de múltiplos verbos, múltiplas sentenças ou preposições, como em *John dá o livro para Bill por meio de Susan*[3].

---

3. As sentenças imperativas em inglês, com certeza, geralmente aparecem sem um sujeito, como em *Corra!* Mas os linguistas concordam que existe uma compreensão de sujeito aqui, já que o sujeito de um imperativo é sempre você. Quando digo "Corra!", não quero dizer que qualquer um deva correr, mas que você deve correr.

Antes da teoria corrente de que a gramática se origina em uma parte do cérebro dedicada a isso, houve um curto período em que as abordagens puramente comportamentais aos estudos da linguagem eram dominantes, como no trabalho de Burrhus Frederic Skinner.

Mas, embora o behaviorismo realmente parecesse insuficiente como explicação para como aprendemos a linguagem e as semelhanças entre as línguas, porque ele não tem lugar para a cognição, as teorias baseadas na gramática universal não estão se saindo muito melhor. Há várias razões para isso. Primeiro, nos anos seguintes, surgiram excelentes novas ideias de investigação que não se baseiam nem na visão extrema de Skinner de que a linguagem é apenas um comportamento como qualquer outro comportamento humano, nem na posição extrema de Chomsky de que nossas gramáticas estão em nossos genes. Existem outras explicações possíveis, incluindo requisitos lógicos de comunicação, juntamente à natureza da sociedade e da cultura.

O grupo de pesquisa psicolinguística de Michael Tomasello, no Instituto Max Planck, de antropologia evolucionária em Leipzig, Alemanha, é um dos principais grupos de pesquisa que trabalham com a linguagem e sua emergência por meio do pertencimento à sociedade. E a pesquisa dessa equipe não é sobrecarregada por suposições behavioristas ou chomskyanas.

Outra razão importante para o enfraquecimento da influência da teoria de Chomsky é a percepção de muitos de que a teoria se tornou demasiadamente vaga e impossível de ser testada, ainda mais nos dias atuais. Muitos na comunidade linguística em geral consideram que o atual programa de investigação de Chomsky é de pouca utilidade nos seus próprios esforços.

Um terceiro problema para a teoria da linguagem de Chomsky – e a questão que quero prosseguir aqui – é o simples fato de que as línguas são menos parecidas do que Chomsky imaginou, e as suas diferenças são profundas.

Se os Pirahãs fossem filósofos e linguistas no sentido ocidental, eles dificilmente desenvolveriam uma linguística semelhante à de

Chomsky. Contrariamente ao conceito cartesiano de criatividade, os valores culturais pirahãs limitam o alcance de assuntos aceitáveis e maneiras aceitáveis de falar para um público restrito dentro da experiência imediata.

Ao mesmo tempo, os Pirahãs adoram conversar. Um dos mais comuns comentários que ouço dos visitantes dos Pirahãs é que eles parecem estar conversando e rindo juntos constantemente. Os Pirahãs não são reservados em seu comportamento, pelo menos não nas suas próprias aldeias. Enquanto ficam deitados em volta do fogo sempre aceso de suas cabanas, muitas vezes enterram batatas ou tubérculos nas brasas para assar lentamente. Falando de pesca, de bebidas espirituais, da última visita de um estrangeiro, do porquê as castanheiras produziram menos castanhas esse ano e assim por diante, os Pirahãs fazem uma pausa para pegar uma batata quente, abri-la e ruminá-la quase literalmente enquanto a conversa avança.

Eles simplesmente não falam sobre muitas coisas. Mas nem mesmo minha família no sul da Califórnia quando eu era criança falava. Conversávamos sobre gado, rendimentos do campo, boxe, churrasco, *honky-tonks*, filmes e política, e algumas outras questões. Ninguém na minha família estaria interessado na "criatividade cartesiana". Provavelmente os linguistas precisem disso, talvez por que falam sobre uma variedade muito maior de tópicos? Eu não acho. A maioria dos linguistas que conheço, na verdade, a maioria dos professores universitários que conheço têm uma gama tão estreita de temas conversacionais como os Pirahãs. Linguistas falam sobre linguística e outros linguistas na maior parte do tempo. Os filósofos falam sobre filosofia e filósofos e vinho. Esses são basicamente os parâmetros das conversas dentro dos quais a maioria de nós opera – nossa profissão e nossos pares. É claro que fazer tudo isso falando dentro dos limites de uma única língua, a nossa língua tem que ser adequada para todas as disciplinas, profissões, ofícios e assim por diante.

Muitas vezes pensamos que o que sabemos é "portátil" – como se o que conhecemos e aprendemos sobre como percepção e conhecimento do mundo em San Diego nos habilitará a perceber e compreender o mundo com competência em Delhi. Mas muito do que pensamos e do que sabemos é informação local, baseada em perspectivas locais, que não é mais simples de usar em um novo ambiente do que um aparelho de 110 volts em uma fonte de alimentação de 220 volts. Um linguista, por exemplo, que estuda teoria linguística numa universidade moderna e depois viaja para o campo de investigação, se ele é sensível ao seu novo ambiente, logo aprenderá que suas teorias não se ajustam exatamente às linguagens que encontra. As teorias podem ser úteis se forem ajustadas localmente. Se não forem, podem ser como um leito de Procusto, no qual os fatos são esticados e cortados para caber.

Isso é especialmente verdadeiro para teorias de que a linguagem (ou a gramática, dependendo da terminologia do autor) é inata. Embora essas teorias possam parecer muito atraentes na sala de aula, são difíceis de conciliar com os fatos no campo. Chomsky e Pinker sugerem que a natureza (biologia) é a principal ferramenta explicativa para compreender a evolução e a forma atual das gramáticas humanas. Eles propõem uma gramática universal (Chomsky) ou um instinto de linguagem (Pinker), qualquer um dos quais faria parte do nosso genoma. Essas perspectivas tiveram um grande impacto na pesquisa em psicologia humana e na linguagem por décadas. Mas existem outras possíveis explicações para a psicologia, evolução e forma das gramáticas e línguas humanas. Por exemplo, sabemos que a visão de B. F. Skinner era que a linguagem é simplesmente o produto do condicionamento ambiental – tudo criado, não natural. E nós também sabemos que a revisão devastadora de Chomsky acerca da teoria de Skinner em 1959 mostrou que o modelo de Skinner não estava à altura da tarefa de contabilizar o surgimento da linguagem, seja filogeneticamente, na espécie, ou ontogeneticamente, no indivíduo. Por outro lado, as abordagens de Chomsky e Pinker para o problema, estabelecendo os aspectos centrais da linguagem exclusivamente aos pés da natureza, também estão repletas de problemas. A evidência pirahã de não recursão e as restrições culturais na gramática são contraexemplos à ideia de uma gramática universal. A melhor solução acerca da origem e natureza da linguagem é mais complexa do que qualquer simples dicotomia.

Porém se essa teoria for inadequada, o que nos resta?

Ficamos com uma teoria em que a gramática – a mecânica da linguagem – é muito menos importante do que a cultura, baseando os significados e restrições sob o falar de cada cultura específica do mundo.

E se isso estiver correto, haveria implicações profundas para a metodologia da pesquisa linguística. Significa, mais uma vez, que não podemos estudar a linguagem e as línguas efetivamente de modo independente do contexto cultural, especialmente línguas cujas culturas diferem radicalmente da cultura do pesquisador.

Isso também significa que a linguística não é tanto uma parte da psicologia, mas sim, como a maioria dos linguistas contemporâneos acredita, uma parte da antropologia, conforme Sapir acreditava (na verdade, isso poderia significar que a própria psicologia faz parte da antropologia, conforme também acreditava Sapir). Linguística feita à revelia da antropologia e da pesquisa de campo é como a química feita à revelia dos produtos químicos e do laboratório.

Às vezes, porém, ao estudarmos essas culturas, as lições que aprendemos vão muito além dos nossos objetivos científicos. Eu estava aprendendo algo sobre minha própria espiritualidade por meio dos Pirahãs, o que mudaria minha vida para sempre.

Terceira parte
Conclusão

17. Convertendo o missionário

Os missionários da SIL não pregam nem batizam. Eles evitam papéis pastorais. Em vez disso, a SIL acredita que a forma mais eficaz de evangelizar os povos indígenas é traduzir o Novo Testamento para a sua língua. Nessa perspectiva, a SIL também acredita que a Bíblia é literalmente a palavra de Deus, então, está fundamentado, a Bíblia deveria ser capaz de falar por si mesma. Assim, minhas atividades diárias entre os Pirahãs eram principalmente linguísticas, tentando entender bem o suficiente a língua para fazer uma boa tradução do Novo Testamento. À medida que progredia, trabalhava na tradução de seções e testava minhas traduções com diferentes pessoas na aldeia. Nos momentos livres durante o dia, eu costumava conversar com as pessoas sobre minha fé e por que ela era importante para mim. Não havia mais do que isso em minha atividade missionária, esse era o padrão típico aos membros da SIL.

Uma dada manhã, em novembro de 1983, depois de ter passado cerca de 14 meses morando entre os Pirahãs, eu estava sentado na sala da frente de nossa casa na aldeia, tomando café com vários homens Pirahãs. Era perto das 10h da manhã e o dia estava esquentando, um calor que se intensificaria por volta das 16h, quando gradualmente começaria a ceder. Eu estava de frente para o rio e aproveitando a brisa do meio da manhã em meu rosto enquanto conversava com os colegas sobre barcos que eles ouviram descendo o Rio Marmelos, cerca de 1 quilômetro e meio da aldeia. Kóhoibiíihíai entrou e eu me levantei e lhe servi uma xícara de café – tínhamos uma variedade imensa de copos plásticos baratos em nossa cozinha. O café estava fraco e muito doce.

Ao pegar a xícara de mim, Kóhoi disse: "*Ko Xoogiái, ti gi xahoaisoogabagai*" (ei, Dan, quero falar com você). Ele continuou: "Os Pirahãs sabem que você deixou sua família e sua terra para vir para cá viver conosco. Sabemos que você faz isso para nos falar sobre Jesus. Você quer que nós vivamos como os americanos. Mas os Pirahãs não querem viver como os americanos. Nós gostamos de beber. Gostamos de mais de uma mulher. Nós não queremos Jesus. Mas nós gostamos de você. Você pode ficar conosco. Mas não queremos ouvir mais nada sobre Jesus. Ok?"

Embora a SIL nunca permita que seus membros preguem entre os povos indígenas, como os Pirahãs, Kóhoi já tinha ouvido falar da minha fé muitas vezes em conversas comigo e quando me ajudava a traduzir pequenas porções do Novo Testamento. Então, referindo-se aos anteriores missionários americanos entre eles, acrescentou: "Arlo nos contou sobre Jesus. Steve nos contou sobre Jesus. Mas nós não queremos Jesus".

Os outros homens presentes pareciam concordar com ele.

Eu respondi: "Se você não quer Jesus, você não nos quer. Minha família apenas está aqui para falar a vocês sobre Jesus".

Eu disse que tinha que estudar. Os homens se levantaram e saíram para revezar na pesca com as canoas disponíveis oriundas dos outros homens que estavam retornando à aldeia.

Essa informação me chocou. E isso me apresentou uma clara escolha moral. Eu tinha ido aos Pirahãs para contar-lhes sobre Jesus e, na minha opinião, naquele momento, para dar-lhes a oportunidade de escolher o propósito em vez da inutilidade, de escolher a vida ao invés da morte, de escolher a alegria e a fé em vez do desespero e do medo, de escolher o céu ao invés do inferno.

Se os Pirahãs tivessem entendido o Evangelho e, mesmo assim, o rejeitado, isso seria uma coisa. Mas talvez eles não tivessem entendido. Essa era uma forte possibilidade, já que minha capacidade de fala na língua pirahã ainda estava longe de ser como a de um nativo.

Em outra ocasião, naquele primeiro período com os Pirahãs, senti que entendia a língua deles bem o suficiente para contar minha própria história sobre por que aceitei Jesus como meu salvador. Essa é uma prática comum entre os cristãos evangélicos, chamamos de "dar o seu testemunho". A ideia é que quanto pior era a sua vida antes de você aceitar Jesus, maior será o milagre da sua salvação e maior o motivo dos incrédulos na audiência para aceitarem Jesus também.

Foi à noite, logo depois que minha família terminou o jantar, cerca de 19h. Ainda estávamos frescos dos nossos banhos no Maici. Isso foi quando fazíamos café para as pessoas e elas vinham sentar conosco na casa e nos visitar. Durante esses momentos, eu falava sobre minha fé em Deus e por que eu acreditava que os Pirahãs também deveriam querer Deus, como eu. Em razão dos Pirahãs não terem uma palavra para Deus, usei um termo que Steve Sheldon tinha me sugerido, *Baíxi Hioóxio* (Pai do Alto).

Eu disse que nosso Pai do Alto havia tornado minha vida melhor. Uma vez, eu disse que bebi como os Pirahãs. Tive muitas mulheres (exagerando um pouco aqui) e estava infeliz. Então o Pai do Alto entrou em meu coração e me fez feliz, tornando minha vida melhor. Não pensei se todos esses novos conceitos, metáforas e nomes que eu estava inventando na hora eram realmente inteligíveis para os Pirahãs. Eles faziam sentido para mim. Naquela noite, eu decidi contar-lhes algo muito pessoal sobre mim – algo que achei que iria fazê-los entender quão importante Deus pode ser em nossas vidas. Então contei como minha madrasta se suicidou e como isso me levou a Jesus e como minha vida melhorou depois que parei de beber e usar drogas e aceitar Jesus. Contei isso como uma história muito séria.

Quando terminei, os Pirahãs caíram na gargalhada. Isso era inesperado, para dizer o mínimo. Eu estava acostumado a reações como "Louvado seja Deus!", com meu público genuinamente impressionado com as grandes dificuldades pelas quais passei e como Deus me tirou delas.

"Por que vocês estão rindo?", perguntei.

"Ela se matou? *Ha ha ha.* Que estúpido. Pirahãs não matam a si mesmos", responderam.

Eles ficaram totalmente impressionados. Estava claro para eles que o fato de alguém que eu amei cometer suicídio não era razão alguma para os Pirahãs acreditarem no meu Deus. Na verdade, teve o efeito oposto, destacando nossas diferenças. Isso foi um revés para meus objetivos missionários. Depois disso, passaram-se dias em que pensei muito sobre meu propósito entre os Pirahãs.

Parte da dificuldade da minha tarefa começou a ficar clara para mim. Eu comuniquei mais ou menos corretamente aos Pirahãs sobre minhas crenças cristãs. Os homens que me ouviam entenderam que havia um homem chamado *Hisó*, Jesus, e que ele queria que os outros fizessem o que ele lhes dizia. Os homens Pirahãs então me perguntaram: "ei, Dan, como é Jesus? É ele escuro como nós ou claro como você?"

Eu disse: "Bem, na verdade, nunca o vi. Ele viveu há muito tempo. Mas eu tenho as suas palavras".

"Bem, Dan, como você tem as palavras dele se nunca o ouviu ou o viu?"

Eles então deixaram claro que, se eu não tivesse realmente visto esse homem (e não em qualquer sentido metafórico, mas literalmente), eles não estavam interessados em nenhuma história que eu tivesse para contar sobre ele. Aviso prévio. Isso se deu porque, como eu já sabia, os Pirahãs acreditam apenas no que veem. Às vezes, eles também acreditam em coisas que alguém lhes contou, desde que essa pessoa tenha testemunhado pessoalmente o que está relatando.

Decidi que parte da dificuldade de receptividade ao Evangelho era que os Pirahãs da aldeia de Posto Novo, onde trabalhávamos atualmente, também tinham muito contato com a cultura cabocla e passaram a ver essa cultura como mais compatível com seu modo de vida do que a cultura americana, e é assim que eles perceberam a fonte do Evangelho. Eu raciocinei que se eu me mudasse para outra aldeia fora do alcance dos comerciantes do rio o Evangelho teria mais sucesso. Pelo que eu conhecia, havia duas dessas aldeias, uma próxima à Rodovia Transamazônica e outra mais isolada ainda, talvez um dia de viagem rio abaixo da Transamazônica e três dias rio acima de lancha de onde morávamos agora.

Eu conversei sobre isso com Keren. Decidimos que, antes de tomarmos qualquer decisão, tiraríamos nossa primeira "licença", nossa primeira viagem de volta aos Estados Unidos em mais de cinco anos. Esse foi um momento para reportar aos nossos apoiadores financeiros para descansar e avaliar nosso progresso como missionários.

Durante a nossa licença, pensei novamente no desafio do missionário: convencer um povo feliz e satisfeito de que está perdido e que precisa de Jesus como seu salvador pessoal. Meu professor de evangelismo na Universidade Biola, Dr. Curtis Mitchell, costumava dizer: "Você precisa perdê-los antes de salvá-los". Se as pessoas não perceberem algum tipo de falta grave em suas vidas, elas estão menos propensas a abraçar novas crenças, especialmente sobre Deus e a salvação. Os desafios linguísticos e culturais são enormes. Eu ainda professor de evangelismo falava bem o pirahã e certamente não sabia que ele tinha características que quase garantia que nenhuma mensagem do século I a.C. pudesse ser comunicada.

Decidimos nos mudar para outra aldeia, a mais isolada. Era preciso nos movermos rio acima, cerca de 240 quilômetros até a aldeia de Xagíopai, seis horas rio abaixo da Rodovia Transamazônica. Os Pirahãs dessa nova aldeia nos acolheram calorosamente. Durante os primeiros anos nesse novo local, dormimos em tendas e chegamos à aldeia pegando a Transamazônica, seja de carona, alugando um veículo missionário ou viajando em nossa própria pequena moto *off-road*, depois pegávamos nossa lancha pelo Maici até a aldeia. Nossos suprimentos eram transportados para o rio pela caminhonete do complexo missionário SIL.

Tínhamos uma novidade para oferecer a esse grupo de Pirahãs: o recém-traduzido Evangelho segundo Marcos em pirahã. Eu trabalhei muito nisso; foi concluído poucas semanas antes da nossa mudança definitiva para a aldeia rio acima.

Antes de liberar a tradução para uso entre os Pirahãs, porém, a SIL exigiu que eu agendasse o que chamam de "sessão de verificação" da tradução. Eu convenci Xisaóoxoi (seu nome em português é Doutor) a ir a Porto Velho e passar algumas semanas no complexo missionário para trabalhar verificando a qualidade da minha tradução. O diretor da Wycliffe Bible Translators (WBT), John Taylor, que estudou línguas clássicas na Universidade de Oxford, concordou em verificar meus esforços. Em nossa primeira sessão, John apresentou seu Novo Testamento grego diante dele e me pediu para perguntar ao Doutor, em pirahã, como ele entendia algumas particulares seções do Evangelho de Marcos. Doutor ouviu minha primeira pergunta, mas mal olhou para mim, concentrando-se em cutucar um calo no calcanhar. O ar-condicionado estava ligado. Ao perder o interesse pelo calo, Doutor apontou para o ar-condicionado com o lábio inferior e perguntou: "O que é isso?" Depois, ele repetiu a pergunta para as maçanetas, a mesa e quase todos os outros objetos na sala. John ficou inicialmente preocupado que Doutor não entendesse minha tradução.

E eu estava nervoso porque queria muito que essa verificação da tradução fosse um sucesso. Pressionei Doutor até que ele finalmente respondeu diretamente a uma pergunta. Rapidamente entramos em uma rotina de algumas horas por dia. Ao fim de duas semanas, John estava convencido de que Doutor entendia o Evangelho de Marcos. Um dos requisitos de verificação do WBT é que o ajudante falante nativo não deve desempenhar qualquer papel na tradução propriamente dita, isto é, que venha para a verificação a "frio", sem nenhum interesse (como um ajudante faria) no resultado.

Mas a compreensão do Doutor mais me incomodou do que me agradou. Se ele entendeu tão bem quanto parecia, por que isso teve tão pouco impacto sobre ele? Doutor não poderia ter ficado menos interessado ou afetado pela "mensagem" do Evangelho de Marcos. Quando voltamos para a aldeia, gravei o Evangelho de Marcos com minha própria voz para os Pirahãs ouvirem. Então, eu trouxe um gravador de fita para tocar a gravação e ensinei aos Pirahãs como usá-lo, o que, surpreendentemente, algumas crianças fizeram. Keren e eu deixamos a aldeia e voltamos algumas semanas depois. As pessoas ainda estavam ouvindo o Evangelho, com crianças ligando o gravador. Eu estava inicialmente bastante animado com isso, até que ficou claro que a única parte do livro que eles prestaram atenção foi a decapitação de João Batista. "Uau, eles cortaram sua cabeça. Toque isso de novo!"

Talvez eles não estivessem ouvindo o Evangelho inteiro por causa do meu sotaque, eu pensei. Para resolver esse problema, decidimos fazer uma gravação de algum Pirahã traduzindo a fita. Eu diria uma frase e ele repetiria depois de mim, o mais naturalmente possível. Quando tudo terminou, adicionamos em estúdio uma música e efeitos sonoros, além de editar a fita profissionalmente. Nós achamos que o som parecia ótimo.

Fizemos várias cópias e compramos mais tocadores de fita cassete de manivela. Em poucos dias os Pirahãs estavam ouvindo a tradução por várias horas ao dia. Tínhamos certeza de que, com essa nova ferramenta, teríamos agora sucesso na conversão dos Pirahãs.

Os gravadores tinham caixas de plástico verde duro com alças amarelas. A primeira vez que mostrei a um Pirahã como usar, sentei-me ao lado do Xaoóopisi, que naquele momento eu estava conhecendo, e mostrei-lhe como girar lentamente para manter a potência elétrica estável. Nós escutamos. Ele sorriu e disse que gostou. Eu me senti bem, levantei e o deixei ouvindo sozinho.

Na noite seguinte, vi um grupo de homens sentados perto de uma fogueira numa praia do outro lado do rio, perto da aldeia principal, comendo peixe e rindo. Eu remei meu barco até eles, com um gravador. Perguntei se eles queriam ouvir. "Claro", todos disseram

345

entusiasticamente em uníssono. Eu sabia que eles gostavam de coisas novas para quebrar a monotonia. E eles não me decepcionaram.

Acelerei um pouco e ouvi o início do Evangelho segundo Marcos. Perguntei-lhes se conseguiam entender. Eles responderam que sim, eles entenderam e o parafrasearam de volta para mim para que eu pudesse ver que eles compreenderam. A noite havia caído e estávamos sentados na areia perto da luz do fogo deles, falando sobre o Evangelho. Foi o que eu sempre sonhei.

Mas, de repente, o Doutor, um dos quatro homens, me fez uma pergunta.

"Ei, Dan, quem é aquele na fita? Parece Piihoatai."

"É Piihoatai", respondi.

"Bem, ele nunca viu Jesus. Ele nos disse que não conhece Jesus e que ele não quer Jesus."

E com essa simples observação os Pirahãs sinalizaram que essas fitas teriam pouca ou nenhuma influência espiritual. Elas não tinham aderência epistemológica em suas mentes.

Mas, em vez de desistir, complementamos as gravações de áudio do Evangelho segundo Marcos, com uma apresentação de *slides* de fotos produzidas comercialmente com cenas do Novo Testamento – Jesus, os apóstolos e assim por diante. Na manhã seguinte ao "show" durante a noite, um Pirahã mais velho, Kaaxaóoi, foi trabalhar comigo me ensinando o idioma. Enquanto trabalhávamos, ele me assustou dizendo de repente: "As mulheres têm medo de Jesus. Nós não o queremos".

"Por que não?", eu perguntei, me questionando o que havia desencadeado essa declaração.

"Porque ontem à noite ele veio à nossa aldeia e tentou fazer sexo com as nossas mulheres. Ele as perseguiu pela aldeia, tentando enfiar seu pênis grande nelas."

Kaaxaóoi começou a me mostrar com as duas mãos afastadas como o pênis de Jesus tinha uns bons 90 centímetros. Eu não sabia o que dizer sobre isso. Eu não tinha ideia se um homem Pirahã tinha fingido ser Jesus e simulado ter um pênis comprido, ludibriando-os de alguma forma, ou o que mais poderia estar por trás desse relato. Claramente Kaaxaóoi não estava inventando isso. Ele estava relatando como um fato que lhe preocupava. Mais tarde, quando interroguei dois outros homens da sua aldeia, eles confirmaram a mesma história.

A dificuldade que estava no cerne da minha razão de estar entre os Pirahãs era que a mensagem na qual apostei minha vida e carreira não se encaixava na cultura pirahã. No mínimo, uma lição a tirar aqui foi que minha confiança no apelo universal da mensagem espiritual que eu estava trazendo era infundada. Os Pirahãs não estavam em busca de uma nova visão de mundo. E eles poderiam se defender muito bem. Se eu tivesse tido tempo para ler sobre os Pirahãs antes de visitá-los pela primeira vez, eu teria aprendido que os missionários vinham tentando convertê-los há mais de 200 anos. Desde o primeiro registro de contato com os Pirahãs e os Muras, povos intimamente relacionados no século XVIII, eles desenvolveram uma reputação de "recalcitrância" – não se sabe de nenhum Pirahã que tenha se "convertido" em qualquer período de sua história. Não que esse conhecimento tivesse me dissuadido. Como todos os novos missionários, eu estava preparado para deixar de lado meros fatos e acreditar que minha fé acabaria por superar quaisquer obstáculos. Mas os Pirahãs não se sentiam perdidos, portanto, também não sentiam necessidade de serem "salvos".

O princípio do imediatismo da experiência significa que se você ainda não experimentou algo diretamente, suas histórias sobre isso são em grande parte irrelevantes. Isso os torna relativamente impermeáveis aos esforços missionários baseados em histórias de um passado distante que ninguém vivo testemunhou. E isso explica por que eles resistiram aos missionários por tanto tempo. Mitos de criação não estão à altura dessa exigência de evidências.

Surpreendentemente, tudo isso ressoou em mim. A recusa dos Pirahãs em acreditar em algo só porque eu disse que eles deveriam não foi completamente inesperada. Eu nunca acreditei que o trabalho missionário seria fácil. Mas havia mais para a reação que eu estava tendo. A rejeição dos Pirahãs ao Evangelho me fez questionar minha própria fé. Isso me surpreendeu. Eu não era novato, afinal. Eu me formei como o primeiro da turma no Moody Bible Institute. Eu havia pregado nas ruas de Chicago, falado em missões de resgate, ido de porta em porta e debatido com ateus e agnósticos em minha própria cultura. Eu era bem treinado em apologética e evangelismo pessoal.

Mas agora eu também tinha formação como um cientista, em que as evidências eram cruciais, em que eu exigiria qualquer evidência de reivindicação semelhante ao que os Pirahãs agora me pediam. Eu não tinha as provas que eles desejavam. Eu só tinha o apoio subjetivo para o que estava dizendo, os meus próprios sentimentos.

Outra vantagem do desafio dos Pirahãs foi meu crescente respeito por eles. Havia tanta coisa sobre eles que eu admirava. Eles eram um povo soberano e estavam, na verdade, me dizendo para vender meus produtos em outro lugar. Eles estavam me dizendo que minha mensagem não tinha valor entre eles.

Todas as doutrinas e a fé que eu prezava eram de uma flagrante irrelevância nessa cultura. Eram superstição para os Pirahãs. E elas começaram a parecer cada vez mais como superstição para mim.

Comecei a questionar seriamente a natureza da fé, o ato de acreditar em algo invisível. Livros religiosos como a Bíblia e o Alcorão glorificam esse tipo de fé no não objetivo e em uma contraintuitiva vida após a morte, em um nascimento virginal, em anjos, em milagres e assim por diante. Os valores do imediatismo da experiência dos Pirahãs e a demanda por evidências fizeram com que tudo isso parecesse profundamente duvidoso. Suas próprias crenças não estavam no fantástico e no milagroso, mas em espíritos que eram de fato criaturas de seu ambiente, criaturas que faziam coisas normais (quer eu pensasse que eram reais ou não). Não havia nenhum senso de pecado entre os Pirahãs, nenhuma necessidade de "consertar" a humanidade ou mesmo a si mesmos. Havia a aceitação das coisas como elas são, em geral. Sem medo da morte. A fé deles estava neles mesmos. Essa não foi a primeira vez que questionei minha fé. Intelectuais brasileiros, minha formação *hippie* e muita leitura já levantavam dúvidas. Mas os Pirahãs foram a gota d'água.

Então, em algum momento no fim da década de 1980, admiti para mim mesmo que não mais acreditava em qualquer artigo de fé ou em qualquer coisa sobrenatural. Eu era um ateu enrustido. E eu não estava orgulhoso disso. Eu estava com medo de que alguém que eu amava pudesse descobrir. Eu sabia que eventualmente teria que lhes contar. Mas enquanto isso, temia as consequências.

Há um sentimento entre os missionários e seus financiadores de que o trabalho missionário é um desafio nobre – um sentimento de que você está colocando seu dinheiro em algo em que você acredita quando você se voluntaria para ir para locais perigosos e partes difíceis do mundo para servir Jesus. E quando o missionário chega, ele ou ela geralmente é capaz de começar imediatamente uma vida que ao mesmo tempo combina aventura com altruísmo. Obviamente, isso é temperado pelo desejo do missionário de converter as pessoas ao seu próprio conceito de verdade, mas coisas piores são conhecidas e o efeito relativo do proselitismo varia de pessoa para pessoa.

Quando chegou o momento em que finalmente eu estava preparado para assumir as consequências e deixar alguém saber sobre minha "desconversão", duas décadas haviam se passado desde minhas dúvidas iniciais. E, como eu esperava, quando eu finalmente anunciei minha mudança de crença, isso teve consequências graves para mim pessoalmente. É uma decisão difícil para qualquer um contar aos seus amigos mais próximos e à sua família que não mais compartilha de suas crenças fundamentais – as crenças que os tornaram quem eles são. Deve ser algo como se assumir *gay* para amigos íntimos e familiares desavisados.

No fim, a minha perda da religião e a crise epistemológica que acompanhou isso levou à dissolução da minha família – o que eu mais queria evitar. O missionário mártir do povo Huaorani, disse, certa vez, uma frase que me afetou por muitos anos depois de lê-la: "Não é tolo quem dá o que não pode reter, para ganhar o que não pode perder". Ele quis dizer, é claro, que desistir desse mundo, que não podemos manter, é um pequeno preço a pagar para conhecer Deus e habitar um céu que não podemos perder.

Desisti do que não pude manter, minha fé, para ganhar o que não posso perder, a liberdade do que Thomas Jefferson chamou de "tirania da mente" – seguir autoridades externas em vez de seguir a sua própria razão.

Os Pirahãs me fizeram questionar conceitos de verdade que eu havia aderido há muito tempo para vivê-los. O questionamento da minha fé em Deus, aliada à vida entre os Pirahãs, levou-me a questionar o que talvez seja um componente mais fundamental do pensamento moderno, o próprio conceito de verdade. Na verdade, decidi que vivia sob uma ilusão – a ilusão da verdade. Deus e a verdade são duas faces da mesma moeda. A vida e o bem-estar mental são prejudicados por ambos, pelo menos se os Pirahãs estiverem certos. E sua qualidade no interior da vida, a sua felicidade e contentamento apoiam fortemente os seus valores.

Desde que nascemos, tentamos simplificar o mundo que nos rodeia. Pois ele é muito complicado para navegarmos; há muitos sons, muitas visões, muitos estímulos para que possamos dar um único passo, a menos que possamos decidir no que prestar atenção e no que ignorar. Em domínios intelectuais específicos, chamamos as nossas tentativas de simplificação de hipóteses e teorias. Os cientistas investem suas carreiras e energias em certas tentativas de simplificação. Eles solicitam dinheiro de organizações financeiras para viajar ou para construir algum ambiente novo no qual testam seus esquemas de simplificação.

Mas esse tipo de "teorização elegante", obtendo resultados que são "bonitos" em vez de particularmente úteis, começou a me satisfazer cada vez menos. Pessoas que contribuem para esses programas geralmente se consideram trabalhando numa relação mais próxima com a verdade. Mas, como o filósofo pragmatista americano e psicólogo William James nos lembrou, não deveríamos nos levar muito a sério. Não somos nem mais, nem menos que primatas evoluídos. É bastante ridículo pensar que o universo está imaculado se guardando para nós. Nós somos, com demasiada frequência, três cegos descrevendo um elefante; ou o homem que procura por suas chaves no lado errado da estrada, simplesmente porque a luz está melhor lá.

Os Pirahãs estão firmemente comprometidos com o conceito pragmático de utilidade. Eles não acreditam num céu acima de nós, tampouco num inferno abaixo de nós, ou que vale a pena morrer por qualquer causa abstrata. Eles nos dão a oportunidade de considerar que vida sem absolutos, como justiça, santidade e pecado, pode ser boa. E a visão é atraente.

É possível viver uma vida sem as muletas da religião e da verdade? Pirahãs fazem isso ao vivo. Partilham algumas das nossas preocupações, claro, uma vez que muitas das nossas preocupações derivam da nossa biologia, independentemente da nossa cultura (nossas culturas atribuem significados a coisas que de outra forma seriam inefáveis, mas não menos reais). Mas eles vivem a maior parte de suas vidas fora dessas preocupações porque eles descobriram de modo independente a utilidade de viver um dia por vez. Os Pirahãs simplesmente fazem do imediato o seu foco de concentração e, assim, de uma só vez eliminam enormes fontes de preocupação, medo e desespero que atormentam tantos de nós nas sociedades ocidentais.

Eles não desejam a verdade como uma realidade transcendental. Na verdade, o conceito não tem lugar em seus valores. A verdade para os Pirahãs é pegar um peixe, remar uma canoa, rir com seus filhos, amar seu irmão, morrer de malária. Isso os torna mais primitivos? Muitos antropólogos têm sugerido isso, e é por isso que estão tão preocupados em descobrir as noções dos Pirahãs sobre Deus, o mundo e a criação.

Mas existe uma maneira alternativa interessante de pensar sobre as coisas. Talvez seja a presença dessas preocupações que torna uma cultura mais primitiva, e sua ausência torna uma cultura mais sofisticada. Se isso for verdade, os Pirahãs são um povo muito sofisticado. Isso parece rebuscado? Vamos nos perguntar se é mais sofisticado olhar o universo com preocupação, questionamentos e a crença de que podemos compreender tudo ou aproveitar a vida como ela é, reconhecendo a provável futilidade de procurar a verdade ou Deus?

Os Pirahãs construíram sua cultura em torno do que é útil para sua sobrevivência. Eles não se preocupam com o que não sabem, nem pensam se eles podem ou sabem tudo. Da mesma forma, eles não desejam os produtos do conhecimento ou as soluções dos outros. Suas opiniões, não tanto quanto eu resumo brevemente aqui, mas como são vividas no cotidiano dos Pirahãs, têm sido extremamente úteis para mim e persuasivas ao analisar minha própria vida e as crenças que eu tinha, muitas delas sem justificativa. Muito do que sou hoje, incluindo a minha visão não teísta do mundo, devo pelo menos em parte aos Pirahãs.

Epílogo
Por que se preocupar com outras culturas e línguas?

O Projeto Hans Rausing de línguas ameaçadas está sediado na Escola de Estudos Orientais e Africanos (Soas) da Universidade de Londres. O projeto é financiado por uma doação de 20 milhões de libras doadas por Lisbet Rausing, a filha de Hans Rausing. O objetivo do projeto é documentar idiomas de todo o mundo que estão em perigo de extinção.

Por que alguém daria 20 milhões de libras esterlinas para estudar línguas faladas principalmente por povos tribais em partes do mundo que são, para dizer sutilmente, fora das rotas turísticas mais consagradas? Afinal, alguém poderia facilmente defender o caso de que as línguas vêm e vão e que o seu desaparecimento, ou a sua propagação, ou o surgimento de novas línguas, é governado pelas forças da seleção natural.

Uma língua minguante é um inconveniente para quem precisa aprender uma língua nova porque a sua própria já não é mais viável para tal, porém, ainda é algo um pouco mais complicado do que isso. Na verdade, se acreditarmos que a Torre de Babel foi literalmente uma maldição ou algo meramente simbólico de alguns problemas humanos, reduzindo o número de línguas faladas e homogeneizando ou "globalizando" as línguas humanas, isso poderia ser visto como uma coisa boa.

No *site* do Projeto Rausing[4], eles informam parte de sua justificativa para o interesse em línguas ameaçadas desta forma:

> Hoje, existem cerca de 6.500 línguas e metade delas estão sob ameaça de extinção dentro de 50 a 100 anos. Esta é uma questão social, cultural e um desastre científico porque as línguas expressam a singularidade do conhecimento, da história e da visão de mundo de suas comunidades; e cada língua é uma variação especialmente desenvolvida da capacidade humana de comunicação.

Isso parece persuasivo para mim. Pense no que a combinação da língua e da cultura dos Pirahãs nos ensinaria sobre a cognição humana. Agora pense em todas as lições semelhantes que poderiam ser aprendidas com outras línguas ameaçadas.

As línguas tornam-se ameaçadas por pelo menos duas razões. São ameaçadas quando as pessoas que as falam estão em perigo. Os Pirahãs são menos de 400 falantes. São um povo frágil, porque têm baixa resistência a doenças externas e estão cada vez mais e mais expostos ao mundo exterior, muitas vezes com o governo do Brasil exercendo pouco controle efetivo sobre quem entra e quem sai em sua reserva. Então, a língua pirahã está em perigo porque o povo Pirahã está em perigo – sua sobrevivência como povo está ameaçada.

Outra razão pela qual as línguas vêm a ser ameaçadas é o que poderíamos chamar de efeito das "forças do mercado" ou da seleção natural. Os falantes de algumas línguas minoritárias, como o irlandês, o diegueño, o banawá e outras, começam a mudar para idiomas nacionais oficiais (inglês, português e assim por diante) porque é economicamente vantajoso fazer essa conversão. Falantes da língua banawá do Brasil saem de suas terras para trabalhar para os brasileiros porque passaram a depender de bens industrializados. Isso, por sua vez, os coloca em ambientes onde falar sua

---

4. Disponível em: https://www.eldp.net/# – Acesso em: 21 maio 2024.

própria língua pode torná-los objeto de ridicularização e onde, em qualquer caso, o português é a única língua útil para o trabalho com brasileiros. Então o banawá começou a desaparecer.

Nesse segundo sentido, porém, a língua pirahã não está ameaçada porque os Pirahãs não têm interesse em usar o português, ou qualquer outra linguagem, em absoluto. Certamente eles não sentem pressão para parar de falar pirahã em favor de qualquer outra língua.

Uma questão mais geral que vale a pena se pôr à luz da nossa discussão sobre a singularidade do par existente entre línguas e cultura é: o que é que se perde para aqueles que, como nós, não falam a língua que desapareceu? Existe realmente alguma perda para nós? Claramente que existe.

O número de línguas atualmente faladas no mundo em um determinado momento da história humana é apenas um pequeno fragmento do total, talvez infinitamente grande, número de línguas humanas possíveis. Uma linguagem é um repositório de experiências culturais especializadas. Quando uma língua se perde, perdemos o conhecimento das palavras e da gramática desse idioma. Tal conhecimento pode nunca vir a ser recuperado se o idioma não tiver sido estudado ou registrado. De modo algum, esse conhecimento é de benefício prático imediato, é claro, mas tudo isso é vital para nos ensinar diferentes maneiras de pensar sobre a vida e de abordar nossa existência cotidiana no planeta Terra.

Um dos grupos que estudei além dos Pirahãs foi o dos Banawás, um dos povos indígenas amazônicos que fazem o curare, um veneno à base de estricnina, de ação rápida e mortal, usado em dardos e flechas de zarabatana. A capacidade de produzir esse veneno é o resultado de séculos de tradição e experimentação, codificados na língua dos Banawás nos termos para as plantas e procedimentos. Tudo isso corre o risco de se perder, pois os últimos 70 falantes de banawá restantes estão abandonando seu idioma e mudando gradualmente para o português.

Para muitas pessoas, como os Banawás, a perda da língua traz a perda da identidade e do sentido de comunidade, perda da espiritualidade tradicional e até mesmo a perda da vontade de viver. Para salvar línguas como banawá, pirahã e milhares de outras em todo o mundo, requer-se um esforço enorme por parte de linguistas, antropólogos e outros indivíduos interessados. Precisamos, no mínimo, identificar quais línguas estão ameaçadas em todo o mundo para assim, aprendendo o suficiente sobre cada uma delas, sermos capazes de produzir um dicionário, uma gramática e uma forma escrita da língua para treinar falantes nativos dessas línguas, como professores e linguistas, e para garantir o apoio do governo para proteger e respeitar essas línguas e seus falantes. Essa é uma tarefa difícil, mas algo vital.

A perspectiva deste livro é que o par de cada língua e cultura nos mostra algo único sobre a maneira como cada subconjunto de nossa espécie evoluiu para lidar com o mundo ao seu redor. Cada povo resolve questões linguísticas, problemas psicológicos, sociais e culturais de diferentes maneiras. Quando uma linguagem morre sem documentação, perdemos uma peça do quebra-cabeça da origem da linguagem humana. Mas, talvez mais importante, a humanidade perde um exemplo de como viver, de como sobreviver no mundo que nos rodeia. Com o terrorismo e o fundamentalismo que ameaçam romper os laços de confiança e as expectativas comuns que unem as sociedades, os exemplos das línguas ameaçadas as tornam cada vez mais preciosas e a sua perda cada vez mais prejudicial às nossas esperanças de sobrevivência como espécie.

Grupos como os Pirahãs oferecem soluções novas, profundamente úteis, e exemplos alternativos de como lidar com problemas perenes e onipresentes, tais quais a violência, o estupro, o racismo, o tratamento de pessoas com deficiência, as relações entre pais e filhos e assim por diante. O fato, por exemplo, de nenhum grupo amazônico com quem trabalhei fazer "manhas" ou falas de bebê, isto é, uma linguagem especial e um modo específico de conversar com crianças pequenas, é interessante. Entre os Pirahãs, a falta da fala de bebê parece basear-se na crença dos adultos Pirahãs de que todos os membros da sociedade são iguais e, portanto, as crianças não devem ser tratadas de maneira diferente dos adultos em geral. Todas as pessoas têm responsabilidade pela comunidade e todos são cuidados pela comunidade.

Olhando mais de perto a língua e a cultura pirahã, existem outras lições igualmente importantes para nós. Os Pirahãs não apresentam evidências de depressão, fadiga crônica, ansiedade extrema, ataques de pânico ou outras doenças psicológicas tão comuns em muitas sociedades industrializadas. Mas esse bem-estar psicológico não se deve, como alguns poderiam pensar, à falta de pressão. É etnocêntrico supor que apenas as sociedades industrializadas podem produzir pressão psicológica ou que dificuldades psicológicas sejam encontradas apenas nessas sociedades.

É verdade que os Pirahãs não precisam se preocupar em pagar as contas em dia ou qual faculdade escolher para seus filhos. Mas eles têm risco de vida por doenças físicas (como malária, infecções, vírus, leishmaniose e assim por diante). E eles têm vidas amorosas. Precisam fornecer comida todos os dias para suas famílias. Têm alta mortalidade infantil. Enfrentam regularmente répteis, mamíferos, insetos e outras criaturas perigosas. Vivem com ameaças de violência por parte de estrangeiros que frequentemente invadem as suas terras. Quando eu estava lá, com uma vida muito mais fácil que a dos próprios Pirahãs, descobri que havia muito com o que me preocupar. O problema é que eu ficava nervoso, mas eles não.

Nunca ouvi um Pirahã dizer que estava preocupado. Na verdade, posso dizer que os Pirahãs não têm uma palavra para preocupação na língua deles. Um grupo de visitantes entre os Pirahãs, os psicólogos do Departamento do Cérebro e Ciência Cognitiva do MIT, comentou que os Pirahãs pareciam ser as pessoas mais felizes que eles já tinham visto. Eu lhes perguntei como poderiam testar tal afirmação. Eles responderam que uma maneira poderia ser medir o tempo em que um Pirahã médio passa rindo e sorrindo e então comparar isso com o número de minutos que membros de outras sociedades, como a americana, passam rindo e sorrindo.

Eles sugeriram que os Pirahãs venceriam com folga. Nos mais de 20 grupos amazônicos isolados que estudei nos últimos 30 anos, só os Pirahãs manifestam essa felicidade incomum. Muitos outros, senão todos que estudei, são muitas vezes taciturnos e retraídos, divididos entre o desejo de manter a sua autonomia cultural e de adquirir os bens do mundo exterior. Os Pirahãs não têm esses conflitos.

Minha impressão, construída ao longo de toda a minha experiência com os Pirahãs, é que meu colega do MIT estava certo. Os Pirahãs são povos incomuns, felizes e contentes. Eu chegaria ao ponto de sugerir que são mais felizes, mais aptos e mais bem ajustados ao seu ambiente do que qualquer cristão ou outra pessoa religiosa que já conheci.

Agradecimentos

Gostaria de agradecer às pessoas que fizeram com que as experiências contadas neste livro e a sua escrita fossem possíveis. Em primeiro lugar entre todos estão os Pirahãs. Eles me ensinaram muitas coisas nas últimas décadas da minha vida. Seu brilho, sua beleza, sua paciência, sua amizade fiel e seu amor por mim e minha família tornaram meu mundo um lugar melhor.

Em seguida, gostaria de agradecer aos funcionários da Fundação Nacional dos Povos Indígenas (Funai) de Porto Velho, especialmente Seu Osman e Seu Rómulo, pelo apoio à minha pesquisa durante muitos anos. Osman e eu começamos a trabalhar com indígenas amazônicos quase ao mesmo tempo. Eu sempre fiquei impressionado com sua dedicação altruísta à causa indígena do Brasil.

Minha ex-esposa, Keren, esteve comigo durante a maior parte das experiências aqui contadas e agradeço-lhe pelas muitas lembranças. Shannon, Kristene e Caleb me ajudaram a sair vivo e são de todos os perigos e provações. Sem minha família, nenhuma das experiências e lições deste livro teria acontecido. As mudanças documentadas no Capítulo 17 ("Convertendo o missionário") prejudicaram nossos relacionamentos, mas, como corretamente o Apóstolo Paulo declarou, o amor é maior que todos os outros sentimentos.

Steve Sheldon, que me precedeu como missionário entre os Pirahãs, apoiou-me como amigo e como administrador da missão por muitos anos. Desde o início me introduzindo entre os Pirahãs há tantos anos, auxiliou-me digitando minha tese de doutorado, dialogando comigo sobre todos os tipos de temas e questões há mais de 30 anos, Steve me ajudou mais do que eu posso dizer. Em particular, quero agradecer o exemplo que ele e o seu antecessor, o primeiro missionário entre os Pirahãs, Arlo Heinrichs, estabeleceram em relação aos primeiros contatos com os Pirahãs (cabeças retas). Muitos Pirahãs ainda se lembram de como Arlo caçava e de como ele os alimentava durante a epidemia de sarampo no início dos anos 1960. Crédito aos velhos Arlo e Steve pela continuidade da sobrevivência dos Pirahãs como povo. Espero que a assistência médica que tenho prestado aos Pirahãs nessas últimas três décadas tenha sido um pequeno pagamento por suas contribuições inestimáveis para minha própria vida – que as crianças que teriam morrido, mas agora estão vivendo por causa de algo tão simples como uma injeção de cloroquina ou penicilina, lembrem de Paóxaisi.

Eu não poderia ter escrito este livro sem o apoio generoso dos meus colegas da Universidade Estadual de Illinois (ISU). Não consigo imaginar um ambiente mais acolhedor, uma casa acadêmica mais cooperativa. Meus colegas do Departamento de Línguas, Literaturas e Culturas, que toleraram meu entusiasmo por este projeto. O presidente da ISU, Alvin Bowman, que me encorajou em diversas ocasiões. Gary Olson, que tem sido o decano mais prestativo e encorajador que já tive e é um prazer reconhecer seu apoio aqui.

Quero também agradecer às pessoas que me ajudaram lendo e fazendo rascunhos de todo ou parte deste livro. Alguns deles fizeram tantos comentários detalhados que o livro teria sido muito inferior sem a ajuda generosa de: Manfred Krifka, Shannon Russell, Kristene Diggins, Linda Everett, Mitchell Mattox, Mike Frank, Heidi Harley, Jeanette Sakel, Ted Gibson, Robert Van Valin, Geoffrey Pullum, Cormac McCarthy, CC Wood e John Searle. David Brumble, meu ex-decano na Universidade de Pittsburgh, fez contribuições muito além das obrigações de amizade. Com humor e franqueza, fez sugestões que me ajudaram a dizer algumas coisas com maior clareza.

Nos últimos 25 anos, minha pesquisa sobre as línguas amazônicas tem sido apoiada pela National Science Foundation, pela

National Endowment for the Humanities, pela União Europeia (por meio de uma subvenção no projeto "Caracterizando a linguagem humana por meio da complexidade estrutural"), pelo Conselho de Pesquisa em Artes e Humanidades e pelo Conselho de Pesquisa Econômica e Social, ambos do Reino Unido, e pela Fundação de Amparo à Pesquisa do Estado de São Paulo (Fapesp). Obrigado a todas essas entidades por me permitirem usar o dinheiro dos impostos de cidadãos brasileiros, europeus, britânicos e americanos para o estudo das línguas ameaçadas de extinção da Amazônia.

O fotógrafo nova-iorquino Martin Schoeller foi incrivelmente generoso ao disponibilizar suas fotos dos Pirahãs para este livro. O escritor nova-iorquino John Colapinto foi útil indiretamente no estabelecimento de um alto padrão para a escrita sobre minha vida entre os Pirahãs. Muitas vezes, enquanto escrevia este livro, inspirava-me na "prosa imortal" de John.

Meu editor na Pantheon, Edward Kastenmeier, doou generosamente seu tempo para discutir este livro comigo em inúmeras ocasiões, sempre tentando me ajudar a descrever os Pirahãs de maneira mais eficaz e a deixá-los se destacar como o foco legítimo destas páginas. John Davey, meu editor da Profile Books, também ofereceu muitos comentários úteis e palavras de encorajamento ao longo da escrita.

Finalmente, mas mais importante, quero agradecer ao meu agente, Max Brockman. Foi a visão de Max que tornou este livro uma realidade. Sua confiança me convenceu de que eu podia fazer isso.

Referências

BOAS, F. *A mente do ser humano primitivo*. Petrópolis: Vozes, 2010.

CROFT, W. Evolutionary linguistics. *Annual Review of Anthropology*, [*s. l.*], v. 37, p. 219-234, 2008.

DURKHEIM, E. *Pragmatism and sociology*. Cambridge: Cambridge University Press, 1983.

EVERETT, D. Pirahã. In: DERBYSHIRE, D. C.; PULLUM, G. K. (ed.). *The Handbook of Amazonian Languages*. Berlim: De Gruyter Mouton, 1986. v. 1.

EVERETT, D.; ROBERTS, I. *Radio 4* – The Material World, in 22 jun. 2006. Disponível em: https://www.bbc.co.uk/radio4/science/thematerialworld_20060622.shtml – Acesso em: 21 maio 2024.

HAUSER, M. D.; CHOMSKY, N.; FITCH, W. T. The Faculty of Language: what is it, who has it, and how did it evolve? *Science*, Washington, DC, 2002.

HOCKETT, C. F. Animal "Languages" and Human Language. *Human Biology*, [*s. l.*], v. 31, n. 1, p. 32-39, 1959.

KUHN, T. S. *A estrutura das revoluções científicas*. 12. ed. São Paulo: Perspectiva, 2013.

MINHA BELA DAMA. Direção: George Cukor. Los Angeles: Warner Bros, 1964. 1 DVD.

NIMUENDAJÚ, C. The Mura and Piraha. In: STEWARD, J. H. (org.). *Handbook of South American Indians*. Washington: Smithsonian Institution, 1948.

O ÚLTIMO PISTOLEIRO. Direção: Don Siegel. Nova York: Doubleday, 1976. 1 DVD.

PINKER, S. *O instinto da linguagem*: como a mente cria a linguagem. São Paulo: Martins Fontes, 1994.

SAPIR, E. *A linguagem*: introdução ao estudo da fala. 2. ed. São Paulo: Perspectiva, 1980.

SAPIR, E. *Linguística como ciência*: ensaios. 2. ed. Rio de Janeiro: Livraria Acadêmica, 1969.

SAPIR, E. The status of linguistics as a science. *Language*, Ann Arbor, v. 5, n. 4, p. 207-214, 1929.

SIMON, H. A. A arquitetura da complexidade. In: *Proceedings of the American Philosophical Society*, [s. l.], v. 106, n. 6, 12 dez. 1962, p. 467-482.

THOREAU, H. D. [1854]. *Walden ou a vida nos bosques*. São Paulo: Edipro, 2018.

UMA BABÁ QUASE PERFEITA. Direção: Chris Columbus. Los Angeles: 20th Century Fox, 1993. 1 DVD.

VALIN, R. D. V. Meaning and interpretation. *Journal of Pragmatics*, [s. l.], v. 4, n. 2, p. 213-231, 1980.

WRAY, A.; GEORGE, W. G. The consequences of talking to strangers: evolutionary corollaries of socio-cultural influences on linguistic form. *Lingua*, [s. l.], p. 543-578, 2005.

Índice remissivo

E

F

G

Conecte-se conosco:

 facebook.com/editoravozes

 @editoravozes

 @editora_vozes

 youtube.com/editoravozes

 +55 24 2233-9033

www.vozes.com.br

Conheça nossas lojas:

www.livrariavozes.com.br

Belo Horizonte – Brasília – Campinas – Cuiabá – Curitiba
Fortaleza – Juiz de Fora – Petrópolis – Recife – São Paulo

EDITORA VOZES LTDA.
Rua Frei Luís, 100 – Centro – Cep 25689-900 – Petrópolis, RJ
Tel.: (24) 2233-9000 – E-mail: vendas@vozes.com.br